萬古千秋事有慈窮源一念沒來
由此心歸到真如海不向江河
作細流

如何修证佛法

南怀瑾 讲述

人民东方出版传媒
东方出版社

图书在版编目（CIP）数据

如何修证佛法/南怀瑾讲述.—北京:东方出版社,2022.1

ISBN 978-7-5207-1145-6

Ⅰ.①如…　Ⅱ.①南…　Ⅲ.①佛教-研究　Ⅳ.①B948

中国版本图书馆 CIP 数据核字(2019)第 185279 号

如何修证佛法

南怀瑾　讲述

责任编辑：王夕月　邢　远

出　　版：东方出版社

发　　行：人民东方出版传媒有限公司

地　　址：北京市西城区北三环中路 6 号

邮　　编：100120

印　　刷：北京明恒达印务有限公司

版　　次：2022 年 1 月第 1 版

印　　次：2022 年 1 月第 1 次印刷

开　　本：650 毫米×960 毫米　1/16

印　　张：27.5

字　　数：276 千字

书　　号：ISBN 978-7-5207-1145-6

定　　价：58.00 元

发行电话：(010)85924663　85924644　85924641

编者的话

南怀瑾先生是享誉国内外，特别是华人读者中的文化大师、国学大家。先生出身于世代书香门第，自幼饱读诗书，遍览经史子集，为其终身学业打下了扎实的基础；而其一生从军、执教、经商、游历、考察、讲学的人生经历又是不可复制的特殊经验，使得先生对国学钻研精深，体认深刻，于中华传统文化之儒、道、佛皆有造诣，更兼通诸子百家、诗词曲赋、天文历法、医学养生等等，对西方文化亦有深刻体认，在中西文化界均为人敬重，堪称"一代宗师"。书剑飘零大半生后，先生终于寻根问源回到故土，建立学堂，亲自讲解传授，为弘扬、传承和复兴民族文化精华和人文精神不遗余力，其情可感，其心可佩。

一九七八年春，南怀瑾先生在台北以"显密圆通修证"为题开设讲座，凡二十八讲，本书即由其讲记整理而成，初定名"融会显密圆通修证次第"，为避免与其他经论混淆，后更名为"如何修证佛法"。

南先生开篇即指出今人学佛普遍存在的一大问题——不重修证，倒果为因。今人普遍把听来的佛理当成自己证到的，并不亲身修证，因此证道的极少。针对这一问题，先生以"见"（见地）、"修"（修证）、"行"（行愿）为纲要，以《楞严经》《法华经》《增一阿含经》《华严经》《瑜伽师地论》《现观庄严论》《宗镜录》《指月录》等佛典为资料，结合自身经验，以经证经，重重举例引证，对学佛的修持方法做了较为详细的解说，并特别强调见、修、行三位一体，密不可分，缺一不可。只有老老实实，从心行处做起，方能证果。他还进一步强调，在这方面，佛法和外道、世法与出世法都一样，佛家、儒家、道家皆同此理。先生婆心一片，以过来人的宝贵经验谈佛法修持，为学佛者的修行指点迷津，实际上无处不是在说如何做人。学佛也好，修道也罢，都须先学做人，这也是先生一以贯之的观点。

先生在书中有句话颇具禅意："我的话像下雨一样，不限定对某一个人说，而每一个人都有份，你是得利或不得利，完全看你自己。"还好这本讲记整理出版了，可供一阅再阅，一参再参，但即便如此，亦如先生所言，"得利或不得利，完全看你自己"。

我社与南怀瑾先生结缘于太湖大学堂。出于对中华优秀传统文化的共同认识和传扬中华文明的强烈社会责任感、紧迫感，承蒙南怀瑾先生及其后人的信任和厚爱，独家授权，我社遵南师遗愿，陆续推出南怀瑾先生作品的简体字版，其中既包括世有公论的著述，更有令人期待的新说。对已在大陆出版过的简体字版作品，我们亦进行重新审阅和校订，以求还原作品原貌。作为一代国学宗师，南怀瑾先生"通古今之变，成一家之言"，毕生致力于民族振兴和改善社会人心。我社深感于南先生的大爱之心，谨遵学术文化"百花齐放，百家争鸣"之原则，牢记出版人的立场和使命，尽力将大师思想和著述如实呈现读者。其妙法得失，还望读者自己领会。

东方出版社

二〇二一年十二月

目　　录

十版前言

看到二十多年前（一九八九年）出版的这本《如何修证佛法》，不免想起三十多年前（一九七八年）的三月。当时南师怀瑾先生闭关已满一年，即将于三月廿一日，在台北的佛光别院讲课，是有关《显密圆通成佛心要》这本书。听到这个消息后，我匆匆从美国赶回台湾，当时还有其他分头回台听课的人。

这次讲课的记录，阴错阳差，却在十年后才得以出版。南师一九八八年由美国到了香港，有一天，托陈世志回台时带记录稿交我整理出版。记得想了好几个书名，后由南师选定《如何修证佛法》。

这本书出版四年后，大陆才有简体字版印行，先后由北京师范大学出版社及上海复旦大学出版社出版，惟谬误颇多。

此次重新校正并调整版面，正体字版改为上下二册印行，以方便阅读。简体字版则授权北京东方出版社印行。正体简体两种版本，也同步校订，务求无瑕。

多谢参与工作的友好们，大家辛苦了，特别感谢王爱华和宏忍师的辛劳，因为这次的工作实在太繁琐了。

刘雨虹　记

二〇一六年冬月

九版说明

　　《如何修证佛法》这本书，是一九八九年出版的，次年就受到美国学界的注意，很快译成了英文，书名为 *Working Toward Enlightenment*，并已于一九九三年由美国 Samuel Weiser 公司出版上半部，下半部将于今年年底问世。

　　把这本书翻译成英文的人，是杰西·克里瑞（J.C.Cleary），他与汤玛士·克里瑞（Thomas Cleary）二人，是美国翻译界有名的两兄弟，他俩二十多年前在哈佛大学毕业时，立志要从事东方文化的翻译工作，当时也曾有人笑他们的选择平凡；但是十几年来，汤玛士已经翻译了三十多本中国的古籍，包括《周易》《孙子兵法》《道德经》《孙不二女丹》《悟真篇》，以及八十卷的《华严经》等，成效惊人，叹为观止。本书是杰西所译，汤玛士则翻译南教授另一本书《禅与道概论》，已经完工，将于明年出版。杰西的译作虽不及乃兄那么多，但也是优秀的翻译家。

　　汤玛士在给包卓立（Bill Bodri，是本书英译本序言的作者）的信中，谈到一九八〇年开始阅及南怀瑾教授的著作，认为南氏的学术宽广博大，并融通各家，既有理论，更有实证，为时代所罕见。他并且强调，本书英译本出版后，将对西方造成震撼，因为南氏的讲解和表达，是前无古人的。

　　汤玛士·克里瑞除了几十本东方文化的译作外，另有自己所著《日本人的兵法》（*The Japanese Art of War*）一书。该书不久前已译成中文，由台湾金禾出版社印行。

印度在释迦牟尼灭度后九百年间，也有一对弟兄，就是无著、世亲（《俱舍论》的作者）二人。这两弟兄著作极丰，对佛法的发扬影响至巨。有人戏称，克里瑞两弟兄，是无著、世亲二人转世，只不过，这次是到美国，继续他们宏扬东方文化的工作。

本书出版五年以来，已销售近五万册，去年三月，又授权北京师范大学出版社，以简体字在大陆印行，一年之中已发行三万余册。受欢迎的程度，可见一斑。在今日的社会中，看到这么多的人注意身心修养，真是令人欣慰的一桩事。

对本书贡献心力的人很多，最初帮忙抄稿的邢慧女士，亦为其中之一，初版时漏列，趁此新版机缘，附笔致意。

刘雨虹　记

一九九四年七月

编辑说明

（一）1978 年的春季，本书作者南怀瑾教授，正在台北闭关，嗣因某种因缘，抽暇做系列讲座，共二十八次。

（二）这是南教授最重要著述之一，对实际学佛修证的步骤，有精辟的讲解及具体的指引，是绝对的过来人语。

（三）虽然作者曾表示，所讲的内容仅为要说的五分之一，但是读到本书，对于一个真心修学佛法、诚心求证的人，已是受益无穷了。

（四）本书最大的特点是：对于修持路上的迷惑、歧路，以及不自觉的错误，都一一点破。

（五）读者也许会感觉，内容有偶而重复之处，因系讲课方式，加重注意，故不加任何删编，以保持全貌，并尽量保持讲课时的口语化，使读者有身临其境之感。

（六）本书系禅定师听课笔记，再配合录音整理而成，并经法程师及谢锦扬居士校核经典，以及李淑君居士整阅全文，最后由刘雨虹居士总其成，并加标内容提要。在作者离台时期，本书能够顺利出版，实得力于前述几位贡献心力，在此一并致谢。并请各方不吝指正。

（七）本书原名是《融会显密圆通修证次第》，因避免与其他经论混淆，改为较浅显的现在书名。

第一讲

这一次我们讲这一门课，有一个因缘，在此先报告一下。诸位学佛、学禅、学打坐，可以利用这个机会盘盘腿，会有很大的好处，不讲有没有工夫，先把两条腿练熟再说。现在继续刚才的话，谈到开讲这个课程的因缘。今年正月间，一位老朋友萧先生来看我，临走时问了一句话："释迦牟尼佛十九岁出家，最后抬头睹明星而悟道，他悟的是什么？"

这个问题如果是别人问，倒没有什么重要；但萧先生研究佛学多年，他提出了这个问题，却是不比寻常。

根据经典与传记的记载，释迦牟尼佛刚生下来，便具有与众不同的禀赋。因为过去多生累劫的修持，才有这一生出生时的各种瑞相。他抛弃了王位，又出家求道十二年。大家要注意这"十二年"，因为很容易轻轻把它忽略过去。

现在我们把重点放在释迦牟尼佛修持的十二年来讲。当时印度的宗教，有各宗各派的修持方法，这些修法，在释迦牟尼佛以前，就已经存在了。当时释迦牟尼佛学了各种苦行，用了各种不同的方法修炼。他不像我们现在人学佛，三心二意的，东面去拜个老师，西面去拜个老师，这边去套几句话，那边去套几句话。而释迦牟尼佛每一次都是诚诚恳恳去学，该下的功夫，他都做到了，然后他认为那些都不是道，不是究竟。于是自己又到酷寒的雪山上修苦行，经过六年，认为苦行也不是道，只好又离开了。

后来在恒河边菩提树下打坐，发誓非成无上正等正觉不可，否则便死在那里，最后终于睹明星而悟道。

其实这一段大家都已经知道了，我再讲一遍的原因，是要提起大家的注意，也就是要大家知道，释迦牟尼佛在这十二年中，做了些什么，又是如何修持的。我们看了他的传记，只看到他学无想定三年，最后"知非即舍"，往往忽略了他在这十二年当中，认真修持的一面。

我们先来说一说，什么是"无想定"？这是印度的古法，中国及世界各地都有，也就是修道人想学到的那个"莫妄想"——没有妄想。

比如我们大家打坐，能不能做到盘起腿来没有思想？绝对做不到。我常说笑话，只有两种人可以做到，一种是还没有出生的人，一种是已经死了的人。除了这两种人以外，几乎没有人能做得到。刚刚有位比利时的同学，也与我讨论到这个想与不想的问题；我们也谈到释迦牟尼佛，在学无想定三年以后，发现那不是道而丢掉，并不是他没有修成，而是修成后丢掉了它。因为那不是道。由于佛经文字简单，我们很容易看过去而忽略了。

佛学的"非想非非想定"，这个名词很美。"非想"，不是我们普通惯性的思想境界；但是"非非想"，不是思想，勉强就说它是一种灵感吧！是一种超越思想的灵感。现在有一种"超越冥想"，其实，也还不是这个"非非想"。

"非想非非想定"与"无想定"的这个"定"，完全不同。"无想定"是把思想完全灭除掉，而这个"非想"是"绝对没有思想"，可是又不像"无想定"般什么都不知道。它不是没有知觉，没有灵感的一种工夫，这是当时所标榜的最高修炼方法。释迦牟尼佛以三年的时间，达到了这个境界，但发现它不是道，所以又丢掉不要了。大体上，佛经传记所讲佛的修炼经过，这是很重要的两点。

为什么不提其他的修炼呢？原因是这两种修持的工夫、实验，已经涵盖了世界上很多修持的方法，也是很重要的方法，所以释迦牟尼佛其他的修学，都可以不必再细述了。例如，佛在学道前，对于数学、武功、文学，都达到了最高明的境界。出家后，又学成了这两种最高的法门，但是认为还不是道。其实，假如你真能做得到，天天在那里一动都不动，即使你没有道，别人也认为你有道，皈依弟子也都来了。（众笑）

大家注意，释迦牟尼佛认为这个并不是道，当时他再也找不到明师，只好自己到雪山去修苦行了。他一天只吃一个干果，当然饿扁了，饿得不成人形了。他这样修，是要找出一个真理来，但是六年之后，他认为苦行也不是道，然后就下山去了。

释迦牟尼佛到了恒河边，牧羊女供养他很好的乳酪，因而摆脱了父亲派来的五个紧跟着的年轻人。因为这五位认为佛放弃了修行志向，所以离开了佛，这五个人后来就是佛在鹿野苑最先所度的大弟子。

这时一般人也都以为他"退道"——退票了。因为大家都认为，出家人修道应该苦行，于是那些跟他的人自然退会。可是有一点我们要注意！他因为得到了营养，恢复了体力，才睹明星而悟道。所以我经常提醒出家人，要特别注意身体健康与营养，因为没有健康的身体，是无法修道与证道的，这是一个事实。有关身体的健康与营养，以及与修道的关系，我们都要一步一步提出来研究。

佛接受了营养，恢复了体能，才渡过恒河到菩提树下。那时，他没有办法找到一个能够指导他的明师，只有靠自己，到菩提树下打坐、发愿。

这简单的几个字，很容易被忽略过去，看的时候，意思似乎懂了，可是没有深入体会。佛当时的誓愿，推开了宗教，推开了庄严的辞句，等于说发了誓、赌了咒——这一次如果我不成道，就在这里死掉算了。不起此座，就是这句话，他求道就是那么的专心。

根据《释迦如来应化事迹》的记载，佛在六天之内，先得四禅八定，再得意生身，而后陆续一夜之间证得六神通。第七天的凌晨，抬头一看，注意啊！释迦牟尼佛打坐不像我们那么呆板，头也不敢抬，他大概也要休息休息，抬头一看，看到天上的明星，而证悟到了阿耨多罗三藐三菩提。由这里岔一句话，想到了陶渊明的诗"采菊东篱下，悠然见南山"，一般人认为，这也算悟道了吧！（众笑）

刚才唠唠叨叨的，说明释迦牟尼佛悟道的经过，就是要说明我的老朋友萧先生问的这个问题——释迦牟尼佛睹明星而悟道，悟了个什么？

你说这一下抬头悟道，悟道了以后，前面那些修持都浪费掉了，那十二年的工夫都白做了吗？换句话说，他悟道时不过三十岁左右，弘法时也不过三十一二岁，弟子们比他的年龄都大多了。他从小所受的教育，以及出家后各种的修炼、修苦行，是不是白干了？我当时回答我的老朋友萧先生说："他悟的就是那个缘起性空。"萧先生说："嗯，对了！"推开门就走了。

不晓得你们大家注意到没有，这是个很严重的问题，他走了以后，一个念头来了，萧先生研究佛学很多年了，别人问这个问题还没有关系，他问这个问题就严重了。换句话说，他问这个问题非常有深度，依照道理，释迦牟尼佛悟了"性空缘起""缘起性空"，这个道理很简单，而在当时为什么那么难？难的是什么？佛十九岁出家，修持了那么多年，才懂得这个道理，而现在我们大家都懂，看一遍佛经的人都懂，对不对？这有什么稀奇，如果悟到了这一点"缘起性空",就一而贯之,一切通达了,那么这是什么道理?假定他悟的这个道理对,那前面工夫又怎么说?又如何交代?

第二个问题,我们现在学佛,看到了佛法就晓得"自性本空"、"性空缘起",虽然这个道理都明白,为什么我们还是要修持那么久?而且我们自己,不要说做不到菩萨,连初步的小乘罗汉都做不到,尤其令我感叹的,在现在这个时代,连证到半个果位的人都没有看见。

所以萧先生一走,一个念头使我心境不安,感叹今天世界的文化,国内外搞宗教的,搞神秘学的,各类各式的花样,都非常的发达,但社会也更乱了,文化的思想也更模糊了,越来越不对劲了。由去年年底到今春,同学们出国写回来的信,所看到的资料,修道的也好,搞什么的也好,到处一片混乱。唉!真是无一不乱,无人不乱,此所谓乱世也。

因此我心中非常不安,再加上萧先生这一问,问题在哪里?注意!我们大家学佛,有点颠倒因果。怎么说呢?"倒果为因",也就是说我们大家都在倒果为因。是的,我们都晓得自性本空,晓得都是因缘,等等。但是,这些学理和道理,不是我们的,而是释迦牟尼佛苦行那么多年以后,对弟子们的回答;人家把这个回答记录下来以后,我们看了才懂的。事实上,不是我们懂,那不过是佛经的增上缘,我们拿到佛的成果,加以接受而已。

那我们应该怎么办呢?答案是:我们也应该走修行的路子。要学释迦牟尼佛一样,走禅定的路子,向真正的修持路上去求证,自己去证到那个"缘起性空"。

因为我们懂得这许多道理以后,往往会误以为是自己的成果,尤其最近多年来讲打坐的,一个个道家也会,密宗也会,满口的行话,但是看看他那样子,又一点都不像。至于说有没有工夫，有没有求证到，也一望而知。如宋朝大慧杲禅师说的，你有没有开悟，你站在那里我就知道了，哪里还需要等你说。可是现在这些人，满口的道理，尤其什么奇经八脉，这里通，那里通，热闹得很。我说："你不要把身体通乱了。"这一切都是因为我们先学了佛经上的那些知识，把前人修持的成果，拿来倒果为因，倒因为果。

释迦牟尼佛这一大藏教，是理也罢，是经验也罢，他只怀疑生死问题，生命的问题。他追求的是人生怎么样"了"。所以萧先生提这个问题很重要，也就是这次开讲的动机。

第二个动机是通知单上面讲的，几个外国回来的学生，朱文光、李文、陶蕾等，也提出这些问题要我讲。我说我有一个条件，中英文的记录同时出来，我就讲。不要像以前一样，每次讲了以后，记录了以后，几年都没有交卷，最后跑得没影没踪了，这是第二个因缘。

第三个是要感谢这里的住持，借给我们这个地方来讲课。

现在再回到刚才的重点上。我们知道，一般讲修证工夫，很容易犯的一个错误，就是把前人修持的经验和累积的见地，拿来倒因为果，然后就变成佛学了。结果我是我，佛学是佛学，两个是对立的，对于修持一无用处。所以我经常说，佛法——修持的方法，与佛学的涵义，是完全不同的。我们现在要走的，是准备学佛的路线，也就是这次开讲的因缘。

我们今天开讲，所要引用的经典如下：

（一）经部

《大般若经》

《大涅槃经》

《华严经》

《金刚经》

《心经》

《维摩诘经》

《楞伽经》

《解深密经》

《胜鬘夫人经》

《大宝积经》

《法华经》

《楞严经》

《圆觉经》

（二）律部

《四分律》（小乘）

《菩萨戒》（大乘）

（三）论部

《现观庄严论》

《摩诃止观》

《宗镜录》

正续《指月录》

《大智度论》

《密宗道次第论》

《瑜伽师地论》

《菩提道次第广论》

假定一个人想学佛，想学佛法，把上面列举的这几部经律论，花上三五年的功夫，做比较深入的研读，绝对足够了。至于讲到内容的采用，也不离这几部经论，大家能自悟更好。有些朋友认为，只要修持做工夫就好了，不一定要看经论，那是绝对错误的。要知道，做工夫，如果理不明，见不正，工夫就不会上路。换句话说，工夫做不好，那就是因为理不通达。

举例而言，一位同学和我讨论一件事，他说，我这两天心里头好像有件事，他说，这是什么？他觉得这是一个问题。他很用功，这些现象大家都会有，这确实是个问题。他说：我看这个东西，找这个东西，找它能不能找得到？我说：当然找不到，这是生理影响心理，这几天气候不对，你有感冒。这就是佛所说的烦恼，这位同学越找越找不到，越找越烦恼。我告诉他，你去找它时，它已跑掉了。等于小偷一样，当你一叫小偷时，他早已走了。有时烦恼在心中，不去理它，因为找不出原因。于是这位同学，就另外换了一个思想、观念来代替。我说对的。

但这只是普通人的修养方法，高明的人不做这种事情，因为他知道心里头有个东西，找也找不到，《金刚经》不是告诉你，"无所从来，亦无所去"吗？来无影，去无踪，你知道它，它已经没有了，最好不去理它。可是你说，现在我们烦恼来时，硬起心来那又变成真烦恼。这种不理的念头就是真烦恼，也就是又加进去了一个东西。

我们现在讨论的，就是要注意心理与生理的关系。比如去年年底，有一位女居士，忽然嘴歪了，中风。她倒有信心，问我是不是气通不过。另有一位居士，守戒律多年，眼睛忽然看不见了，是白内障，后来针灸好了，也问，是不是气到那里走不过了。这些都是最近的事情，证明我们学佛的，工夫和身心都有连带的双重关系。这些问题都要详细讨论，如不拿出来讨论，问题会越来越严重。大家修持时，哪些是受生理影响？哪些是受心理影响？如何解脱身心两方面的问题？一定要弄清楚才行。

我们再举一个例子，去年一位朋友去世了，他也学佛很多年，但是解脱仍难，要想离开身体，说去就去，做不到。想做而又做不到，道理在哪里？你真做到，你的身心分离得开，那就差不多了。但是这不算是悟道，只能说是解脱。所谓坐脱立亡，盘个腿，或坐着就去了，不仅是出家人可以办得到，在家居士也可以做得到，甚至修养高的读书人也做得到。

修持做工夫，身心绝对可以分离。但是，做得到身心分离，也不过是能够解脱而已，至于悟道了没有，答案是不一定。工夫要到可以坐脱立亡的境界，虽然不容易，但比悟道就容易多了。过去这一种方法，视为秘密不肯讲，其实佛经上都有。佛法有八万四千法门，讲太清楚了会有后遗症。因为人们知道了会去试一试，反而试出毛病。又有些人知道了这种法门，可以借此自杀，可以借此逃避。为此之故，才为大乘密乘戒律所禁止。但若作科学研究来讲，可以知道肉体与精神如何分离，如果光凭我们自己修持，去磨练，几十年中会不会摸得到，还是一个问题。

现在我们所要讲的重点是三个，就是见地、修证与行愿。

什么是见地？

拿中国禅宗的术语来说，见地就是见道。见道以后，怎样去修证？比如说，大家都知道"缘起性空""性空缘起"，知道以后要如何去实证呢？几十年前我还年轻的时候，开始学佛，当时有一个老牌的心理学教授，他说非常佩服佛学的理论，但是认为佛学的理论没办法证明。因为佛学说一切唯心，如果现在要心理造出一个金鹅，而且会生金蛋，照理说一切唯心，应该可以造得出来，但是事实上却不可能。见地就是理，行愿同修证是事，照佛学的成语来说，就是"事相"，以禅宗的讲法，就是功用，普通叫工夫。

大家学佛，首先提到定。能不能定？不去管它，先问能不能盘腿？盘腿不是定，只是习定的最基本方法。你腿都不能盘，还谈什么呢？理到了，事做不到是不行的。事相做得到，行愿做不到也不行。

现在我们先解释这三件事，并且要确确实实很老实地来讨论。讲修证，这些经、律、论，就包括在修证里面。修证不离禅定，这点是很重要的。

关于"定"，最初译为"禅那"，是梵语的译音。以后借用中国文化里的观念——《大学》里"知止而后有定"，故称"禅定"。后期翻译的经典，认为禅那不能完全表达它所含的意义，于是又翻成"思维修"。后来又发现这个名词易被误解成心理的思想，所以玄奘法师又译成"静虑"。不论静虑也好，定也好，都出自《大学》。事实上，这个名词的定义很难下，弥勒菩萨一派，干脆不讲这些，就称"瑜珈"。后来瑜珈是指修这一套工夫的人，而"瑜伽"则是这一套工夫的总名称。

在印度，瑜伽与瑜珈，本是一个东西的两个定义。如《瑜伽师地论》，瑜伽师是指修持有成就的人，地是次第，论是论述，所以书名的意思就是对修持一步一步境界的讨论。佛法所有的经、律、论，都是告诉我们修证的方法。可是我们现在他是他，我是我，完全合不拢来，理与事两个配不起来。尤其是身与心不能合一，脑子知道这个道理，事情配合起来就做不到，这正是修证工夫的问题。

普通我们讲修证的三部曲是见、修、行。要见道须有般若大智慧。见道是大智慧、大福报。真正的大福德，也是大智慧，有大智慧的人是大福德。智慧没有开发是因为福德不够。大智慧福德如何来？是"行"来的。所以见、修、行是三位一体，缺一不可。

现在有一个大问题，讲到修，就提到定。一般人不论国内国外，对宗教修持工夫都很内行，修就是修定。大家修定观念的最大错误是什么呢？是以为所谓"定"就是什么都不知道，这与"应无所住而生其心"的意义是相违背的。此其一。

其次严重的是，现在一般人都去搞神秘了。灵感啊！神通啊！第六感啊！超越冥想啊！各种神秘名称都加上去了，这是一个非常严重的错误。大家要知道，神通与神经是双胞胎，这一点真是很严重的问题，因为失之毫厘，差之千里。

话又说回来了，什么是定？一定要认清楚。四禅八定，是佛教修证方法的中心基础，不过佛法不在定上，定是共法。但是佛法也不离开定，历代《高僧传》中，工夫修证到"定"的比丘及比丘尼非常多。甚至南北朝的皇帝，也是与佛教有关，如刘裕小名寄奴；梁武帝、隋文帝等与佛教关系都很深。

佛告诉了我们修证的路子，但是我们自己没有走过，反而把听到的这些，当作是自己证到的，这是"倒果为因"。什么奇经八脉、三脉七轮的；这一关打通了，那一关打通了；搞气脉的、搞打坐的，都不是真正的禅定。这是什么道理？因为搞气脉的，都是受生理感觉状况支配，如果不能超越生理感觉状况，而以为这就是道的话，那就错了。换句话说，这个道在哲学基础上是唯物的，不是唯心的。因为有身体存在，当身体健康的话，才能生起气脉变化，如果没有身体，还会有气脉变化吗？由此可知，气脉变化是由身体来的，是属于生理的、物质的。这样一来，道在哲学上不是成了唯物的吗？这个问题就严重得很。

如果你说不是唯物，而是唯心的，好，那么你能拿身体以外的那个东西来看看吗？别说拿个东西给人看，你能入定三天给人家看看，也就很了不起了。你一入定，这四大的身体就和你脱离了吗？所以我刚才讲见地、修证、行愿三个部分，包括一切，三位一体，同等重要。

真正要修证的话，《楞伽经》《瑜伽师地论》《现观庄严论》等，都非常重要。如果"意生身"不成就，修持便不会成功，所修持的工夫，还都属于四加行中的初步而已。四加行就是"暖""顶""忍""世第一法"。我们讲佛学都晓得四加行，加行就如同工厂里的加工品、加工法。四果罗汉、十地菩萨，十地的工夫，每一地都离不开四加行。换言之，初禅有初禅的四加行，二禅有二禅的四加行……在《现观庄严论》中，弥勒菩萨提到过；在《瑜伽师地论》中也提到过，都对四加行非常重视。换句话说，如果我们仅是佛学研究得好，但一点工夫都不能实证的话，就是没有做到加行的工夫。

四加行在教理上是暖、顶、忍、世第一法，当然有它的解释，也很合理。我们严格地推开教理来讲，四加行一步有一步的工夫。比如我们学佛学道，动辄谈生理变化、气脉问题，按道家标准来说，奇经八脉通了的人，我还没有看到过。如真打通了，根本还不算成道。至于四加行初步的"暖"法，还没有达到气脉通。

气脉真正通了以后是怎样的境界呢？两腿盘着，不但不想下来，浑身软化了，与虚空合一，轻灵得很，舒服无比。真正气脉通了以后，身体内在的光明才可以生起。尽管没有光，内部仍是一片光明。普通一般人眼一闭，前面黑漆漆的，这叫一团无明。

但不要以为这一片光明是大光明境，那还差得远呢！这还是有相之光。我只告诉你们，这时光明生起以后，拙火（或称灵力、灵能）才能起来。我们这个自性的本能与我们的身体，如"水中盐味，色里胶青"一样，这一杯清水里，放了一些盐，搅和以后，水是咸的，你能把盐找出来吗？水里加了颜料，也拿不出来了。同样的，我们生命自性灵能，在这个身体脱离不开；能脱离的人也不见得悟了道。这只是修证工夫而已。等灵能发动了，才到达了四加行的"暖"法。

修持工夫到了暖法的人，不管年纪多大，便如婴儿般，全身软绵绵的。但这个并不就是道，没啥稀奇！这是生命本能本来具有的。问题是你如何才能修持到这个暖法。这些问题，教理上的解释都不同，我们是以事相来解释的。

说到"顶"法，并不是头顶开花，而是与虚空一体，如庄子说的"与天地精神相往来"，才是达到了顶法。先做到了暖法，其次才到顶法。顶法修持到了，就是初禅。初禅有初禅的加行，二禅有二禅的加行……然后才能到达"忍"法。

什么叫作"忍"法？就是一切都截断了，这时妄想截断，脱离世间，超然独立。"无生法忍"，"忍"是形容词，截断了，但这还没有证到空，只不过一切被截断了而已。世间的观念与烦恼都截断了，到达了这个境界，也不过是世间修持的一个最高成就而已，还没有跳出世间，所以下一步才能到达"世第一法"。

当一个人修到"世第一法"这个阶段时，才能够算得上是个人，做人到达了顶尖，也等于庄子所说的"真人"。换言之，在庄子眼中，未得道的便是假人。虽然工夫到达了这个境界，还是世第一法而已，仍未超出世间。

那么超出世间的路怎么走？任何一步修证工夫的路线，都离不开四加行，每一步都离不开，包括学净土、学止观、学密等都是一样。都是由四加行的成功，和禅定的成功以后，才能谈到修出世法。这也就是修证的程序与次第。

刚才这些话，是由于提出三步骤，见、修、行的问题而阐明的。首先是见地，有了见地以后，就是如何修道，如何行愿。现在倒转回来只讲定的问题，讲定的实际道理，这仍是初步，将来要一步一步很详细地讨论它。在修证的过程中，大家必须要注意四加行的道理。

第二讲

大家要做笔记，我统统要看，而且看过以后，要改过、批过。做笔记第一可鞭策自己，不愿写的更要写，勉而为之去试试看，可以改一改自己的习气。不愿写的，犯了一种毛病，认为自己的东西不值得一写，太谦虚了。另一种是不屑一写，又太傲慢了。我劝大家要写，尤其是年轻的，对于修养，这是最大的一种磨练。同时规定写日记、心得报告。最好两本轮流，一本交给我看，一本在你那里。

请大家特别注意，我们讨论修证佛法的课程，每次所引用的佛经经文，以及我所说的，都要能于心地上来体会，千万不要变成佛经是佛经，我的话仍是我的话，自己还是自己，那样就无多大利益了。再一点请大家注意，千万不要听课时打坐，如果能够一面做禅定工夫，一面又能够做笔记，又能够听清楚，那么就差不多有一点基础了。但是普通人，心是不能二用的，稍稍有一点静定工夫的人，不要说禅定，一心可以十用，甚至百用。也就是六祖所说："何期自性，本自具足。"这并不困难，六根的确可以并用。不过，假如你没有这种禅定工夫的话，还是老老实实专心地听课。

上次讲修证法门的事相，四加行的情形，有很多同学反映说，第一次听下来，没有抓住中心，还未入流，也没有一个纲要。若照我原订的纲要，真正上路也是要个把月以上。今天把要讲的前后顺序变换一下，先发《楞严经》讲义。

现在先把《楞严经》所列举的修证工夫告诉大家，可以马上着手体会。学术界的朋友们，尤其研究佛学的学者，千万要注意，有人把《楞严经》《圆觉经》《大乘起信论》《四十二章经》等，皆视为伪经。这个观念是从考据来的，因此造成佛学界一些人，对这些经典，好像根本不屑一顾。但是我敢冒昧地说：书生之见不足道也。

现在把这种种现象的前因后果，大略说明一下。中国文化到了清朝，汉学兴起，分义理、辞章、考据、记闻。站在中国文化的立场，西洋的哲学包括在义理中；站在西洋文化的立场，我们的义理包括在哲学中。各人的立场不同，观念就不同。唐诗、宋词是辞章之学，每个时代的文化，都有其代表性。比如汉文章、魏晋书法、唐诗、宋词、元曲、明小说、清对联等。

辞章之学不谈，清儒欲特别提出义理之学。这是因为宋朝理学兴起，只谈心性性命之学。到了清朝的儒学家们，对于这些性命之学颇为反感，因而走向实际的考证学问，称为"汉学"。现在的外国人，称中国所有的学问都为汉学，根本上这种称法是错误的，而我们也跟着称自己的学问为汉学，实在就更可笑了。

考据只是一种形式科学，认为这些经典是伪经的，就是由考据而来，其中的权威就是梁启超。但是，梁启超对佛学只懂一些皮毛，应该算是外行，他认为这些经典的文笔太好，不像是印度的文章，故而认为是中国人伪造的。但我认为从内容来看，这些经典决不是伪经，所以这些考据是有问题的。

我们再来谈有关《楞严经》的第二个问题：这本经起首《大佛顶如来密因修证了义诸菩萨万行首楞严经》，包含了修行做工夫的大秘密在内。除此之外，真正修证的密因再没有其他的了。不过几十年来，我还没有碰到过一个对本经真正有研究，真正能找出《楞严经》修证方法的人。实际上，在这本经典中，由凡夫到修证成佛都讲到了。懂得文字的人，一看就懂，可是多数的人，都被这本经的优美文字骗住了，反而没有看懂内容。

《楞严经》里面有一个重点，也是一个大秘密，就是修证的方法。实际上，见地、修证、行愿三者不可缺一。真有了见地，修证一定做得到；真正修证做到了，行愿也一定做到了。有一点缺陷都是不对的。

我的话像下雨一样，不限定对某一个人说，而每一个人都有份，你是得利或不得利，完全看你自己。这本经典见地、修证、行愿都在内，我慢慢帮大家挑出来。

《楞严经》开始"七处征心，八还辨见"，佛与阿难的对话，问"心"在哪里？往返讨论了七点，心不在内，不在外，也不在中间，然后佛告诉阿难，心在哪里。

《楞严经》卷一：

> 佛告阿难：一切众生，从无始来，种种颠倒，业种自然，如恶叉聚，诸修行人，不能得成无上菩提，乃至别成声闻缘觉，及成外道诸天魔王及魔眷属，皆由不知二种根本，错乱修习。犹如煮沙，欲成嘉馔，纵经尘劫，终不能得。云何二种？阿难，一者无始生死根本。则汝今者，与诸众生，用攀缘心，为自性者。二者无始菩提涅槃，元清净体，则汝今者，识精元明，能生诸缘，缘所遗者。由诸众生，遗此本明，虽终日行，而不自觉，枉入诸趣。

他说我们为什么自己不能明心见性？因为无始以来，我们生命中有一个东西在作用，就是攀缘心，一个念头接一个念头。因为我们的思想不能停止，就是睡觉时、睡梦中，还是在思想，这个叫攀缘心。一般人错把这个攀缘心认为是"心"，等于西洋哲学家笛卡儿所说的"我思故我在"。我思故我在只是普通人的思想观念，但却不是本"心"。要怎么样才对呢？

"无始菩提涅槃，元清净体"，佛说这个心是现象，是本体所起的作用。生命的本心、本能叫菩提，又叫本体，它所发出的现象是分段的，像电波一样跳动的。你不要去抓住这种现象，要回转来认识那个本体。

"则汝今者，识精元明，能生诸缘，缘所遗者。""识精元明"包括了唯识的识，精是真精神，原来灵明的这一点，就是你那个能够知觉，能够感觉灵灵明明的那个东西。这个东西是什么呢？"能生诸缘"，这个东西在里面一动，我们思想念头一动，心里一感觉，外面就起作用了。

什么是缘？我讲的话是缘，发出声来你听得到是缘，我这样一句接一句讲，你听的观念跟着走，就是"攀缘"。

现在大家坐在这里，人多了，身体觉得热，就是里面的"识精元明"对外面的热量起感应，心里头就感到很热很闷，这是与热的缘发生感觉，"能生诸缘"。

"缘所遗者"，如禅宗所讲"万缘放下"，外缘都丢开了，所剩下的那一个，就是有个丢不掉的东西。比如大家坐在这里，感到两腿、膀子不舒服，这是缘。什么缘？体缘，身体上的反应作用，同"你"没有关系。那个知道身体不舒服，腿不舒服，那个既不在腿，也不在膀子，除掉缘以后所剩下来的，"缘所遗者"——就是这四个字，本来那个东西，外缘都丢掉了以后，剩下来的那个东西。

"由诸众生，遗此本明，虽终日行，而不自觉，枉入诸趣。"一切都是那个东西变动出来的，所以众生颠倒，一味地跟着万缘去跑，而在六道中轮回、生死中打滚。这是正面的，还不是它的密法，这里头反面的还没有讲。

我常提醒大家，当你一上座，两腿一盘，那一刹那是不是非常好？但坐好以后，就不对劲了，为什么？因为坐好以后，就觉得自己在打坐，觉得气也不对，身体也不对，而刚盘上腿的那一刹那，倒有点像万缘放下，什么都不管的味道。等腿盘好了，什么都在想，又想成道，又想威仪端正，又想不要打妄想，妄想来了，又要赶掉它，赶掉后，又想……唉！何必赶掉它，赶了以后又是妄想，反正都是坐在那里搞鬼。

其实只要外缘自然地放下，剩下来的那个东西没有动过的，就是那个"缘所遗者"，佛就那么直接地指示给我们，因为把这个搞迷糊了，所以"枉入诸趣"，就只有在六道中轮转了。

我们再来讨论"八还辨见"。

"见"是什么？现在我们一般人打坐，坐起来是什么现象呢？就是《楞严经》上所讲的：

> 色杂妄想，想相为身，聚缘内摇，趣外奔逸，昏扰扰相，以为心性。

佛说一切众生都找不到这个心，为什么？因为"色杂妄想"，生理反应跟着心理的妄想，起交互作用，然后在里头"想相为身"。其实我们这个身体之中还有一个躯体，就是自己思想所聚成的自己。比如刚才有一个同学讲，本来不好的身体，在外面跑了一趟就变好了，可见心理作用就是这个道理。这个心里有一个由妄想形成的躯体，你那思想本身，就是这色身里头的内胎子。那个思想聚合一些外缘，变成你身体里的一个躯体。

所以"聚缘内摇"，就是把外缘的思想啦、情绪啦等等，所有的东西聚拢来，当你打坐坐在那里时，就是这四个字，"聚缘内摇"，像筒子里滚出棉花糖一样，越滚越多，心里头乱得很，犹如开运动会一般。

"趣外奔逸"，念头向外乱跑，然后眼睛闭着，"昏扰扰相"，昏头昏脑的，轰隆轰隆坐个把钟头，叫作"参禅"，把这个样子

"以为心性"。岂不知这不是真心，犯这样大的错误，还"一迷为心，决定惑为色身之内"。所以认识不清楚，还以为自己在修道，还以为心在这个身体上。如果心真在身上，那么你死了时，心不是就找不出来了吗？

佛把这些话讲得明明白白的。

> 不知色身，外洎山河虚空大地，咸是妙明真心中物。

他说，阿难，你们就不晓得，打坐时开眼、闭眼都没有关系，不要守着身体。你们就不知道，以身体为中心，扩大至整个虚空，整个太空都在你的"心"里头，那么这个躯体又是什么呢？"想相为身"而已啊！这就是见地。

现在在座有许多老修行，工夫做得不错了，你们在打坐时，有没有守着身体在转呢？若没有，是不是见地已达到了"外洎山河虚空大地，咸是妙明真心中物"的境界呢？

> 譬如澄清百千大海，弃之，唯认一浮沤体，目为全潮，穷尽瀛渤。

佛说我们众生那个本体，如大海一般，不知比太平洋大多少，你的身子在那里不过是一小点，我们反而把那个大的抛弃了，只守着那一小点，认为这个身体就是我们的生命。大家都抓住这一小点在搞，"聚缘内摇"，如摇棉花糖一般，越摇越大。禅宗祖师云门说："乾坤之内，宇宙之间，中有一宝，秘在形山。"事实上，这个"外洎山河虚空大地"的妙明真心就在你身上，只是被色身及其他业力——色杂妄想盖住了，要把它找出来。现在讲了《楞严经》，是不是都懂了？你都体会了没有？"外洎山河虚空大地"，是不是参究了？证到了？要做工夫证到才行。

一边抄笔记，一边听我讲，注意！如何修持到六根并用，一心清净，这才是学禅。美国及日本的禅宗，专门参究那些公案及话头，野鸭子飞过来，飞过去，那个与禅有啥相干？那只是教育法上偶然的一点机趣而已。又如惠明问六祖：师父，五祖告诉你些什么秘密呢？六祖说：哪里有什么秘密！密，不在我这里，在你那里。这句话就是个大秘密。

《楞严经》里，佛讲这内外七处都不是心，佛说以你自己为本心，向外面扩展，扩大到整个虚空，都是你心里头的东西。换句话说，内外七处也都是心，懂了吧？这是如来的密因，你们大家都没参出来。但内外七处都是什么心？是心的用，不是心的本体。起用的时候，是他身体的色身、报应身的作用；归体的时候，就是法身的清净。

云门说："乾坤之内，宇宙之间，中有一宝，秘在形山，拈灯笼向佛殿里，将山门来灯笼上，作么生？"将外面的灯笼拿到大殿里做得到，把山门拿来放在灯笼上，做不做得到？这是禅师的说法，他在那里乱说，这个那个，那个这个的，像演电视一样，结果看一看在座，大家没一个懂，只好自己再说了，"逐物意移"，又说"云起雷兴"。

中国的文化，讲出来就是文章，所以出家人要注意，把文学底子搞好。云门的意思是——唉！可惜，我讲一句，你们的心便向外面跑了。这就是《楞严经》里"趣外奔逸"的意思。云门祖师说了上面那些话之后，看看大家，没有人懂，于是说："云起雷兴。"他看学生们答不出来，所以只好代他们答了。

我有一宝，就在里头，抓不出来，分不开。再引用雪窦禅师的话，他作了一首诗：

看看看　古岸何人把钓竿

云冉冉　水漫漫

明月芦花君自看

看！不是向外看，是向内看自己。有人站在古岸头上，想度你上岸，你不上钩，没办法。禅的境界是，当你万缘放下，把身心都丢开了以后的那个东西。明月下面看芦花，芦花是白的，月亮也是白的，白对白的，还有什么？一片都是白，空空洞洞，要你去找。

又如临济禅师上堂说法："赤肉团上，有一无位真人，常从汝等面门出入，未证据者看看。"这就是说，你们找不到这个无位真人的人，还不懂的人，拿出来看看。这个时候有个出家人站出来说："如何是无位真人？"临济禅师听他一说，下座抓住他说："道！道！"也就是说：你说！你说！"其僧拟议"——那出家人想说时，临济禅师放手叹道："无位真人是什么干矢橛。"说完了就走回方丈室去了。这就叫上堂法语。看禅宗公案，要像看电视剧一样，把整个身心投入了去看，不能死读。

至于"八还辨见"，还是讲见地，到后面才讲到修证工夫的路子，佛把最高的秘密都讲出来了。所以，我们天天带着《楞严经》，没把它看懂，修行不上路，很可惜的，也辜负了佛恩。

现在举一个"八还辨见"的例子，《楞严经》卷二：

> 我今示汝不生灭性。大王，汝年几时见恒河水？王言：我生三岁，慈母携我谒耆婆天，经过此流，尔时即知是恒河水。佛言：大王，如汝所说，二十之时，衰于十岁，乃至六十，日月岁时，念念迁变，则汝三岁见此河时，至年十三，其水云何？王言：如三岁时，宛然无异，乃至于今，年六十二，亦无有异。佛言：汝今自伤发白面皱。其面必定皱于童年，则汝今时，观此恒河，与昔童时观河之见，有童耄不？王言：不也，世尊。佛言：大王汝面虽皱，而此见精，性未曾皱，皱者为变，不皱非变，变者受灭，彼不变者，元无生灭。

有一天，波斯匿王出来问佛说："这样很容易，但关于心的不生灭性我有疑问。"佛说："你几岁看到恒河?"国王说："小时候与我母亲经过时看到的。"佛问："你那时几岁?""三岁。""现在你几岁?""六十二岁。""现在你眼睛都花了,你再经过恒河时,你看得见吗?""当然看得见。"佛说："你的年龄有衰老、生灭、死亡,而你那个能见的性,不跟着年龄在变,没有动过。"你睡着时,虽然闭着眼睛,但是眼识还是在看,在看里面,这个见性没有变。有关这一节,我作了一首诗:

生死无端别恨深　浪花流到去来今

白头雾里观河见　犹是童年过后心

人,生生死死,死死生生。生死对人类来说,最可怕了。我们生了、死了,再投胎,分段生死像一股流水般,永远随着浪头,一起一灭,没有休止。上面那首诗就引用了波斯匿王的典故,"白头雾里观河见",年龄大了,看东西眼花了,但是这个能见的性,还是没有两样,还是童年的那个样子——"犹是童年过后心"。

诸可还者,自然非汝;不汝还者,非汝而谁。

眼见还给眼神经,光明还给太阳,一切可还的都还了,剩下一个还不掉的,无处还的,那个不是"你"又是谁啊?

当然,你可以说："佛不是说无我吗?"是的,佛说的无我,是无四大,无假我。自性的我没有抛掉。有一位天目礼禅师悟道时,作了一首诗:

不汝还兮复是谁　残红落满钓鱼矶

日斜风动无人扫　燕子衔将水际飞

落花掉在地上,归于本位。好似打坐时,妄想来就来,你知道时它就走掉了,不必去管它,就是这个境界。"残红落满钓鱼矶",他把当时自然界的景象,很自然地摆在那里,很现成的。就好比你的心境,自自然然的,慢慢地静下去。太阳下山,风微微地动，就是比喻还有一点轻微的妄念。"无人扫"，不要去管它，扫不得，你不要管。"燕子衔将水际飞"，轻微的一点妄念，毫不相干。下面我自己加两句："喷！喷！是无上咒，无等等咒。"告诉你，这不是诗，你懂了这一首，你就悟到了一点了。

现在我们解释了八还辨见，明心见性这一面，我们懂了。那个还不掉的，就是我的见，对不对？可是我要提一个问题，如果释迦牟尼佛来了，我一定要问问他："师父啊！你讲了半天，那个还不掉的就是我，可是要有我这个肉体存在啊！我的肉体死掉时，那个东西会掉到哪里去？我还是找不到。"所以假如用工夫，仍然找不到这点来路与去路，你纵然证到心中真空，一"定"三百六十天，也是没有用的，还是不行，这也是个秘密。

现在你们那些工夫做得好的人会认为："好啊！很有进步。"老实讲，那是靠你身体这个赤肉团，红彤彤的一块肉，肉坏了的时候，你到哪里去？怎么走？"我有一宝，秘在形山"，怎么跑出来？又怎么跑进去？怎么把它找出来？所以《楞严经》前面谈见地，后面一路下去，修证的秘密都告诉你了。

这个做工夫的秘密，都在后面一两卷当中，大家平常最不注意的地方，尤其是五十种阴魔——五阴解脱。《心经》上说："照见五蕴皆空。"五阴是怎么空的？要做工夫空。我曾说大家"倒果为因"，把佛学的果，拿来变成自己的。现在回转来"倒因为果"，要自己去求证。讲到五十种阴魔，大家不能不读书，不读书就是我慢，是犯戒的。

诸佛菩萨把法门传给你，这就是法本。佛在《楞严经》卷九"色阴区宇"中说：

> 汝坐道场，销落诸念，其念若尽，则诸离念，一切精明，动静不移，忆忘如一。当住此处，入三摩提。如明目人，处大幽暗，精性妙净，心未发光，此则名为色阴区宇。

那时念头没有了，一切清清楚楚，这时动静是一样的，一个杂念不起，工夫到了"忆忘如一"，应该在此入三摩地。就好像"明目人，处大幽暗"，在幽暗中有微明。"精性妙净，心未发光"，这时生命本性的境界很清净，很微妙。而一般人心理是活络的，乱七八糟的，眼睛闭起来是漆黑一片的。如果现在有人做到"销落诸念，动静不移，忆忘如一"的境界，那不晓得牛吹得多大，其实也只是一种境界而已。

是什么境界呢？"精性妙净，心未发光，此则名为色阴区宇。"这是心理上快要转变时的一种心理变化，没啥稀奇！换句话说，当你打坐时，心里空空洞洞，或多少年，多少月，多少日，几个时辰，那是由于你生理四大调顺，瞎猫碰到死老鼠，如电源般插上了。这并不是真工夫，稍过一会儿又掉了，这些都属于色阴区宇。

讲到色阴区宇，有几部书应该看——《神僧传》《神尼传》《佛祖历代通载》等。看这些传记，能启发真诚向道之心。还有一本《憨山大师年谱》，憨师二十八岁到处参学，到盘山顶上，有一茅棚，有一个和尚在里面打坐，不理憨山大师。那和尚吃饭，憨山大师跟着吃，那和尚喝茶，他也自己喝。后来吃饭时间到了，憨山大师就给那个和尚做饭，喝茶时间到了，就煮茶，吃完了就自己经行。如此到第七天，那和尚才跟憨山大师说话，那和尚说："我住此岩三十余年，今日始遇一个同风。"

有一晚吃粥了，憨山照样在山顶行香，站在那里定住了，觉得天地世界，在一片光明中，正是"销落诸念"的境界。他进了茅棚后，那和尚一看，开口了：告诉你，此乃色阴区宇，你工夫做到这个境界也不过如此。老僧在此三十年，夜夜经行都在此境中，有啥稀奇！年轻人，就是这样难，也就是这样容易。那个和尚，三十年夜夜经行，身心都忘掉了。你们注意，修行人！你们还在色阴区宇的上半截，闭起眼睛漆黑一片，在那里瞎摸瞎坐。

> 若目明朗，十方洞开，无复幽暗，名色阴尽。

一片光明，墙壁山河大地都透视了。千万不要以为这时得了神通，想当祖师爷，在里头玩起来了。在这个色阴区宇里，还有十种境界，都是魔境，自己去看经研究。你们在那里搞气脉、三脉七轮、上丹田、下丹田，颠颠倒倒，反反复复，在那里干什么？都是在色阴区宇里。想做到色阴尽，把生理空掉，你以为气脉通了就成道啊？充其量不过到达了色阴尽而已。能够达到色阴尽，身体真的空掉了，所谓气脉不气脉，已不在话下，那还是最初步的事。佛说这时才能"超越劫浊"，五浊中跑出一层而已。可是成道了吗？

下面佛继续说：

> 观其所由，坚固妄想以为其本。

这还是妄想，而且是大妄想，不是小妄想。我们现在坐在那里，是小妄想。那个境界，身心都忘了，正是一个大妄想，是一个坚固的大妄想，还以为自己没有妄想。

在这一段里，佛告诉你，在色阴区宇中有十种岔路。十种还是大原则，若详细讲，起码要讲三个月，你们自己去研究，这些都是坚固妄想的色阴境界。

> 彼善男子，修三摩提，奢摩他中，色阴尽者，见诸佛心，如明镜中，显现其像，若有所得，而未能用，犹如魇人，手足宛然，见闻不惑，心触客邪而不能动，此则名为受阴区宇。

这是叙述到了受阴区宇时的情况。

还有些人，用功常作空念，空久了，身体僵化了，禅宗称之为"枯禅"。"枯木岩前岔路多，行人到此尽蹉跎"，你认为要空念，以为只空这一念就对了，那还差得远呢！搞久了，身心都会僵化的，一百个有五十双走上岔路。古人这些都是法本，你们都要去看。

现在你们懂了，一点都不必怕，而且是必须要经过的。此时到了感受的范围，再进一步好像身体被什么东西压住了，捆绑了一般，翻也翻不过来。到了用力一挣，翻过来了，有些人就觉得好像有鬼！实际上，是你自己的独影意识作用，哪里有鬼？都是生理上不舒服，是唯心所造，没有鬼那回事。

这时翻过身了，

> 若魇咎歇，其心离身，返观其面，去住自由，无复留碍，名受阴尽。

觉得自己离开身子了，道家讲出阴神。出阴神有什么了不起，第七、八识还没离开，暖、寿、识都还有，所以能看见自己在呼吸。

> 是人则能超越见浊。

这时见地不同了，什么大学问家、大思想家，都不在话下。所谓学问、思想者，其实是妄想之集中而已。

> 观其所由，虚明妄想以为其本。

这还是妄想，这不是色阴的坚固妄想，这时身心可以脱离，妄想变成泡沫一般，空虚了。

"虚明妄想"还是一个大妄想。事实上，五阴都是大妄想。如果在受阴区宇里头搞不清楚，还是有十种大魔境界。但神通跟神经，两个是双胞胎，境界来时，叫你不作圣解。你把握住《金刚经》所讲："凡所有相，皆是虚妄，若见诸相非相，即见如来。"你不理，不以为自己得了道，那就有助于进步。"若作圣解"，你若认为自己这个工夫了不起，这个就是道，"即受群邪"，就落入阿修罗道、魔道里去了。

　　所以佛与魔，地狱与天堂，众生与佛，只一念之差，也没有差，一线之隔，也没有隔。由凡夫到成佛，统统靠般若智慧的一点道理。理不明的话，就要靠佛的经验。在《楞严经》的五十种阴魔里，差不多把所有工夫的境界，所有的秘密都露给你了。事实上，这五十种阴魔境界，你用得好，就不是魔境了。换句话说，这五十种魔境，都是一步一步的境界，而且有些是必定经过的境界。用得不好，就完了，就下去了。如爬十几层楼梯，爬不了两层楼就下去了，这是修行用功要注意的地方。所以，经题上所谓的"大佛顶如来密因修证了义"，的确是明言密意。故佛于《金刚经》中说："须菩提，如来是真语者、实语者、如语者、不诳语者、不异语者。"释迦牟尼佛没有骗我们，也没有瞒我们，是我们自己读经没有参通他的密因，也没有参通他告诉我们的修证方法。

　　以上是我们的第二个纲要，修证上的纲要。

第三讲

走火入魔
受阴
想阴
行阴
识阴

这几次上课，就像上市场买菜，菜买好了，等于材料有了。希望同学们听课时，把我的意见听懂了，自己来求证修持。我讲课向来不预作纲要，随机而说，因材施教，希望大家都能够走上修持的道路。

前两次上课的纲要是见地、修证、行愿三种。修定只不过是修证中的一项而已。定是世间共法，为佛法、外道所共有。佛法的不共法不是在定，大家注意！不要把"定"当成佛法，这个观念要认识清楚，佛法的不共法是"慧"。定是修持的一种，但是修慧不离于定。换句话说，外道都做得到定，你学佛怎能做不到！释迦牟尼佛说：佛通一切智，彻万法源。佛能通达一切万法，为天人师。你既然要学佛，当然也要学会定。

上次讲到修持方面的事相，普通称为做工夫。大家记得吧？我讲课有些学生记不下笔记，以为没秩序，真冤枉，我不过从引证中又举例引证；虽然离开了，但仍在所讲范围里，还是又会转回来。你们做笔记就做不下去了，其实内容是很有条理的。

前两次上课纲要：由事相到四加行纲要，再转入这里。如果般若不够，佛法也成魔境，即执着成"我"。譬如五阴境界——色阴、受阴、想阴、行阴、识阴，等于可能发生的五十种阴魔。有人打坐一听到走火入魔，就吓住了，当场就入"魔"，坐不住了。其实哪里来的火？哪里来的魔？魔由"磨"字变来，根本就没有一个魔。好比全世界说鬼，其观念还是离不开人类思想的形态，即如天堂、神仙，西方与东方的观念都一样。你意识里有鬼，鬼就来了。"开口神气散，意动火工寒。"走火入魔是你心理思想搞错了，自己制造的，你自己"磨"自己而已，都是天下本无事、庸人自扰之罢了。

所谓走火入魔，是武侠小说乱写的。为什么说到这个？因为我们引用五阴境界，每种都有十种魔境。其实，不止十种，佛只说大原则而已。现今社会人类心理、文化发展，都是一些魔境，大家没有看清楚。一个是佛经，已经太古老，被它困住了；另一个是太现代化，没看清楚。两个综合起来，就知我佛如来大慈大悲，都已经说过了。如果我光讲那五十种阴魔，就得花掉好几个月，只好暂时略去。

上次介绍色阴境界时，提到"坚固妄想以为其本"，佛把妄想分析得很清楚。有人不懂坚固妄想是什么意思，大家到过精神病院吧？形成精神病的那种牢不可破的病态心理，就是坚固妄想的一种。严格地说，扩大范围来讲，所有的色阴境界，都属于坚固妄想。必须要色阴尽了以后，才能破这个范畴。

现在让我们再看看受阴尽了以后，是什么境况。

> 彼善男子，修三摩提，受阴尽者，虽未漏尽，心离其形，如鸟出笼，已能成就，从是凡身，上历菩萨六十圣位，得意生身，随往无碍。

打坐觉得舒服，不久腿麻了，这些都是受阴范围。脱离了这个感觉状态，才是受阴尽。尽，并不是像死人一般，而是感觉快乐的、舒服的、与宇宙虚空是合一的，形容不出，我也不想形容，因为你们没到这个境界，无法懂。

受阴尽了之后，虽然还没有到达漏尽，但心已能离开形体，如鸟出笼，达到菩萨的意生身。你们听了莫妄想，如能达到这一

步，到美国不必买机票，说去就去，但别人看不见你，你却能看到别人。（众笑）

> 譬如有人，熟寐寱言，是人虽则无别所知，其言已成音韵伦次，令不寐者，咸悟其语，此则名为想阴区宇。

到达这个境界，如人说梦话，梦中说话很清楚，很有条理，但说过就忘了，必须问旁边的人，旁人再告诉他详情。佛比喻人可离心，但自己做不了主，等于梦中说话，自己好像懂，又像不懂。到达这个境界，还是思想功能的范围，还离不了意识境界，属于想阴的范围内。换句话说，你妄念还是在动，只不过这一句话，佛没有说出来罢了。接着：

> 若动念尽，浮想销除，于觉明心，如去尘垢，一伦生死，首尾圆照，名想阴尽。是人则能超越烦恼浊，观其所由，融通妄想以为其本。

超越了想阴的境界，这时觉明的心性上，就好比没有了尘垢。如果心里都不动念了，浮思杂想也都没有了，那么，觉明的心上，就好比没有了尘垢，这时才能开始谈了生死。人最大的问题就是怕死，不知道从何而生，更不晓得死到哪里。此所谓前途生死两茫茫。如人在黑暗中怕鬼，其实不是怕鬼，主要是怕"不知道"。等你知道了鬼是怎么回事，就不怕了。

如果这一念想阴尽，就知道如何生来，如何死去。小乘罗汉可了分段生死。什么是我们的分段生死？就是诸有漏，善不善等业，由烦恼障助缘所感应，而得的三界六道果报。这种果报有分分段段的差异，所以称为"分段生死"。所有具见思惑的一切凡夫，都在分段生死中。

六道轮回，也就是我们的分段生死。罗汉可以了分段生死，但非究竟，因为还未了变易生死，只是请假而已。（所谓变易生死，就是诸无漏之善业，依所知障助缘所感之界外净土果报，为断见思惑之阿罗汉以上圣者之生死。）到达菩萨境界时才能了变易生死。所以，如果你想下次不来了，哪有那么容易！阿罗汉也只是能请长假而已。

此时做到不动念了，但是要注意下面那句"浮想销除"。很多学禅的人，就落在这个境界中，以为这就是究竟。所以禅宗很容易落入小乘境界，守着那个空，以为就是道。虽然讲是讲大乘，事实上是很难的。大乘以行愿为主，见地、修证为辅。行愿谈何容易！好难啊！

工夫到此，也不过是"融通"，妄念要到了另一境界时，才会没烦恼，这时不过是浮面的妄想融化了——"浮想销除"，还是离不开妄想的作用。佛交代得很清楚，这时还是属于思想功能的范围。

> 彼善男子，修三摩提，想阴尽者，是人平常梦想销灭，寤寐恒一，觉明虚静，犹如晴空，无复粗重前尘影事。观诸世间大地山河，如镜鉴明，来无所黏，过无踪迹，虚受照应，了罔陈习，唯一精真，生灭根元，从此披露。见诸十方十二众生，毕殚其类，虽未通其各命由绪，见同生基，犹如野马，熠熠清扰，为浮根尘究竟枢穴，此则名为行阴区宇。

色、受、想、行、识五阴，等于五十种境界，照佛经的道理来说，有几千万种之多。所以一般人的心理，都是不正常的，说不正常不太好听，所以称一般人为"颠倒众生"。

想阴尽的神通大啦！首先是宿命神通。当年大陆上有一个和尚，一念专精，持恒如一，可影响物理世界，叫我皈依他，但我不皈依。神通是戒律所戒禁，不能玩的。违戒的话要挨香板，后来他的膀子都被打掉了，再赶出山门。为什么这样严格？其中是有道理的。

什么是想阴尽呢？《心经》上告诉你："无无明，亦无无明尽。"无明到哪里去了？转了。唯识不是告诉你，转识成智吗？其实讲穿了没有用，害了后来的人；不讲穿也害人。所以佛说：不可说！不可说！最好闭嘴不言，因为太难了。

上面讨论的都是想阴的范围。告诉你们一个秘密，如来密因：五阴的中心是"想"，"想"与"思"在唯识学中是属于五遍行，最重要的。所以你把佛经融会贯通了，三藏十二部都挑出来，一部一部地去搞，钻进去，爬不出来的。能爬出来的就会说，"不过如此"。不过能钻得出来的人不同了，这是闲话。现在告诉你，想阴尽就是这个境界。

再进一步是行阴境界。在想阴尽之后，平常梦想销灭，《心经》上说"远离颠倒梦想，究竟涅槃"，与《楞严经》中"梦想销灭"，语句上有相同之处，但两个所比喻的不同。《心经》是讲实相，《楞严经》是讲修证，主题不同，所以不要乱扯。

如何叫"梦想销灭"呢？例如"圣人无梦，愚人无梦"，睡眠中有梦、无梦姑且不管，因为很多人睡醒来就忘了。至于说妄想没有，会讲话，会做事，"物来则应，过去不留"，此心平平静静，学禅的人能做到这样吗？不能！意见多得很。真正到达想阴尽者，才能做到"梦想销灭，寤寐恒一"。睡着与醒着一样，做到没有？可以说没有半个做到。真能做到时，睡在那里舒服得很，自己打呼噜都听得到，只要睡一个钟头，相当于睡七个钟头。还有一个有趣的事，就是清清楚楚知道自己在睡觉，心中粗重没有了，那多可爱！当时憨山在盘山顶上的一大光明藏，比起这个来，就差得远了。

> 观诸世间大地山河，如镜鉴明，来无所黏，过无踪迹，虚受照应，了罔陈习，唯一精真，生灭根元，从此披露。

修行人到达这个境界，看世间万事万物，好得很，就好像在大圆镜中看这一切一样。此时"时人见此一株花，如梦中相似"。所以读书人看这类经书，哪里能懂？这是讲工夫境界，如灯光般照见万象，"物来则应，过去不留"。交感相应，答复过就算了，就没有了。"了罔陈习"，看世界一切事情都是虚幻，到手就了，过了就没有。他也发脾气，发完了，屁事都没有。你不对，他骂你，是你该骂，过去就没有了。不像一般凡夫，一点事都在心中计较。

这时，过去的习惯都改变过来，只看到自己生命有一个东西。一个什么东西？"乾坤之内，宇宙之间，中有一宝，秘在形山"，真有个东西。我说一句事相上的话，你工夫到了时，真觉得生命上有个东西回转到身上来，既非灵魂，又非物质，绝对唯心，它能生万事万物，也就是傅大士那个偈子：

> 有物先天地　无形本寂寥
>
> 能为万象主　不逐四时凋

这个来了，你爱如何便如何，心境绝对可以控制。《楞严经》无法描写那个东西，就叫作"精真"，不是生理精虫那个精。换句话说，生理的精虫卵子，是那个东西变化来的；一切细胞一切神经等等，也都是它变化出来的。所以你没到达那个境界，讲修定两个字，免谈！

但是，到此也不过是刚刚开始，才开始修行，不能算成功。所以，学佛是科学的，一加一等于二。这个一还没有到，不要吹！佛经这部分还看不懂，工夫到了，你才看得懂。

"精真"也就是百丈禅师所讲："灵光独耀，迥脱根尘，体露真常，不拘文字，但离妄缘，即如如佛。"就是这东西。但是你研究禅宗，一般所谓的找到了"这个"，见到了"那个"，那个地步并不就是佛，那只是认得了走入佛的路线。即使像《楞严经》这里所说，"虚受照应，了罔陈习，唯一精真"之后，也是"生灭根元，从此披露"，还没有成佛。实际上想阴尽了，还是妄想。

想阴尽了，进入行阴境界的现象：

> 见诸十方十二众生，毕殚其类，虽未通其各命由绪，见同生基，犹如野马，熠熠清扰，为浮根尘究竟枢穴，此则名为行阴区宇。

这时你看到生命类别多了——一共有十二类众生（又简称十种异生，诸如胎生、湿生、卵生、化生、有色、无色、有想、无想、非有想、非无想等，十二类别的生命）。到了这个境界，可看到十方里所有的生命种类，看得清清楚楚。同时"见同生基"，看到我们这个生命的原动力，也就是一股生的业力的根本，有个东西在动，换成唯物的比方，好比科学中看到原子，有个原子在动，虽然其形不同，各有各的形状，但其根本结构，都是原子。而这个心物结合的"生基"，好像电能一样在动。

最近报纸提到无性生殖，有人问我可不可能，我说可能，在理论上可能，在科学上做不做得到，那就不知道了。有一个刚从国外回来的同学说，不要受骗，这只是骗骗钱，事实上做不做得到，他本人也不信。

佛学上讲，欲界天的生命靠两性，靠情欲。不管欲界、色界、无色界的生命，都有一个东西在动，这个东西"犹如野马"，这个野马不是一匹马。庄子说："野马也，尘埃也，生物之以息相吹也。"就好比阳焰，有如光影。我们的业报身、我们的生命，就由一个共同的"生基"而来。熠熠不是指有形象的发光，是形容移动投胎来时，闪动着，也就是中阴身、行阴的境象。有时，有定力者，忽然看到有个影子在你面前闪动，就是一个中阴身来投胎，当然它不是找你，只是路过而已，很快就过去了。

"清扰"，在一个清清静静的境界中，一个扰乱的动力。"浮根尘"，你眼睛一揉，马上星光点点，这是生理受刺激而发光的一个虚幻现象。这个现象要加以追究，不追究就相信的话是糊涂。

"究竟枢穴",在行阴境界中的修行人,工夫到这里,正是"行阴"。"定"不必靠打坐,就在定中,每个生命的来源都知道了,清清楚楚。连自己生命的那个动力,心物结合的那股动力,都清清楚楚。这个境界,叫"行阴区宇",行就是运动,《易经》上说:"天行健,君子以自强不息。"行就是宇宙永恒地在动,中国文化是如此活泼,无一不动。不动,宇宙就毁灭了。有人说,打坐是静。其实入定才是大动,到了这个"行阴区宇",就清楚地看到一股生灭的动力。

> 若此清扰熠熠元性,性入元澄,一澄元习,如波澜灭,化为澄水,名行阴尽,是人则能超众生浊。

不起波澜作用,宇宙归到那个大静态中,还超越过这个大静态。形容为澄水,变成波澜不起,"夜静海涛三万里,月明飞锡下天风"。出家人对中国文化要特别努力,把清修时的记录保持下来,可观得很。这诗就是这个境界。"太湖三万六千顷,月在波心说向谁?"也是这个境界。这就是"行阴尽"的境界,佛给你一步一步、一个程序一个程序地解说,无法躐等,《楞严经》云:"理则顿悟,乘悟并销,事非顿除,因次第尽。"没有办法让你躐等的。修持到达这里,可超越众生浊,可解脱生命的生死根本。

> 观其所由,幽隐妄想以为其本。

这还是个大妄想,他并没说这个大妄想不对,注意!这就是"密因修证",要把握住这个经题,秘密在这里面,佛并没有说这个妄想不对。不过佛叫你认识清楚,把妄想变成坚固妄想,是色阴境界;变成虚明妄想,是受阴境界;变成融通妄想,是想阴境界;变成幽隐妄想,是行阴境界。但那个不变的在哪里?

释迦牟尼佛的佛学,真是一部大辞典,他的字字语语,都是好极了。幽隐妄想,把妄想提升进入另一种状态,幽隐深远,不可限量的深度，深到了"隐"，引发了不可知意念的功能。

你看！妄想可使它起坚固作用、虚明作用、融通作用，也可使起幽隐作用，所以研究佛经要特别注意。

> 彼善男子，修三摩提，行阴尽者。诸世间性，幽清扰动；同分生机，倏然堕裂。沉细纲纽，补特伽罗，酬业深脉，感应悬绝。于涅槃天，将大明悟。如鸡后鸣，瞻顾东方，已有精色。六根虚静，无复驰逸，内外湛明，入无所入。深达十方十二种类，受命元由，观由执元，诸类不召，于十方界，已获其同，精色不沉，发现幽秘，此则名为识阴区宇。

这就是唯识的境界，实际上，五阴也就是唯识所变，都是唯识所生。《楞严经》解释这五阴的作用，与唯识法相所解释的方向不同。大家要配合起来参究，才能融会贯通。但这只是勉强这样说而已。

由行阴转到识阴境界时，是当行阴尽了，阳极阴生，又进一步即转入识阴境界。行阴境界也有十种魔，到了识阴中，不称为魔，而称作外道。

什么是外道？四果罗汉声闻、缘觉，在佛法上都算是外道。因为他们没有透彻证菩提道果。所以，从这个观点看，也都是外道。这是根据佛说的。因此有些大思想家、大哲学家，不能成佛，因为生生世世爱好搞思想，永远搞下去，要好多劫才可以转回来。佛并没有说这样不对，而是可怜他们，被思想学识这个东西困住了，永远在那里转。但是他们不会到下三界里去，如《楞严经》所讲："纯想即飞""纯情即堕"。搞思想的人是向上走，如果是被情欲牵着走的人，就会往下堕。

所以我常说，许多读书的知识分子，夫妇间及家庭间，常常处得不太好，都是因为太过于向思想上面发展的缘故。佛经上讲几分情、几分想，会堕落生在何处。照此说来，一切生物包括植物，也都是有执着的。

到了行阴尽时，这宇宙世界真的可以了了吗？"补特伽罗"（旧译为人或众生，新译是"数取趣"，即在六道轮回中常常不断地在生死轮回）在这时因"因果报应"而来还账、算账。这时，行阴尽了，中阴身的重点在哪里，自己都可以知道，这一股力量吸不了自己，一般人则一吸就被吸走。到了行阴尽时，就可以向这个生死请长假了。

有人打坐，坐不到多久就坐不住了，不是腿麻，就是觉得坐不住，或者想看看表。行阴的作用，是坐久必动，或是仁者心动。信不信试试看！参禅的人处处都是话头，参参看，为什么？为什么六点钟起来的人，每天六点都会按时起来？因为他的神经比较执着。这些日常事都是学问，都是话头。佛能通一切智，彻万法源，不可一事不懂，事事糊涂。

到了此处，这股感应的吸力就断了，这时生死还不能做主，但有些人能做主，有些人或做一半主。有人入胎不迷，住胎迷；有人住胎也不迷，出胎迷。我过去曾经有一友人，他对入胎出胎还有点记忆影像，就是这个道理。

到了这个境界，不过"感应悬绝，于涅槃天，将大明悟"，将要大彻大悟了。等于天快亮，看看有一点曙光出来。这时身心六根清净，不会向外面跑，而进入了无所入的境界，就是《楞严经》观世音菩萨讲到证入耳根圆通法门："入流亡所，所入既寂。"此时，身心通达，十二类众生生命的根本，有了"观由之本"，不去投生，可以留在自性本位之中，就如傅大士那首偈颂所讲的：

> 有物先天地　无形本寂寥
> 能为万象主　不逐四时凋

这就是进入解脱生命的识阴区宇。

第四讲

上次我们谈到修证的事相，说到《楞严经》的五十种阴魔，都是修持过程的现象。关于五阴的解脱，还没有讲完，上次讲到最后一个识阴的范围。

现在先提一个要点，我们这一次讲课的重点在修证，现在还没有正式开始，只是讲修证有关的资料。不过大家注意：大家听课要听清楚，教书的人常常发现，自己在上面讲课，如果下面十个人听，十个人的了解都不一样，一做测验，你就会知道，你说西他听到东去了。所以，尤其是听佛法，一定要特别小心注意。

我引一个佛经的典故做比喻：释迦牟尼佛过世后，一二十年间，阿难尊者还活着，阿难老了，他的相貌就跟他的哥哥释迦牟尼佛一样。过去大陆上比丘尼，一定是供阿难尊者，因为佛不答应女性出家，还是阿难硬要求下来的，佛就骂他一顿：你搞的好事，我的佛教要早灭五百年。阿难以前代他的姨妈要求出家，后来人称阿难为欢喜尊者，不是雍和宫欢喜佛的意思，大家不要搞错了。

阿难尊者还在世时，佛的弟子中有一位法师，也跟佛学过，是再传弟子。他教弟子佛法，一传再传，有的便说：佛是这样说的。"阿难尊者一日入竹林，闻此诵偈曰：若人生百岁，不见水老鹤，不如生一日，而能得见之。"徒弟们都这么念。阿难尊者一听，糟了，这是哪个师父教的？徒弟们说是师父教的。阿难告诉他们，佛的意思是："若人生百岁，不解生灭法，不如生一日，而得解了之。"口音不对，就变成"不见水老鹤"了。阿难纠正这班弟子后，弟子们就回去跟师父讲。师父说："你们不要听阿难的话，他老了，昏聩，还是我的对。"这一下把阿难尊者搞得没有办法，好在当时有一位圣宿大士，说了一首偈子：

> 彼者念讽偈　实非诸佛意
>
> 今遇欢喜尊　而可依了之

这首偈子是说：阿难说得对，另一个说法说得不对，才把他纠正了。

佛涅槃还没多久，佛法就变质到这个程度。佛灭后一百年，因对戒律和教法各有不同见解，而分为上座部与大众部二派；佛灭后四百年左右，已演化成二十部了。所以现在人闹些意见算什么，佛所亲自教授的弟子尚且如此，何况我们。

听佛法要注意，不要发生偏差，把生灭法变成"水老鹤"，那就真叫牛头不对马嘴了。

现在继续讲识阴区宇。识阴范围大得很，其实五阴的范围都很大，这还是讲好的境界，正面的境界。如果走真正修持的路子，每个人都会经过这些步骤，真正修持的路，几乎是固定的。

> 若于群召，已获同中，销磨六门，合开成就，见闻通邻，互用清净。

关于一切生灭的根源，在行阴区宇的范围，已经说得很清楚了。这里的六门就是六根，眼、耳、鼻、舌、身、意。我们一般人不靠眼睛就看不见，不靠耳朵就听不见，为什么？我们生命无始以来的业力，必须要靠这些器官各自的功能。如果真正到达了修持有成就、识阴解脱的范围，就可以不靠这些生理功能了。"销磨六门"，就是说成就者不受六根功能的限制、障碍，而且"合开成就，见闻通邻"，眼睛可当耳朵用，耳朵可当眼睛用。

这听起来有些古怪，其实一点都不古怪，不但有成就的人可以办到，有些事连凡夫也可以做到。

比如我们注意一件事，只注意前面，但是后面有人过来你也晓得，没有回头，也没有用眼睛看。现代人讲第六感等，都是属于这个范围。不过这是普通人一点点体会，到了"合开成就"，境界就大了。下面八个字"见闻通邻，互用清净"，说明了六根互用不是杂乱、烦扰的，而是非常清净的。我们常说出家人六根清净，就是语出这里。六根清净不是听不到声音，而是不论听到好的、坏的、善的、恶的、是的、非的，都一样清净，这个清净以后要再讨论。

到此时，

　　　十方世界，及与身心，如吠琉璃，内外明彻，名识阴尽。

识阴进一步解脱，达到什么境界呢？整个的宇宙，以及个人的生理、心理，整个身心，跟宇宙浑然一体，像一个琉璃圆体，内外透明，通体光明，没有障碍。到了这个境界，才算解脱了识阴的作用。

识阴解脱了，就很了不起，我们望尘莫及，连想都想象不到的。现在先把理透彻了，搞清楚了，修行的事相就容易了。佛说到达这个境界，

　　　是人则能超越命浊，

才了三界的命根，可以超出三界了。但要注意，到识阴了了以后，才可以超越命浊，下面佛的结论又要特别注意了！

　　　观其所由，罔象虚无，颠倒妄想以为其本。

由识阴境界而到"识阴尽"，而至于"超越命浊"，仔细一研究，这还是妄想作用，还没有离开一念。我们学佛打坐都讨厌妄想，要赶掉它，但是你们看，要能解脱五阴境界，也就是靠它

呢！大家现在学佛学禅的，不管你学什么，总把心里的思想、意识状态，往来于脑子里头当作一念。但这只是一念的浮想，浮在上面，还不是真正妄想意识之根。所以佛在《楞严经》开始时，告诉阿难：

纵灭一切见闻觉知，内守幽闲，犹为法尘分别影事。

又说：

现前虽成九次第定，不得漏尽成阿罗汉。

他说你们学佛就算灭掉一切见闻觉知，清清净净的，都还在意识的状态中。

法尘就是意识，为什么？譬如当你听过佛法有什么境界等话，你下意识已经先中毒了。所以你静坐起来，达到那个境界，有时并不是真的，而是你的意识状态，将那个境界勾画出来。这只是随便打一个比喻。甚至你虽证得九次第定，也还不能证果，何况只是"法尘"影事！

"法尘分别影事"，是第三重录影。比如我现在讲话，录音是第二重，别人再拿去录是第三重、第四重。它究竟不是我现在讲话的真声音。就是这样，到达这个境界还是大妄想，而这还算是正路。佛告诉你，这里头有邪路——外道。五十种阴魔，最后的识阴叫作外道。罗汉、声闻、缘觉都是外道之见。佛说这是"罔象虚无，颠倒妄想"来的。

"罔象"这两个字出自《庄子》，罔象等于影像，也就是影像的影像。当然，它不是一个实际的东西，它是虚幻，却也的的确确有那个影像，所以《楞严经》这里这个"罔象虚无"，放在"颠倒妄想"上面，的确安排得很好。

你看，这一念这么难，五阴就是一念。有时我们觉得，自己念头清净了，身心内外清净，能达到这个境界，一半还是生理帮忙你，心理较宁静时，才能够达到这个境界。因为是身心两方面互相影响，所以仍属于色阴境界。这个里头一走偏差，问题就多了。比如我们这时气脉——严格说，还谈不上气脉，只能说你那个神经系统，在平常的感受境界上，突然得到一种没有经验过的宁静境界，因而起了变化。尤其是当气脉通过后脑这一部分时，耳朵会听到一种声音；到了眼睛，眼睛出毛病；到了牙齿，牙齿出问题；到每一部分都出问题。了解了这个问题，都可以因应、证入；不了解这个关键，就会走火入魔。其实，既没有火，也没有魔，这是你心理幻想变化的错觉。而你认为的清净，也不是清净；你认为的光明，也不是光明。

《楞严经》最后，把渐修方面的次序工夫，讲解得很清楚，顿悟不离渐修。我们平常看《楞严经》，绝对会马马虎虎把珠宝看过去，其中的巧妙你去找吧！珠宝都埋在泥矿里头，自己去找吧！它是藏在五十种境界里头，要用智慧，把首尾贯通，要读到滚瓜烂熟才能真懂。我现在告诉你们的，是我花了几十年的时间成本，才把密因抽出来的。你找找看，古人也没有把它认真指出来过。所以"莫将容易得，便作等闲看"。

下面是一个总论：

> 汝等存心，秉如来道，将此法门，于我灭后，传示末世，普令众生，觉了斯义，无令见魔，自作沉孽。

佛吩咐他的出家弟子，一定要存心发愿。存心就是发愿，儒家称为存心，佛家就叫发愿，也就是立志的意思。佛说等我过世以后，把这个法门，传给修持的人，使一切众生明白这个道理。"无令见魔，自作沉孽"，一切观念、一切修持的错误，都是"见"的问题。见解的错误，也就是所谓"见浊"。我们这个世界，有所谓"五浊恶世"的说法，见浊就是五浊之一。这世界上的意见最多了，例如战争，就是因意见上的纷争而起，人的烦恼都是从意见上产生的，我的对，你的错，大家就闹起来了。执着了个人见解，变成了见魔。佛说"自作沉孽"，这个孽字，不是那个业字，这里干干脆脆，就是说自己造孽。

　　保绥哀救，销息邪缘，令其身心入佛知见，从始成就，不遭歧路。

所以你们要把修持的路子告诉大家，使大家不要走错了路，走错了路不得了。

　　精真妙明，本觉圆净。

"精真"比喻这个本性，生命本来的这个东西。《楞严经》上不用学理性的名称，如"真如"啦，"法界"啦，"法性"啦，"如来藏"啦……干脆用事相来表达。每一本经典都有它的重点，《楞严经》偏重在修证，所以明明白白用这个代名词——精真。佛家讲本性是本觉、始觉。觉什么？觉那个"本觉"，并不是另外得到一个东西，是觉我本来的东西，这个东西是本来清净的。

　　非留死生，及诸尘垢，乃至虚空，皆因妄想之所生起。

注意这句"非留死生"，不是没有生死，生是有的，只是生死无妨，不留不碍，不垢不净，没有关系。所以张拙秀才悟到"涅槃生死等空花"，不但生死等于空花，涅槃也等于空花。换句话说，你认为涅槃是一个东西，涅槃就是生死。又换句话说，你证了生死本来虚幻，生死就是涅槃。这个"留"字实在用得好极了。"非"字也改不得的。

年轻的出家同学，你们注意！未来的佛教，中国文化的佛教，是要你们挑担子的。文学没有搞好，这个担子怎么挑啊？挑不起来的。唐、宋以前的高僧为什么样样好？再加上诗词歌赋，个个都是高手，他们会的，你们不会，所以那时上自皇帝，下至挑葱卖蒜的，没有不佩服这些高僧的。而现在我们做了出家人，你不会的，在家人会，你会的，在家人都会，那么问题不就来了吗？我站在你们这一旁，勉励出家人，要发愿挑这个担子。你看！《楞严经》翻译，一个字也不能马虎的，"非留死生"，不但"留"字用得好，那个"非"字，也真不知用尽多少心思。

这部《楞严经》是般刺密帝法师带过来的，当时印度是禁止佛书出境的，违犯了就要杀头。据说这位大师把自己胁下的皮肉剥开，把这本经缝在皮肉里头，才能带到中国来。我们读经往往忽略了当时种种艰苦的情形，所以佛教中有预言，这本经最后传进中国，到了末法时期，这本经最先被毁掉。末法来了，开始有人攻击这本经是假的，后世人听到这批学者的伪经论调，也就不去看它。其实这批学者也不是学佛的，什么工夫，什么修证，一概都没有。

接着又再叮咛：

斯元本觉妙明真精，妄以发生诸器世间。

这个问题大了，是科学的领域，这也是《楞严经》第四卷，富楼那问佛的问题。你说本性本来清净，本来圆明，为什么形成这个物理世界呢？第四卷所讨论的问题，就是这个地球怎么变出来的。我们打坐为什么丹田会发暖？秘密也就是在这里，佛把秘密露给你，所以《楞严经》自称是"密因修证"，他的秘密放在里头，而且根本也没有秘密，"乾坤之内，宇宙之间，中有一宝，秘在形山"，就在你那里。

《法华经》也告诉你这一点，一切众生本觉妙明，因为妄想而发生了器世间。器世间，也就是物理世界。真正的佛法是纯粹唯心的，物理世界是心的功能变化的附属部分。所以佛说：

如演若达多，迷头认影。

当释迦牟尼佛时代，城里有一个人，名叫演若达多，长得蛮漂亮的，一天早上起来照镜子，咦！我的头到哪里去了？镜子里是有一个头，有哪个人看到过自己真正的头？有人看到自己这本来面目没有？镜子里看过，但镜子里焦点相反的，也不是真的自己。演若达多天天找，天天找，找疯了。这故事形容得好极了。是嘛！我们的真头掉了，用的都是这点影子，都是第三重的幻影。

妄元无因。

一般人打坐，都想除妄想，读通了佛经后，你就会哈哈大笑，不去除妄想，"妄元无因"嘛！你坐在那里打坐除妄想，你不是受罪吗？妄想本来空的。比如，妄想来了，唉啊！妄想，我要去掉它，刚起这么一个念头，那个妄想早跑掉了，你还在这里赶妄想呢！妄想是无根的，所以《金刚经》告诉你："如来者，无所从来，亦无所去，故名如来。"这明白告诉你，它是无根的，因为妄想本身，非因非果，还怕它什么妄想！你如果有本事，想它三天三夜，看看能不能不睡觉，专门妄想，如果做到了，我向你磕头。对！有人做得到，台大精神病院里头有人做到，但他们也不是自始至终只有一个妄想。他们的妄想也是波动的，一波过了又换一波，妄想是这样跳动的。所以，你除什么妄想呢？

于妄想中，立因缘性。

妄想是因他而起，自己没有本因，因外相而引起。讲唯识"依他起性"，就是把意识跟外界，两方对立起来。但是你不晓得，你自己本身就是外界。依第六意识来讲，外界就是前五识；譬如四大也是外界，外界的变化引起意识的反应。拿第八阿赖耶识来讲，你的四大，你的意识分别，本来都是外界。这要注意了，所以我们看到全世界的人在搞唯识，如同搞《易经》一样。学《易经》搞八卦的人，古今中外，都陷在八卦阵里头，永远没有爬出来过。什么八八六十四卦，又画图，又数字，搞了半天，完了，趴在里头做游戏可以，真要用也用不上。搞佛学也是一样，不求修证，永远爬不出来，就是被这些名词给困住了，将佛学变成了思想。就在那里玩思想，永远地玩下去，玩了半天，对自己的身心一点帮助也没有，所以千万要注意。

迷因缘者，称为自然。

许多人对"妄元无因，于妄想中，立因缘性"弄不清。于是"迷因缘者，称为自然"。你认为一切因缘都是"自然"来的。这"自然"不是中国文化的自然，而是印度哲学思想中的自然哲学派。那个自然，是一个理念构成一个东西，所以印度的自然哲学，与道家老子的自然，不能混为一谈。中外的著作，在讲印度哲学史时，入手都错在这个地方，毫无办法。这就是瞎子牵瞎子，滚进去一堆渣子，全错了。而古人有些大师们，著作老子学说，批评老子，也错了；他们把老子的自然，跟印度自然哲学派的自然搅在一起，所以说也错了。

佛告诉我们：

彼虚空性，犹实幻生，因缘自然，皆是众生妄心计度。

他说，就整个宇宙来说，太空也还不是永恒存在的东西。在《楞严经》的前面，释迦牟尼佛曾说，"当知虚空生汝心内，犹如片云点太清里"。太空是如此渺小，整个太空还是幻想构成。换句话说，太空是属于"七大"的范围，是物理的东西，是唯心的心性所附属的一个现象。何况我们还是因缘所生法的，还是太空物质世界中，地面上的爬虫，叫作人类，而这些名词都是我们脑子所构想出来的，所以也就更靠不住了。懂了吗？总之，太虚、太空还是一个幻境。何况我们这些学问，是这个太空里头的地球，地球里头的世界，世界里头的爬虫，这些爬虫叫作人，人的脑子里头所构成的幻想而已。所以"皆是众生妄心计度"，说得好听叫推理，不好听就是估计、猜猜而已。

阿难，知妄所起，说妄因缘，若妄元无，说妄因缘，元无所有。

注意这个"知"，你那个知道妄想起来的那个知，那一点的关系，加上执着这里面的构想，"说妄因缘"，说妄想是因缘所生，如果你明白了妄想自性本空的话，"说妄因缘，元无所有"了，本空嘛！

何况不知，推自然者。

至于那些认为这些生命的心理根源，是因自然而来的，就更不要谈了。

是故如来与汝发明，五阴本因，同是妄想。

所以佛说，我上面告诉你，我们这个五阴——色、受、想、行、识，在发挥作用时，各有不同。归根结底，五阴虽不同，但都是一个大妄想。

世尊接着就五阴的妄想性质各做解说，而后总结说：

是五受阴，五妄想成。

这五种感受的阴境，就是五种妄想的形成。

汝今欲知因界浅深。

你们如果想知道它们的构成的因素和范围的话，现在我告诉你。

唯色与空，是色边际。

五阴第一个是色阴，"唯色与空，是色边际"。一种"形"或"相"的呈现，就是色；相对于"色"的呈现，那就是色的消失，也可以说是一种"空"。由于这个"空"是物理世界的空，或者心理概念上的空，严格说，也是一种"相"，是"空"的"相"，所以仍属于色阴的范畴。这也就是"唯色与空，是色边际"的道理。

唯触及离，是受边际。

譬如我们手一碰、一离，是受阴范围里两大现象，这还是以大原则讲。如有些人与朋友分开，心里的感受很难过，那不是这个触，而是"想"所构成的触。这五阴还要重重打滚的，等于中国算命讲五行，错综复杂，木克土，土克水，水克火，火克金，金克木，这里头身心互相影响很大。

　　唯记与忘，是想边际。

　　在想阴的范畴里，有记得和忘记，两大作用形态的呈现。忘了就是对某件事想不起来了，在"想"的天地里，呈现一片模糊，无记的相，所以同"记"一样的，属于想阴的范畴，只是"记"与"忘"是相对的两种现象。

　　唯灭与生，是行边际。

　　在行阴的范围里，则是"生""灭"两大相对作用形态的呈现。

　　湛入合湛，归识边际。

　　这就很难解释了，湛就是澄清，心境到了澄澄湛湛，空灵一片，这是上一个"湛"。"入"，进入那个自性本体的，了无所有的，澄澄湛湛的境界，就是"湛入合湛"，这就是第八识如来藏性的范畴。

　　此五阴元，重叠生起。

　　这是五阴的根元，这五阴就如同中国文化的五行，是同样的麻烦和复杂。五大因素间互相影响，互为因果。佛经里头有一部叫《五蕴论》，但是还没有讲得清楚。在印度的十二因缘，也是根据十二个时辰来的，等于中国文化的子丑寅卯辰巳午未申酉戌亥。无明就是子，无明缘行，行就是丑，那是另一套学术研究了。从前大陆上的大庙子，当方丈要收徒弟时，用《达摩一掌金》来看，哪一年，哪一月，哪一日生的，算出来是可以出家，或没有佛缘不要出家。《达摩一掌金》就是根据十二地支来的，十二地支是十二因缘来的。你说灵光嘛！佛法讲一切唯心，大禅师大方丈们，就不用这一套。

生因识有，灭从色除。

一个凡夫的生灭，色没有了叫作死亡。修道则"灭从色除"，先在身体上想办法。如果身体的障碍除不去，五阴脱不掉，那有什么用呢？闭起眼来打坐，只不过在这个身体里头打滚。这里不舒服，那里舒服，这边不通，那边通了，转来转去都不出这个身体。就像禅宗祖师骂人的话：闭起眼来，在那个黑山鬼窟里头作活计。

理则顿悟，乘悟并销，事非顿除，因次第尽。

五阴的解脱是一步一步来，是科学的，是没有办法违反的原则。当然有人一上路，也可能先从行阴或识阴解脱，步骤并不是完全固定的。顿悟是讲见地，渐修是讲修证。见地真到了，后面修持的事相就必定已到。但是话又说回来了，见地真到了，正好修行。

这本经书的重点在修证。前面七处征心、八还辨见是讲见地，后面统统讲的是渐修。换言之，讲的都是实实在在的修证方法。事实上，渐修不离顿悟，顿悟也不离渐修。

我的构想是整套的计划，由初步开始打坐，一直到修持，想向大家做系统的解说，现在仍是先搜集资料。

佛反对神通，但在几次重要说法时，他现了神通。第一次是阿难出了毛病，佛嘱文殊菩萨赶快去救他。《楞严经》上讲，释迦牟尼佛两腿一盘，"顶放百宝无畏光明，光中生出千叶宝莲，有佛化身结跏趺坐，宣说神咒，敕文殊师利将咒往护"。

为什么佛不自己去救？或者显神通，两手一抓，把阿难给抓回来，为什么？这都是话头。第二次从面门放光，第三次从胸卍放光，第四次从五体放光，第五次从肉髻放光，每次放光都不一样，为什么？这些都要研究。

有些经典花样特别多，像《法华经》里，统统讲故事，而故事里头找不出什么。其中第一个故事，佛一上来就清堂了，佛也没开口，五千比丘就走了，为什么？这些处处都是问题，大家都被其中的哲学思想迷住了，叫好！认为这些重点很了不起。我写《楞严大义今释》时，把地狱天堂略掉了，因为现在没人相信，实际上那里头大有学问。为什么人变畜生？看得我毛骨悚然，就是说，你一个念头、一个情绪动错了，那个因果就来了，这几十年中看得多了，时代不同，因果更快了，这一部分在修持上是非常重要的，可是大家认为最难懂的是"七处征心，八还辨见"。其实，那不过是在文字上搞来搞去，还容易懂；但真正的学问是在最容易看的地方，那也就是最难懂的地方。

有关七大的解脱——地水火风空觉识，现在只谈前面有关身体的四大。现代人打坐最喜欢搞气脉，什么三脉七轮等等，专门在身体里头玩。注意啊！那不过是色阴境界而已，在这里头搞来搞去，花样多得很，玩得你晕头转向，头都昏了，方向都迷掉了。

如果明白了理，就知道不在这个上，不在四大——地水火风上。四大是一念所生，今天讲念头，只知道心里的思想是念头，不知道连这个四大也是念头，《楞严经》上都指出来了。

玄奘法师《八识规矩颂》中，《阿赖耶识颂二》：

浩浩三藏不可穷，渊深七浪境为风，受熏持种根身器，去后来先作主公。

根身器所指的根是六根，身是人体，器是物质世界，都是这一念变来的。这一念就是业力，念转得过来，业力也转得过来。所以禅宗了心，就是了这一念，这一念就是五阴，就是八识。修是修这个，不是光修第六意识。第六识一念一念来，也一念一念去，所以你一念不能了第七、不能了第八识，还学什么禅！

我们平常只在心中搞一点意识清明，那是第六识一部分的事，差得远啊！到了临死时，四大要分散时，你平常所得的清净，所得的工夫，一概用不上了，因为单单一个第六意识起不了什么作用的。婴儿生下来，第六意识没有分别，老年糊涂了，也没有用，可是第七、第八识还在作用，这一点要知道。所以临死时，你叫他念佛，他说："不行了，不行了！"真是不行了，但是你怎么还会讲话呢？这时第六意识涣散了，只能起一部分作用。所以，一念不了第七、八识，你学什么禅，了什么念！

那么第七、八识能了，地水火风四个部分在哪里呢？先讲火大，《楞严经》云：

> 性火真空，性空真火，清净本然，周遍法界，随众生心，应所知量，循业发现，世间无知，或为因缘，及自然性，皆是识心，分别计度，但有言说，都无实义。

见到空性就是"性火真空，性空真火"。所以我们的根本老师释迦牟尼佛，教了很多的宝贝给我们，我们都不知道。很多人打坐，身体发暖，就以为拙火起来。我说你去检查检查，可能是病态。四加行里的发暖，暖与软是配合起来的，得暖后就返老还童了。见到空性岂止丹田发暖，你若见到空性，爱怎么样就怎么样。

有些人打坐听呼吸、数息，"性风真空，性空真风"，呼吸是风大，是生灭法，但靠这个对治身体，也不是没有用，不过对悟道没有帮助。真正的悟道是"性风真空，性空真风"。

物理世界都是现象，能变成火、气流、电。这些现象后面所隐藏那个本体的功能，是"清净本然，周遍法界"。它同心物是一元的，心理所到达之处，物理就到达；物理所到之处，心理也就到达，这两个并重，彼此没有轻重的分别。

"随众生心，应所知量"，都是你造的，所以你做工夫时，觉得有身体某一部分发烫，以为是气脉通了。老实讲，那是你的妄想造成的通，美其名为修炼，讲不好听是你妄想打得好大哦！如此而已，这不是道。这是随众生心而感应，你向这一面求，他的功能就向这一面发展，所以称为"循业发现"，跟着你的业力转。"发现"用得好，不是发明，是宇宙间本有的，不是创造的，不过被发现罢了。

这些搞清楚了，才好修行。还有好多要点一时说不完，下次再说，现在转到《法华经》。

现在中国人讲修证，尤其是禅宗，提到两部经典——《法华》及《楞严》。《法华经》比《楞严经》来得早，南北朝东晋时代就传过来了。这本经影响中国文化很大，在文学、学术上，经常可看到《法华经》的东西。

智者大师师徒二人，创立天台宗，就是宗奉《法华经》。很多过去学"般舟三昧"的高僧们，修持都走《法华经》的路线。真讲这部经太难了，这才是真正的一乘佛法。

以前几次禅七时，都曾讲到释迦牟尼佛为何拈花，迦叶尊者为何微笑。我去年在关中，有一个感想，写了一首诗，答一位要出家的老朋友：

禅自拈花一笑来　灵山花蕊满灵台

如何净土华严界　又道花开见佛回

佛在灵山会上，天人供养的花太多了，满了灵台。有一件事很奇怪，佛教一直都与花有关。然后，我再给朋友一个话头：

莫妄想　费疑猜　头陀一去首空回

东风正放花千树　尽向南华觉后开

提到《法华经》，为什么拈花？为什么微笑？你站在那里看花，话头就来了。你懂得花，你也差不多知道怎么修持了。一颗种子，怎么开花？怎么结果？

《法华经》即《妙法莲华经》，同《庄子》一样，都是寓言故事，尤其提到讲经的功德怎么大。印度的文化，一句话写了一大堆，不过，耐心研读，每句话都有道理。这本经处处都是话头，它是真讲修持功夫。

《法华经》卷一《序品第一》"东方现瑞"。佛放光动地，弟子们认为这一次传大法了，一定大不同，然而五千比丘却先退席，认为这个老师不行，变妖道了，退席而去。阿弥陀佛在西方，而《法华经》则专放东方光明——"东方现瑞"。这部经典统统都是故事，每个故事都是话头。佛的弟子中，智慧第一的舍利子，起来问法。

佛放那么大的光明，排场那么大，却说：算了！算了！我的法太不可思议，不要讲，你看五千比丘都退了。在《法华经》卷一《方便品第二》中说：

止！止！我法妙难思，诸增上慢者，闻必不敬信。

人都有傲慢心，尤其是学佛的，自认懂得佛。天上天下唯我独尊，那是佛，不是你。佛说，许多有增上慢的人，对于我要说的法，他决不会信的。

是法非思量分别之所能解，唯有诸佛乃能知之。

注意！这是见地，尤其我们学佛更要知见正，佛法不是靠思想去搞，佛在这里告诉我们，真正的佛法不是你思想意识分别所能解释得了的。下面一句很严重，我们也白学了，"唯有诸佛乃能知之"。真正的佛法，只有佛知道，到了佛的那个境界才真懂。难怪那五千比丘要退席了，唯有佛才能懂，那我们何必要学呢？

所以者何？诸佛世尊，唯以一大事因缘故出现于世。

他说一切佛出现世间，只为了一件事，这件事叫大事因缘。换句话说，佛说佛法只有一乘道，只有一个东西，你懂了就成佛。

> 诸佛世尊，欲令众生开佛知见使得清净故，出现于世。欲示众生佛之知见故，出现于世。欲令众生悟佛知见故，出现于世。欲令众生入佛知见故，出现于世。

注意！开佛知见，示佛知见，悟佛知见，入佛知见。悟要悟道，入要证入，《法华经》就是开、示、悟、入，最后要证道。

> 此众无枝叶，唯有诸真实。

五千比丘走了，渣子都出去，留下来都是好角色，都是心里头清净、够格的人选。

> 我虽说涅槃，是亦非真灭。

没有一个涅槃是断见，是去了不来的。什么是涅槃？一种现象——

> 诸法从本来，常自寂灭相。

注意！《楞严经》刚刚提到的——本性，你要悟，哪里去找？"诸法"讲万有一切，不论精神的、物质的，一切世界万有的事相，都在生生灭灭，变化万端。未变之前，及既变之后，乃至变动的过程中，本来就在涅槃中。本来就是寂灭的、清净的。要懂得这个，先要了解这个，这就是参禅，禅宗经常提到这一句。

> 佛子行道已，来世得作佛。

你现在去行愿、修证，来生成佛。注意！这是他对出家弟子小乘众中，智慧第一的舍利弗讲的。

> 佛种从缘起，是故说一乘。

没有三乘，只有一乘，这一乘是什么？

> 是法住法位，世间相常住。

把前面的"诸法从本来，常自寂灭相"和"是法住法位，世间相常住"连起来是很好的一副对联，你一看就懂得大纲了。佛说这个菩提在哪里？就在这里。乃至到了地狱、天堂里头，它也就在地狱、天堂里。就算你在魔道中、六道轮回中，它都跟着你。诸法都在本位上，这是本体的功能。至于现象呢？"世间相常住"，世间万有的现象，就是它的现象，所有的作用，就是它的作用。

> 于道场知已，导师方便说。

成了佛，你坐在这个位子上，一悟就是你的道场。知道了这个以后，你可以方便说法，怎么说都是它。

《法华经》的重点又来了，佛很慈悲，第一、第二品还给我们提重点，因他对小乘说法，怕他们智慧不够，只好明说了。

下面对大乘菩萨说法，他只说故事，要你懂。

> 知第一寂灭，以方便力故，虽示种种道，其实为佛乘。

成道与悟道的人，他怎么说都对，由世第一法到涅槃寂灭境界，他悟到这个道了。所以佛说他在说法时，虽然介绍了各种的修行法门，有时说小乘，有时说大乘，其实都是方便而已。

所以佛在《涅槃经》上说，我说法四十九年，没有说一个字。为什么没有说呢？因为"诸法从本来，常自寂灭相"。对那个形而上的本体而言，都是方便而已。所以虽然开示了种种法门，都是方便，所谓世间法，也就是佛法。

《法华经》这样讲，《维摩经》也是这样讲。所以《法华经》最后说：

> 一切治生产业，皆与实相不相违背。

一切为生活做的事都是佛事。出家人注意啊！我不是偏向在家人讲的。《法华经》上说："一切治生产业，皆与实相不相违背。"这中间只有一个法门，并没有在家、出家之别，也没有出世、入世之别。

下次我们再继续讲。大家注意：这个课还是向见地、修证、行愿的方向进行。现在还在讲《法华经》见地、见性方面的资料，没有说修证，以后会谈到。

第五讲

我在闭关中，有朋友来信，我用王阳明的两首诗代为作答：

　　见说新居止隔山　　肩舆晓出暮堪还

　　知公久已藩篱散　　何事深村尚闭关

　　乘兴相寻涉万山　　扁舟亦复及门还

　　莫将身病为心病　　可是无关却有关

　　"莫将身病为心病，可是无关却有关"，这两句好极了，莫非你推辞，不想见我，有这么一个责任的味道在里头。

　　我们这堂课，重点在讲如何修证佛法，不是讲佛学，也不是讲普通的佛法，是讲学佛修证的路线。我们的纲要已提出来了，就是——见、修、行，三位一体。我们可以拿这三个纲要读一切佛经。工夫做不上路，是见地不对；见地不对，理不对，行愿没有到，功德没有圆满。换句话说，见地为什么不到呢？是修证没有到，行愿没有圆满。行愿为什么没有到？功德也没有圆满呢？因为见地、修证有问题。三位一体，不可分的。

　　以后，我们会花一点时间，修正打坐盘腿的姿势。刚才我看见几位坐在那里，姿势都有问题，外姿尚有不对，何况内在。

　　《法华经》与《楞严经》为佛教的两大经典，但我们今天讲课并不限于禅宗，也用不着走禅宗的路线。我们学佛应选对修证有利的路子走，管他禅不禅，不要有门户之见，不要认为禅是至高无上的，也不要以为有哪一个宗派是至高无上的。所谓宗派的分别，都是方法的分别，基本上仍是一样。

《法华经》与《庄子》一样，是讲故事的。现在人认为，《庄子》专说一些无边际的话，是一些幻想，这是错误的。所谓寓，就是寄，有寄托的，等于打丫头骂小姐，是有对象的，不是乱讲。最近百多年来，翻译的西方儿童故事、小说，很多都是先由日本翻译，再传过来。比如哲学这名词，也是日本翻译过来的。如此一来，这些幻想小说，就借用了《庄子》的"寓言"，所以年轻同学先读了《伊索寓言》，然后再看《庄子》，也是寓言，就认为与西方的幻想小说一样，这也是因果颠倒了。

《法华经》是一个故事接着一个故事，几乎找不出其他东西来。可是你要注意啊！这本经典自南北朝以来，影响中国文化非常巨大。《神僧传》《神尼传》的这些高僧们，修法与《法华经》有密切的关系，与禅宗也大有关系。

《法华经》的《序品第一》，把最重要的摆在前面。佛这次讲经不同了，又是放光，又是动地，高明的弟子知道，佛这次要说大法了。但是有五千比丘，过去也跟佛很久了，反而走了，不要听，觉得佛今天说的不对，认为过去的才对。因为佛过去讲的是断惑证真，断去烦恼、妄想，证得真如自性。这是小乘佛法，所谓四谛、十二因缘等等的法门，可以证得罗汉果。但是佛今天却用另外不同的说法，因此这五千比丘、比丘尼就走了。换句话说，他们落于小乘道，走小路，只晓得空，还谈不上妙有，不晓得缘起法门，佛经上称为——焦芽败种。芽烧焦了，种子不能发，结不成果。这五千弟子走时，佛默然，让他们走，也没说什么。走了以后，佛说："此众无枝叶，唯有诸真实。"意思是，留下的这些人，是可以承担大法的。

第一品——"东方现瑞"，这是我定的名称。原始的翻译叫

"序品"（佛经称品，普通书籍称章）。例如：《金刚经》三十二品，是昭明太子将其按品分章。当佛经讲一个法门时，有时提的是西方，比如讲净土宗，一定提西方；《法华经》讲东方现瑞。这是什么理由呢？又是一个话头。什么叫话头？这就是话头。

参话头，大家不要搞错了，以为是拿个小问题，在心里嘀咕，一天到晚嘀咕，以为这样叫参话头，这样是闹笑话。佛经就是个大话头，为什么从东方现瑞？讲到涅槃境界才是西方现瑞。喜欢研究《易经》的朋友，对这个方位的道理，要多注意，这是相关的，不是偶然的。

> 是法住法位，世间相常住。

所以那五千比丘非退席不可，听不下去。那些比丘专门出家修道，结果佛讲真正的佛法就在世间，也不离出世间。世间与出世间无所不在。"是法住法位"合于道，本来在的。"世间相常住"永远合于道，不一定出世才能够成道。

《法华经》卷二《譬喻品第三》，舍利弗说偈言：

> 世尊知我心，拔邪说涅槃。我悉除邪见，于空法得证。
>
> 尔时心自谓，得至于灭度。而今乃自觉，非是实灭度。

首先舍利弗向佛说：我错了，世尊晓得我的程度。当时我一切的邪念、妄念去得干干净净，以为这就是涅槃。小乘到这里，的确是涅槃的最高境界。不要看不起小乘佛法，大乘佛法是要以小乘佛法为基础。我们讲修证，这个第一步没做到，还是不行啊！舍利弗是到了这个境界以后，再求进步，所以认错。

舍利弗说：我在修持的过程中，完全停掉了邪念，达到了空的境界，"于空法得证"。我们常说四大皆空，只是理念上达到。你肚子饿时，明知四大皆空，何以还会觉得饿？冷起来，你说四大皆空，冷也空，不错，理论上是"性冷真空，性空真冷"，但是不穿衣服，你就受不了，那是什么理由？佛法不是光讲理论。

所以舍利弗报告说：当时我证到了那个空的境界，自己认为已经得道了，到了涅槃境界佛的果位。现在晓得错了，这不是真的证入大涅槃。

大家从佛学的学理，晓得空也叫涅槃，是罗汉境界。做到了万缘放下，一念不生，绝对空的境界，那个叫作"有余依涅槃"，不是最高的果位。所谓果位，拿现在来讲，就是效果、成果。为什么叫作"有余依"？那是说虽然做到万缘放下，一念不生，但是那一个业力根源的念，为万缘的种子依然还在，只是没有爆发而已。碰到其他因缘的刺激，还是会爆发的，因为种子习气都在。所以最高的罗汉境界，可以了分段生死，还不能完全超越变易生死。所以严格说，也不能了分段生死，只能够在生死的过程上，请长假而已。可以历经八万四千大劫都在定境中，以我们来看，是八万四千大劫，但在他本身而言，只是一弹指之间罢了。

这点不晓得你们有没有经验，定了几个钟头，一出定觉得眼睛只闭了一下，以为只有两三分钟，事实上，几个钟头过去了。所以时间是相对的，八万四千大劫，也只在一弹指之间而已。

憨山大师三十岁的时候，同妙峰禅师上五台山住茅棚，当时见万山冰雪，四周寂静，正好修行。后来天暖冰消，涧水冲激，其声如打雷一般。憨山大师在静中闻声，如千军万马出兵之状，感觉非常喧扰，就问妙师，师曰："境自心生，非从外来。闻古人云：'三十年闻水声不转意根，当证观音圆通。'"

于是他就自己一个人，到溪水的独木桥上，天天去坐在上面。有一天，坐在桥上，忽然忘身，音声也没有了，从此以后才入流亡所，心所不动，觉得响声没有了，再也不为声音所扰了。

可是有一次，在皈依弟子平阳太守"胡公"家里，他说："我休息一下。"就在床上一坐，一直坐了五天。家里仆人叫不醒他，直到五天后，这个皈依弟子从外面回来，拿引磬一敲，憨山大师才出定，但不晓得自己在什么地方。这又是个话头——无记。不过稍过一会儿，他又知道自己在哪里了。

憨山大师就在这个境界上。但是，这还不是究竟。所以他自己讲："荆棘林中下脚易，月明帘下转身难。"这也就是走禅的路线。什么是荆棘林，心里头乱七八糟，妄想多。像置身于荆棘林中，到处是刺人的荆棘，还不算太难。他说，心里乱糟糟的，能够把它一下放下了，当然很困难，但还不是最难。最难的是什么？当你工夫到了一个程度，坐起来心里头觉得清清明明、空空洞洞的，往往就以为这个就是了，其实，落在小乘果。舍利弗所讲的，就是这个境界。这时候要想转过来，非常难，难得很。

我劝你们要常看《憨山大师年谱》，尤其是出家的同学，别人修持的经过，讲得确确实实，可以启发你们。当然人家学问好、佛学好、修持好，样样都好，无一不好。他除了注解儒家《大学》外，《中庸》《老子》《庄子》也曾注解，还有奇门遁甲、地理风水、阴阳八卦、算命等，无所不通。这么一个和尚，难怪轰动当时。这一段同舍利弗所讲的有关，所以才提出来讲一讲。

《法华经》的《序品》里头，有好多话头要参。为什么那些弟子们，还没等佛开口，就晓得听不下去了？可见那五千比丘并不简单。他们一看情况不对了，认为自己走出世的路子，学空就好，不想再听其他的了，也算是有先见之明。这是什么理由？佛的这些话，都在五千比丘退席以后讲的。

第三《譬喻品》，为了这次讲课方便，我把它定一个名称——火宅三车之喻。三界如火宅，这个世界受大火煎熬，众生在这里生活，还自以为快乐得很。佛说这些众生、儿子们，都不肯出火宅，只好想办法说"有三车"。三车就是三乘道——声闻、缘觉、菩萨道。像佛这样一个老师，爱众生如爱儿女，可是没有一个儿女懂事听话的。没有办法，只好骗，只好诱导。诱导众生到那些车上去，总该不会车上有人打劫，把我们劫到地狱去，那就不得了啦，就很难办啦！（众笑）

> 诸佛法藏，是诸众生，皆是我子，等与大乘，不令有人，独得灭度。

佛说，我爱一切众生，如父母之爱子女，我不会只度某一个人。"等与大乘"，平等地给予大乘道，不会不管那些对我不好的人。好比一部大车子，不管好的、坏的，都要装乘他们的。

> 皆以如来灭度而灭度之。

问题来了，这句话是说，用佛的灭度法门，而实际得到佛同样的涅槃境界。为什么不说皆以世间灭度而灭度之？这是经过谨慎的抉择用字。如来者，是佛的本体，就是都到达形而上那个法身的境界。

> 是诸众生，脱三界者，悉与诸佛禅定解脱等娱乐之具。

佛说，众生们能解脱出三界（欲界、色界、无色界）火宅的话，我给这些孩子们什么玩具呢？禅定、解脱等等。换言之，佛说的一切法门皆是方便，等于使孩子们先得到一个快乐的境界。所以禅定、解脱等并不是涅槃、菩提之果，只是加行法门而已。

> 皆是一相一种，圣所称叹，能生净妙第一之乐。

最后最高的原则，都是"一相"，即如来实相；"一种"，即佛种。我这个法门，是过去、未来一切圣贤所称赞的。虽然我把这些比喻为玩具，但是你不要搞错，这玩具不是我们的，有些什么功德？什么效果？"能生净妙第一之乐"，这是人世间第一法的快乐，清净美妙，但却不是究竟。

佛说：

一切众生，皆是吾子。

我爱一切众生，犹如爱我自己的儿子一样。

深着世乐，无有慧心。三界无安，犹如火宅。

一切众生贪图世间短暂而不真实的快乐，是没有智慧的。因为人活在三界里，犹如在火烧的房子里煎熬，一天、一时、一秒，都在受煎熬。

今此三界，皆是我有。其中众生，悉是吾子，而今此处，多诸患难，唯我一人，能为救护。

话头又来了，佛说无我，这里又说有我；生下来即说有我——"天上天下，唯我独尊"。涅槃的时候，他说平常所讲的"无常""苦""空""无我"，是方便法；究竟的道理则是"常""乐""我""净"。在《法华经》这里，也提起"我"来，不过也是说法的方便。所以现在他说：三界都属于我。这不是话头吗？什么理由？第二句话是大慈悲，"其中众生，悉是吾子"。佛说为什么谈这个法门？因为世上都是痛苦，这痛苦没有人可以救，只有我可以救。这是什么"吾"？这是话头，要注意！

他说：我曾说证到涅槃，证到了空，就可以了生死。我现在在法华会上，老实告诉你们，没有这回事。什么叫作灭？灭也不是。"是法住法位，世间相常住。"永恒的在这儿。这是什么道理？这不是话头吗？这还是见地的范围。现在还在清理见地，见地清理好以后，再开始讲怎样用功。

我们这一次采用的佛学经典，已向大家报告过了，希望大家自备。我们这次讲课，是为了大家一生的修持。或者是做学问也好，讲修持工夫也好，总之是非常重要的。

离诸苦缚，名得解脱。

修小乘法有五个程序——戒、定、慧、解脱、解脱知见。本来学佛法为求解脱，为什么求解脱呢？因为有痛苦，所以才求解脱。

是人于何，而得解脱，但离虚妄，名为解脱。

离开了一切虚妄，便得解脱。问题来了，普通人以为虚妄就是妄念，认为把妄念去掉了就得解脱。《楞严经》明白告诉你，五阴皆是虚妄，都要脱离。所以大阿罗汉入涅槃时，灰身灭智。佛经上说，大阿罗汉要走时，灰身灭智，口吐三昧真火。就是自己放一把火，只见一片光一亮，身体就没有了。这不是假的，真做得到。当然我们做不到，因为没有修持。大阿罗汉能发起地水火风的功能，意念一动，可以发起任何功能，就是这样自在，这是大阿罗汉的境界。

我们不要以为"虚妄"两字是指妄念；我们的身心一切，乃至物理世界，都算是虚妄。"但离虚妄，名为解脱。"可是纵然到达这个解脱境界，也只叫作小乘极果。

其实未得，一切解脱。

虽做到这样，仍未完全解脱。禅宗里记载一个公案，有个大禅师自认大彻大悟了，结果师父涅槃时，并没有把衣钵传给他；反而把他的师弟从远地叫回来，接受法位。他觉得不是味道，而师弟也知道，所以在师父火化的时候，把他叫来，郑重地说：你以为你悟了对不对？现在如果我把你和师父一起化了，你们哪里见面？师兄很不服气说：你不相信我啊，你点一炷香来，香烟还没烧完，我就走了。换句话，我要走就走，要来就来。师弟不理，一把火把师父烧了。这个师兄也跑去盘腿，准备自己也要走，表示他跟师父两个可以见面。这叫作坐脱立亡。纵然到达这样的程度，还是没有悟啊！师弟走到他涅槃的身体旁边，拍一巴掌说："师兄啊！坐脱立亡则不无，先师意尚未梦见在。"你要走就走的工夫是有，但佛法的真正道理，你连梦都还没梦到呢！

佛说是人，未实灭度。

这种人，没有真正达到涅槃之果。

斯人未得，无上道故。

这种人，还没有证得阿耨多罗三藐三菩提。

我意不欲，令至灭度。

佛这句话妙了。他说为什么这些人那么笨呢？事实上，我不愿意教他，太笨了。佛为什么这么小气？他答复得很怪。

我为法王，于法自在。

我是法王，在三界中，我爱怎么样就怎么样。你说这成什么话？真令人想起贪瞋痴慢来。其实不然，佛是大慈悲，这就好比临济棒，故意刺激大家，故意不教大家，看我们能不能自己反省，自己忏悔，能不能谦下。这是佛的教育法，但也是真话。

安隐众生，故现于世。

佛说我为了救度众生，才到这个世间来，我岂有不肯教之理。我之所以不教，是因为你自己承受不了，因为你自己不是法器。

到这里结束了，这又是一个话头，你自己去参去，不过我已解释过了。

第四品《信解品》，大家注意，光靠相信也可以得道；但必须是真正的信仰，不是迷信，信那个真理，也可以得道。这里的代表是迦叶尊者，就是禅宗标榜的那个祖师爷，与舍利弗不同。

迦叶尊者，头陀第一，出家人修苦行头陀，是走戒律的路子。小乘的戒律有比丘戒、比丘尼戒，偏向于头陀行，你们自己去研究。照头陀行的规矩，我们坐在这里是犯戒的，因为有贪图享受的味道。头陀不三宿空桑，恐怕留恋，有了牵挂的情感；着粪扫衣——垃圾堆里头捡来的破布，洗净后做的衣服。

现在头陀第一的迦叶尊者，起来报告了：

我等内灭，自谓为足。唯了此事，更无余事。我等若闻，净佛国土，教化众生，都无欣乐。

迦叶尊者直截明了地报告小乘的境界。他说我们跟佛学修持，到了"内灭"，打起坐来，里面没有妄想，一念不生，这就是道了。灭是灭掉一切烦恼，以为到此就是究竟，认为自己已经到家了，其他就不管了。至于净佛国土的大乘境界——注意！一个三千大千世界，叫作一个佛国土，不是教化一百人、一千人，而是要教化三千大千世界所有众生，皆归极乐净土，这个叫作净佛国，大乘菩萨走的是这个路子。多难！我前几次讲课就觉得自己多事，何苦来哉！但跟净佛国土比，这一点点多事又算什么！迦叶尊者等一听大乘道，要净佛国土教化众生，唉！免了，我一点都不高兴，那个事不干。

> 所以者何？一切诸法，皆悉空寂，无生无灭，无大无小，无漏无为，如是思惟，不生喜乐。

他讲的没错，是你老人家教的嘛！世界上一切无常、苦、空、无我，本来不生不灭，本来不大不小，本来无漏无为。既然如此，何必去度众生？这样一来不就又有为了吗？

我讲课是对佛法，不是对人的。当年有个学生问我：你学禅嘛！为什么要办个东西精华协会？我问他：那你认为学禅要怎么样才对？他说要像寒山一样。寒山标榜的是另一个形态，佛学叫作示法。寒山大师的诗：

闲自访高僧　烟山万万层

师亲指归路　月挂一轮灯

寒山的诗我熟得很，同《红楼梦》一样熟。我提寒山就想到《红楼梦》，为什么？话头。我向同学笑笑，不想说了。这种人如同五千比丘退席一类，我懒得跟这种笨人谈。

> 我等长夜，于佛智慧，无贪无著，无复志愿，而自于法，谓是究竟。

迦叶尊者自责，自己在佛法智慧上不求进步，如同在夜里摸黑一般，自以为在佛法上已达究竟。这是他忏悔的话。

> 我等长夜，修习空法，得脱三界，苦恼之患，住最后身，有余涅槃。

他说我们真是小器，如同在长夜漫漫中摸索，以为达到了空的境界，达到了究竟，自认为跳出三界外，不在五行中就行了。但要注意啊！迦叶尊者有资格讲这个话，我们只懂佛学，而没有真正修持用功的人，没有说这个话的资格。迦叶尊者做到了"最后身"，这个肉身在分段生死中不来了，走入变易生死的范围。

什么叫"变易生死"？化身境界。但不是佛的化身。罗汉境界是住最后身，要走的时候都说同样的几句话，我看了很痛快：

> 长揖世间，我生已尽，所作已办，梵行已立，不受后有。

所谓立德、立功、立言、立名都有了。但这是小乘极果，非究竟涅槃，是有余依涅槃。

为什么这段话叫"信解品"？什么叫"声闻"？是自己没有悟，全靠老师教化的。我们都是声闻，讲法讲了半天，都是佛的成果。真正信佛法是信这个。接着还有：

> 佛亦如是，现希有事，知乐小者，以方便力，调伏其心，乃教大智。我等今日，得未曾有，非先所望，而今自得，如彼穷子，得无量宝。

这里有个典故，上面是迦叶尊者对释迦牟尼佛的忏悔。"现希有事，知乐小者，以方便力，调伏其心。"很难得稀有的事情，佛做了。知道那些人爱小乘，爱走小路，没有办法，先用一个方便，拿块糖给我们舔舔。现在你又打我们耳光，说我们错了。"乃教大智"，要学大智慧的成就。"我等今日，得未曾有，非先所望，而今自得。"现在我们懂了，高兴极了，意外得到的，不是先前所企望的。以为你的口袋都掏光了，没想到还有一点。要注意啊！佛已经掏给我们了，但要怎么拿到呢？法宝不在佛那里，我这里都有，"乾坤之内，宇宙之间，中有一宝，秘在形山。""如彼穷子，得无量宝。"就像穷光蛋，无意中发了大财，这下子不知多么高兴。

《法华经》这几段都是话头。两个鼎鼎大名的大弟子，是这部经典的请法之主，请求说出这部大法。一个是智慧第一，一个是头陀第一，两个都已达到小乘极果的境界。

但舍利弗尊者那一品，同迦叶尊者这一品，名称不同。《信解品》是相信这个就是，要信得过。为什么这样安排？是个大问题。我先露一点给大家，佛认为大乘的路子，还是以小乘为主，性空以后再谈缘起，你这一步还没有做到，免谈下文。

跟着是卷三第五品《药草喻品》，这一品很妙，佛说：我的说法像下雨一样；大地山河上面这些草木都是药。这个问题好大啊！在《指月录》卷二，记载了有关药草的故事：

"文殊菩萨一日令善财采药曰：是药者采将来。善财遍观大地，无不是药。却来白曰：无有不是药者。殊曰：是药者采将来。善财遂于地上拈一茎草，度与文殊。殊接得示众曰：此药能杀人，亦能活人。"

文殊菩萨叫善财童子去采药，善财童子就蹲到地上，抓起一根草给师父，这是什么？他说：大地草木哪一样不是药？

佛在这个《药草喻品》提醒我们人的身体是肉做的，不是铁打的，不吃药不行，一身都是病。很多人说：既然修行，病要靠工夫赶掉。可以啊！几十年工夫才去得掉病，这几十年不是修道，是修病，划得来吗？所以，非要重药不可，这是有形的药，无形的药到处都是，百千法门都是药。

这一品讲完了，突然来一个《授记品》，佛一个个授记，大送人情。他把小乘诸大弟子都叫来，摸摸这个头顶说：你啊！几百几百年以后成佛，叫什么什么佛；你啊！几百几百劫以后成佛……结果个个都成佛，大家从来都没有想到，自己还会成佛。这是玩什么花样？这为小乘众授记，却没露一手给大乘菩萨。这是什么意思？又是一个大话头。

到这里为止，这部经典就是这样，热闹得很，半句佛法也没有讲，不像《楞严经》，也不像《华严经》，也不像唯识的经典有逻辑。《法华经》没有讲道理，就那么授记了一大堆，你说怎么看得下去嘛！这是小乘的部分，到这里为止了。小乘的部分讲完了以后，就开始授记。这里头存在一个大话头。

然后另一幕开始了——《化城喻品》。变化出来一个城市，一个非常妙的化城。这是大乘的路子，化城的主角叫大通智胜佛。这个佛来头很大，他有十六个王子，都成了佛。阿弥陀佛也是他的王子，释迦牟尼佛是最小的王子，第十六子。大通智胜佛原来是国王，后来出家，带了十六个王子都出家，后来都成佛。

人做到像大通智胜佛一样，这个人就做绝了。怎么说呢？世间法，身为国王，福禄寿喜样样皆有，十六个王子个个好，世间的福报享到不要享；出家，又个个都成佛，我看他的八字要算成十字才对。

这是佛在《法华经》卷三《化城喻品第七》说的故事，把我们带到许多亿劫以前。佛说我在这个老王之下，"于娑婆国土成阿耨多罗三藐三菩提"是注定的，这是什么理由？这是讲宿因，三世因果。

> 我灭度后，复有弟子不闻是经，不知不觉菩萨所行。

我将来涅槃以后，有些弟子不相信这部经典，也不知道这个法本，真正什么叫作大乘菩萨道的行愿，应该怎么做，一概都不知道。"不知不觉菩萨所行",这句话很严重,不要认为我们研究了很多经典,看了许多大乘经典,就懂得菩萨行。事实上,是大有问题的,将来我们谈到行愿的时候,要大加讨论。

　　自于所得功德生灭度想,当入涅槃。

他说将来我灭度以后,有些弟子不懂,而且又傲慢,认为所得到的一点小功德,就可以证得涅槃,那就错了,如达摩祖师讲梁武帝的"人天小果,有漏之因",布施了万把块钱,以为自己做了功德,其实是小之又小的事。

　　我于余国作佛,更有异名。

我在这个世界灭度了以后,到了他方国土,仍在那里成佛,当然不叫释迦牟尼佛,有别的名字(这些名字在《华严经》上曾提到过释迦牟尼佛,在上方世界叫什么,在另一处又叫什么……多得不可思议)。所以,你不要以为涅槃就是没有了。

　　是人虽生灭度之想,入于涅槃,而于彼土求佛智慧,得闻是经。

我的弟子们如果懂得了这个道理,证得了涅槃,离开这个世界后,往生到他方国土去,可在那里求大乘道,还有机会再听到《法华经》的道理。

这段故事讲完了,佛提出一个大问题来,在禅宗里头也常提到的,释迦牟尼佛讲他当年的父亲——大通智胜佛,在那里打坐学禅。

　　大通智胜佛,十劫坐道场,佛法不现前,不得成佛道。

大通智胜佛修行好苦啊!坐在那里入定,不是一两天,而是十小劫,这个工夫还得了!坐在那里不动,修证工夫和定力到达这个境界,仍不算悟道。菩提没有显现,没有证悟,不得成佛道。

　　佛法不离定,更不离打坐。不过打坐入定许多劫,也不一定有用。这是《法华经》上有名的一首偈。年轻的同学们，不要随便学不倒褡，光坐在那里有什么用？不倒褡有什么用？佛法不现前，就不能成佛道。要注意，不能随便搞，把身体搞坏了，虽然大地都是药，可是你不会用，那就更糟了。

第六讲

　　上次偶然提到寒山大师，因为寒山同《法华经》与天台宗，都有密切的关系。现在寒山诗非常流行，有人考证他有个哥哥，有个嫂嫂，因为嫂嫂对他不好，逼得他只好出家。听说是从他的诗里考据出来的，但寒山诗里讲到过老婆，难道他又讨了个老婆？这些说法无从理喻，只好付之一笑。

　　《法华经》上说五千比丘退席，他们愿走小乘的路线，这些比丘走的就是寒山拾得的路子。但是这其中有一个问题，大乘菩萨有时化身在小乘比丘中，也就是说，小乘的比丘众中，就有大乘菩萨的化身。可是，这些是无法考据的。

　　中国的诗，不但是出家人的诗，在家人的诗也往往带些佛法。因为凡是诗词之学，照佛学来讲，都有一点慧业种性，悲叹无常，感叹世间一切靠不住。失恋了，是爱情的无常，所以有《茶花女》《红楼梦》等名著。寒山大师的诗，在悲叹无常方面特别多，走的是小乘路线。我们只看到他的诗美，没有看到他的"行"，我帮你们找出来：昔日，寒山问拾得曰："世间谤我、欺我、辱我、笑我、轻我、贱我、厌我、骗我，如何处治乎？"拾得云："只是忍他、让他、由他、避他、耐他、敬他、不要理他。再待几年，你且看他。"这就是寒山、拾得的了不起。

　　寒山云："还有什么诀可以躲得？"拾得就用弥勒菩萨偈回答：

> 老拙穿破袄　　淡饭腹中饱
> 补破好遮寒　　万事随缘了
> 有人骂老拙　　老拙只说好
> 有人打老拙　　老拙自睡倒
> 涕唾在面上　　随他自干了
> 我也省力气　　他也无烦恼
> 者样波罗蜜　　便是妙中宝
> 若知者消息　　何愁道不了

寒山的行持，虽说是小乘的风范，我们做得到吗？所以只有顶礼膜拜的份。这是走绝对小乘的路子，你们自己去研究。

上次讲到"大通智胜佛，十劫坐道场，佛法不现前，不得成佛道"。释迦牟尼佛跟我们说一个故事，他说大通智胜佛工夫那么好，在道场——不一定是在禅堂，或天台宗的观堂，只要我们坐在那里，一念清净，就是道场。什么叫"佛法不现前"呢？什么叫现前佛法呢？这值得注意，话头来了——广义地说，话头就是问题，你不要把话头就当作"狗子有佛性也无"，这是小话头。这里现前的佛法才是大问题、话头。

佛说：我爱一切众生，就同爱我的儿子一样，等于当年大通智胜佛爱他的十六个王子一般。但是孩子们不听话，自己家里有钱，却不要，只在外面乱跑。父亲只好在每个孩子的衣服里头，缝了一颗宝珠，等穷得没饭吃时，自己发现了，也就发财了，这是父亲的慈爱。

迦叶尊者说：您大慈大悲，把宝贝塞在我们的衣服里头，我们却愚蠢得不知道。这就是中国文化有名的典故"贫子衣中珠"的来源。每个人都有财富，自己不晓得，所以变成穷人，这又是个话头。

什么是我们的衣服呢？我们的肉体，妈妈所生，就是我们的衣服。这是一个假房子，里头有宝贝。"衣中珠"怎么找？《法华经》卷四《五百弟子授记品第八》告诉你——

> 内秘菩萨行，外现是声闻。少欲厌生死，实自净佛土。

"内秘菩萨行。"中国道家讲"借假修真"。没有这件衣服，就没有办法找出真的。这一个东西是"内秘"，内秘之行，"内秘菩萨行"，秘中之秘，在自己内心找。

"外现是声闻"，声闻众菩萨常常以出家相示现。声闻众的心行是"少欲厌生死"。大乘八地以上的菩萨或到了佛的境界，才能够彻底做到绝对无欲。"少欲知足"是头陀行。所以大家对出家修声闻乘的修道人，不要过分要求。"少欲"已经很难了，"知足"更不容易。"少欲知足"是声闻众戒行之一。声闻众生是"厌离生死"，菩萨众则是"不畏生死"。所以，"少欲厌生死"是声闻众、罗汉境界，如寒山大师等人行径的极果。

"实自净佛土"，释迦牟尼佛所在的这个娑婆世界，是凡圣同居，有净，有垢。但佛说：我这里就是佛土。为什么必须先由"少欲厌生死"去专心修证，才能达到净佛国土呢？这就是内秘之行，这个内秘是什么秘？又是一个话头。

贫子衣中珠的典故，在中国文化的文学及学术史上，占很重要的地位，常常可以读到。比如李后主死了儿子，就引用到这个典故：

> 永念难消释　孤怀痛自嗟
> 雨深秋寂寞　愁剧病增加
> 咽绝风前思　昏蒙眼上花
> 空王应念我　贫子正迷家

这首诗是他亡国以前写的。李后主的佛学学得很好啊！佛学全通，和梁武帝一样，但政治搞不好，这是中国文化上一个重要问题。你们要注意，佛学是佛学，为政是为政。

文学同修证的事相，有莫大的关系。说到见地、修证、行愿，世法与出世法都一样。后世禅宗兴盛以后，要评论一个人，先从"器识"看，器就是器量，识就是远见。任何事情没有远见，就没有伟大的作为。器与识两者之间，有密切的关系。器就是行愿，识就是见地。李后主这首诗很好，但是不像皇帝，像酸溜溜文人的诗。

唐太宗的后代，有好几个当过和尚。唐宣宗未即位以前，就做过小沙弥，因为武宗要谋害他，他只好溜入空门。历史上的皇帝谥号叫宣的，都很了不起，像周宣王、汉宣帝、唐宣宗等。

唐宣宗参禅是参通了的，黄檗禅师知道他是皇家的宗室，不过，当他有什么不对的时候，还是照样给他一棒。两人有这样的因缘。有一次，两人同去游山玩水，到了一个瀑布旁边，宣宗说：我们俩来作诗吧！你先作前两句，我接后两句。黄檗就作了：

　　千岩万壑不辞劳　　远看方知出处高

人作诗时，无意中把自己的见地吐出来了，黄檗后来就是一代大禅师。唐宣宗怎么接呢？他说：

　　溪涧岂能留得住　　终归大海作波涛

黄檗立刻给他一掌，去你的！小和尚，你当不成佛了。宣宗接的这两句，是皇帝气派，他也在无意中流露出来。这个光头是暂时剃的，留不住我的，我会"终归大海作波涛"。唐宣宗当时还有别的好诗呢！

　　日月都从肩上过　　山河尽向掌中看

描写他参禅所悟到的境界，也是后来做皇帝的气派。现在转回来讲《法华经》。

贫子衣中珠的故事结束了，佛并没有告诉你衣中珠怎么找，这是"内秘菩萨行"。注意！父母给我们放了一颗宝珠在身上，你找不到，活该！父亲呢？过世了，他老人家不管你了。你把秩序这样一看，就发现《法华经》的编排非常精彩。

《法华经》卷四《授学无学人记品第九》："学"，就是修学戒定慧，譬如初果、二果、三果罗汉都还在学习阶段，如当时的阿难等。到了四果罗汉，功行圆满了，得果位，就叫"无学"。佛把有学和无学的弟子，一起都叫到面前来，一概授记，并且说

<blockquote>正法与像法，悉等无有异。</blockquote>

佛法是真理，永恒存在于这个世界。佛说将来我过世以后，就没有正法，那只是方便说而已，那是不了义教。了义教的说法，没有什么正法、像法、末法时代。真理是永恒不变存在的，但要大家自己去找出来。所以"无学"的成佛，"有学"的也成佛。

接着讲《法师品第十》，凡是宣扬《法华经》的正法者，都是大法师。

<blockquote>一切治生产业，皆与实相不相违背。</blockquote>

这是大乘的根本。紧接着佛说：法师是这世上的大药。这又是个话头。依教理解释，佛为大医王，能医众生病。不错！心病能医，但生理的病能不能医呢？显教释迦牟尼佛不谈这个，他自己几次示病，表示生病了。比如涅槃时，表示因年轻时在雪山苦行，受了风寒，风湿发出来了，得了背痛而涅槃。他死了，已经躺在棺材里头了，但还能把脚露出来给你看看呢！

你说他不死可以吗？可以！可惜当时阿难没有留他。他死以前问阿难（他以阿难代表）：我的时间快要到了，不过我也有办法永远活在这个世界，留形住世，你看我怎样比较好？阿难闷声不响，失念，他阿住了。过一阵，佛又问阿难：我的时间要到了，你看留形住世怎么样？如此，三次问阿难，他都哑然不语。于是佛宣布了：某一天涅槃。这时阿难却哇啦哇啦哭了起来。佛说：我问过你三次，魔障了你的心窍，你一次也不回答。佛为什

么要涅槃？"佛种从缘起"，这个缘不对了。佛说：算了！缘过了，只好走了。

佛虽走了，他的四个大弟子倒留形住世了。第一个是迦叶尊者。第二个是宾头卢尊者。现在要请宾头卢尊者，他还是会来的，不过他走后你才会知道。说不定我们这里他也来了呢！佛的公子罗睺罗是第三个。另一个则是君屠钵叹。他们都是受佛的遗嘱吩咐而住世的，他们在这个娑婆世界，以各种不同的身份、形态来教化。

为什么讲到这里呢？因为这个与药王菩萨有关系，但是这部经典找不出这个道理。所以这部经典看起来没有什么，却问题重重，都是话头。

佛告诉你，药在哪里：

> 若欲住佛道，成就自然智，常当勤供养，受持《法华》者。

若想住持——荷担如来大法，要成就根本智，那本有的是自然而来，不是任何人给你的，是人人都具有的。每个人本身都有，要把它找了来，要"成就自然智"。要如何成就呢？常常要供养受持法华法门者。又是法华——花。释迦牟尼佛为何拈花？迦叶尊者为何微笑？重要的经典处处讲到花，这是什么道理？

这一品结束后，《法华经》的重点来了，是有名的《见宝塔品》。塔就是坟墓，也就是宝库。佛在说法时，地上涌出一个宝塔，坐了一个佛，是过去很早以前，尘点劫前成佛的（尘点两个字，在数学上是最初的数字，在零以前那一点，一阳来复之初）。这个佛叫多宝如来。

多宝如来向释迦牟尼佛招招手，门忽然开了，叫释迦牟尼佛进来，分半座给他坐。这也是很大的一个问题啊！两个都是佛，所以分半座。然后，他方菩萨从各处都来了。这个故事如果光讲学理，可当成一个比方，但真讲修证，则确有其事。

多宝如来可说是化身佛、报身佛，也可说是法身佛；也可说释迦牟尼佛就是他的化身佛。法、报、化三身合一。修持走禅宗路线的人，充其量是一个法身境界而已。我可以大胆说一句，能够三身成就的，禅宗那么多人，一两千年以来，没有几个。因为学禅易入小乘境界，只得一点法身清净就跑掉的人，蛮多的，舍利弗就是如此。可是现在能如达摩祖师遗言所讲的"说理者多，行证者少"，就不错了，后世连这个说理的也没有了。如果我们真正要学佛法，这一品要特别注意。

我再讲一个故事，宋朝宰相张商英学佛、为政、又悟道。当张商英病重临走时，告诉儿子及女婿：我告诉你们，《法华经》上所讲，地上涌出多宝如来宝塔，多宝如来分半座给释迦牟尼佛坐，确有其事，不是学理上的。讲完后，把枕头一丢，两腿一伸走了。本来他生病躺在床上，但他要走的时候，不想躺着走，所以把枕头随便一丢，打在窗上，空中响一声大雷，他就走了。由他临终嘱咐家人的话，证明他的公子及女婿，也都在参禅。

所谓从地涌出，这个"地"就是心地法门真正达到某种境界时，真空生妙有，自然涌出的事物，这才叫成就，修成无缝之塔，也就是《华严经》的弥勒楼阁。宝塔是没有门的，也就是《楞伽经》所讲的无门为法门，并不是说理。

打坐时，达到念头平静，清清净净，那不过是第六意识境界初步的初步而已，心地法门还没有摸到。唐朝贯休和尚的两句诗："修行不到无心地，万种千般逐水流。"又想到杜荀鹤的一首诗，我不是教大家学诗啊！诗里头，就是禅，也就是佛法，讲修证，这就是鞭子。杜荀鹤生在唐末五代的乱世，他的诗说：

> 利门名路两无凭　百岁风前短焰灯
> 只恐为僧心不了　为僧得了尽输僧

　　大家要注意，真正的修持需要真切的反省，名与利可不容易除去；我说得太客气了，不是不易去，是去不掉啊！真除去了这个名与利，修证的"行"字才有一点像样，这一点没有去，不像样，不像样！

　　这时进入了第十二品《提婆达多品》，多宝如来分半座给释迦牟尼佛后，热闹了，各方的菩萨都来了。东方国土的佛也来了，这国土的首座弟子叫智积菩萨，意思是智慧的累积。释迦牟尼佛的首座弟子，是文殊师利菩萨，智慧第一。智积菩萨一到这娑婆世界，看到这里惨兮兮的，正是未开化地区，非常落后，就告诉他的佛：我们回去吧！东方的佛说：慢点！你还没有看到清净面，没有看到他们的净土。

　　这时，文殊师利菩萨从龙宫出来，两边菩萨一看，果然相貌不凡。智积菩萨便问："颇有众生，勤加精进，修行此经速得佛否？"他说：你们这个娑婆世界多苦恼啊，这里的众生好度吗？言下之意，这里的众生一定很难度的。

　　文殊师利代表发言：我刚从龙宫回来，龙王有个公主，"年始八岁，智慧利根"，注意这句！"善知众生诸根行业。"她知道众生起心动念，每个众生的生生世世行为，她也能知道。已"得陀罗尼"，已得总持的法门，就是抓住大要点了。

　　"诸佛所说甚深秘藏，悉能受持。"这是指智慧方面的成就。至于工夫方面："深入禅定，了达诸法，于刹那顷发菩提心，得不退转。"她当时就顿悟了，到达第八地不退转地菩萨。"辩才无碍，慈念众生犹如赤子。"这是菩萨境界的慈悲。"功德具足，心念口演，微妙广大，慈悲仁让，志意和雅，能至菩提。"

　　为什么我把这段摘录下来？为了让你们多一个学佛的榜样，因为每一句话，都包含了见地、修证、行愿在内。

　　结果智积菩萨不相信，因为根据佛法，没有女性成佛的。女人五漏之身，犹有五障：

> 一者不得作梵天王、二者帝释、三者魔王、四者转轮圣
> 王、五者佛身。

于是文殊菩萨叫那个徒弟龙女：孩子，乖乖，你过来。龙女见过多宝如来、释迦牟尼佛后，献出了她最宝贵的一颗宝珠。中国文化中有句"骊龙之珠"的说法，据说龙的项下有颗宝珠，那是她的命根，是她的生命，修炼的精华，她将这无价之宝舍掉了，供养这两位佛。释迦牟尼佛赶快就收下了，别人的供养他还会考虑要不要呢！龙女对智积菩萨说：

> 深达罪福相，遍照于十方。

意思说，一切人的罪相、福相、善相、恶相，各种心性状况，都看得清清楚楚。智力慧见遍照于十方。

> 微妙净法身，具相三十二。

每个人的本性都有三十二相，八十种好，每个人都是佛，本来就是佛，你却没有找出这个关键来，这里还会有男女相的差别吗？

> 以八十种好，用庄严法身。

在《法华经》中，三十二相、八十种好，是法身的相，不是报身。换句话说，龙女批驳智积菩萨着了相。

> 天人所戴仰，龙神咸恭敬，一切众生类，无不宗奉者。
> 又闻成菩提，唯佛当证知。

就是说，成不成菩提你怎么懂？只有成了菩提，悟道的人彼此才会懂。

> 我阐大乘教，度脱苦众生。

她说：我有这个功德，我就是佛。于是佛就为她授记，等她讲完，宝珠一收，她马上到南方无垢世界，现身成佛。为何不在东方、西方或北方？为何一定要在南方？因为南方是光明清净的

世界。佛法的方位数字，与《易经》的方位数字，都是很奇妙的，大通智胜佛有十六个王子，不是十五个，也不是十四个，龙女呢！八岁成佛，二八——十六，功德才圆满。

龙女献宝珠又是一个大话头，这一段完了，《法华经》的重点也结束了。我们现在只是先讲资料，以后再慢慢讨论。最重要的重点，是地上涌出多宝如来的宝塔，无始无终，永恒存在。再来就是文殊师利引出来的龙女献珠、立地成佛的顿悟法门，没有说女性不能成佛。真正的一乘佛法，并没有男女老幼的分别。龙女八岁成佛的典故，就是出在这里，《华严经》也提到过。

接着是《劝持品第十三》《安乐行品第十四》。在《安乐行品》中，文殊菩萨为请法之主。《从地涌出品第十五》，是释迦牟尼佛为消除他方菩萨的误解，以为娑婆世界无净土，而指示大菩萨们裂地涌出，遍满虚空，把他方菩萨看呆了。原来释迦牟尼佛已在娑婆世界，教化出那么多的菩萨来。从地涌出，但不是这个土地哦！是心地，个个都是佛。

两方的菩萨见面，佛与佛见面，都有两句问讯话：

世尊！少病少恼，安乐行否？

你说佛没有烦恼！其实，教化教得他烦死了，这不是我讲的，佛经上都有记载，释迦牟尼佛烦得都想逃。有一次，释迦牟尼佛溜到山里头，结果碰到一头大象王，后面带了五百只大象，象集在一起，专爱打架，吵得不得了，象王也烦死了，也溜走了，两个碰了头，释迦牟尼佛摸摸象王的头说：此时我同你的心情是一样的，烦死了！后面跟着一堆。

所以，不要以为成了佛就没有烦恼。报身在这里，还是受这世界许多牵累。

"安乐行否？"是说幸福吧？平安吧？

所应度者，受教易否？

你所教化的，听不听话呢？

　　不令世尊，生疲倦耶？

　　你不至于因为教化，而厌倦了吧？这都是经验之谈。孔子能诲人不倦，确实称得上是位圣人。教化人常教得烦死了，连自己都不想活了，就如辛稼轩的诗："此身遗世真容易，欲世相忘却大难。"这也是人生的一种魔境。

　　下面跟着《如来寿量品》等等，乃至观世音菩萨的《普门品》，都是《法华经》的附属文章，大家自己研究，我们讨论《法华经》就到此为止。

第七讲

今天我们讲事相的重要部分，是小乘经典的《增一阿含经》。采用这一部经典的原因很多，重要的一点就是：隋唐以前，出家在家修持证果的人非常多，尤其是出家方面，在《神僧传》《神尼传》中，都可以看到。而那时禅宗及密宗，都还没有传到中国来。依据佛最初的说法，小乘经典的《四阿含经》，就是现在佛学所讲的南传佛教。

《增一阿含经》是《四阿含经》中的一部分，在两晋时传入中国，是中印学术文化最热闹的时候。当时佛教在中国，正萌芽灿烂，与中国三玄之学的《易经》《老子》《庄子》互相融合。在政治上，南北朝是最混乱的时期，但在学术史上，则是最特殊的转变期，先后持续两三百年之久。

当时出家学佛修成证果的人很多，并没有人特别讲究奇经八脉之类的事，不过有神通的人很多。如大家都知道的佛图澄，晚上看经时，把塞胸口一个肉洞的棉花拿出来，自然就从自身放出光明来了。有时觉得胃吃得太脏了，就到河边，把胃拉出来洗一洗，洗干净又放回去。杯度和尚要过江，把杨柳枝丢在河里，踏着就过去了。但那时的修持，差不多都走《阿含经》路线，走的是"念"的路子，以八正道来说，即是正念。

《增一阿含经》有"十念"法门。什么叫念呢？就是对于心灵的一种训练方法，训练自己的心灵，采用"念"的方法。

十念是"念佛""念法""念僧""念戒""念施""念天""念休息""念安般"——"念安般"也有人称"念安那般那"，就是念呼吸与息，也就是现在密宗、道家的炼气法。中国道家讲气脉，都是受安那般那的影响。接着是"念身"，最后一个是"念死"。这十念包括了一切修持的方法。大乘佛法是以小乘为基础，小乘做不到，免谈大乘。

> 我闻如是，一时佛在舍卫国祇树给孤独园。尔时世尊告诸比丘：当修行一法，当广布一法。已修行一法，便有名誉，成大果报，诸善普至。

只要一个方法做得好，修行就对了，一切的善也都成功了。

> 得甘露味。

是得无上佛法的法味。

> 至无为处，便成神通。

心无所住之后，日久功深，真空自然生妙有，神通就来了，不骗你的啊！

> 除诸乱想，逮沙门果，自致涅槃。

一切妄念都去了，罗汉的果位就达到了。自此一路下去，自然就到了涅槃的果位。

> 云何为一法？所谓念佛。

这一法，就是讲念佛的法门。

这几句是公式话，差不多十个法门之中，每个都有这几句。我们学佛看不起小乘经典，又不做研究，这是不对的。现在的人都说："唉呀！我是走大乘路子，不谈神通。"少吹牛了！每个人都喜欢神通，而且喜欢假神通。绝对不理会神通的人，差不多可以顿悟了，那是大菩萨见地的人。其余哪个不喜欢神通？嘴里说不喜欢，心里可不是那么一回事。我们要严格地反省，既然好神通，那该如何求呢？要想得果位，佛告诉你只要一门深入，好好修持，都可以得到果位。

第一个法门是"念佛"。不是后世的念佛啊！后世的念佛法门，是由慧远法师所创，根据大乘经典的《无量寿经》《观无量寿经》《阿弥陀经》等净土三经而来的。而这个十念中的"念佛"，可不是念阿弥陀佛啊！留给你们自己去研究。

第二个法门是"念法"。小乘的基础，告诉我们人生"无常""苦""空""无我"。这就是法，先要了解清楚。小乘经典告诉我们：

> 诸行无常，是生灭法，生灭灭已，寂灭为乐。

这是法。人生八苦、十二因缘、三十七道品，这些都是法。

什么叫"念法"？就是你专心用这些道理来体会人生，以及身心变化的种种。但我们尽管研究佛学，打起坐来，并没有把佛学的道理，跟打坐用功合在一起，我说得对不对？看经时，唔！很有领悟，打起坐来还是坐在那里哼啊哈的，这里气动，那里气不动的。佛法并没有叫你搞气脉，佛法是叫你穷理，正思惟，不是不可以思想啊！绝对可以思想，佛法的理，就是正思惟，正思惟就可得禅定。

第三个"念僧"。别以为是念和尚啊，那怎么能算是念僧呢？念僧是至心皈依圣贤僧众，一切圣贤僧，就是沙门，证道的果位上人。

第四个"念施"。什么是念布施？禅宗所讲："放下！"就是内布施，什么都放下了，把心中杂念妄想都布施掉，这样也可以到家，可以得神通啊！这是佛告诉你的，是修法的大原则。更扩而充之，心心念念反省自己的过错，把不好的心行统统去掉，起心动念一点错误都没有，这就是念施。

第五个"念天"。天有什么可念的？释迦牟尼佛承认有天主的，甚至介绍了欲界、色界、无色界等二十八天。你们不要小看了天道，工夫、善行不到，还不容易升天呢！佛也承认有神仙，可以活到几万岁。怎么炼成的？《楞严经》也告诉你了。佛并没有说他们不对，只是说他们还没有得正觉。因为他们没有悟到本体，如果他们得了菩提正觉，就不叫外道了。人没有善行的话，随便你有什么工夫也进不了天堂。佛对天道说得很详细，譬如欲界天有多少天——当然并不在地球上，而是在另外一个星球。人死后想往生这个天道，还真不容易呢！至于人如何升到色界天道中去，除积善累德之外，还是靠禅定的工夫。四禅八定做不到，是升不了天道的。我们修行了半天，初禅都没有到达，来生能再得一个人身都不容易。《楞严经》里已经告诉你，如何修定升到六欲天。

第六个"念休息"。这可不是光睡觉，而是万缘放下。实际上真得休息就是禅定。真得休息，可以证果，为什么？《楞严经》也告诉你八个字："狂性自歇，歇即菩提。"中国话"歇"就是休息。大休息就可以证菩提。我们睡觉是假休息，身心皆空，万缘放下，才是真休息。身也休息，心也休息，空也休息，把空的境界都休息掉了，那才叫大休息。所谓"念休息"，是要你行、住、坐、卧，随时随地，念念放下。

第七个"念戒"。这节另外专题再讲。

第八个"念安般"。安般也叫安般守意。这个要注意了！非常重要。念安般就是念出息、入息，修持气息。后来天台宗的止观，讲究出入息的方法，也就是从安般守意来的。安般守意不是释迦牟尼佛创的，印度的婆罗门教、瑜珈术里早都有了，只不过佛用佛学的方法，将它与般若观行融会在一起。传到中国以后，又跟道家打成一片，守窍、炼气都与它有关系。中国的高僧，有神通证果位的那么多，都同这个念安那般那有关系。修气是非常重要的，你们生在这个时代，物质文明那么发达，未来的时代更忙碌了，最好是采用这个方法，不走这条路子，修行想得果位很难，真的很难啊！

我们先插一段经文，《增一阿含经》卷第八，《安般品第十七》，佛教他公子安般守意的方法：

> 尔时世尊作是教敕已，便舍而去，还诣静室。

佛也是肉体之身，需要休息的。

> 是时尊者罗云复作是念：今云何修行安般，除去愁忧无有诸想？是时罗云即从座起，便往世尊所。

私情上他们是父子；教仪上也是弟子之一。

> 到已，头面礼足，在一面坐。

为什么一面坐？因为佛在打坐休息，所以行了礼后，坐在旁边等着。

> 须臾，

过一阵子，佛出定了，下座，罗云退坐，赶快去问父亲：

> 云何修行安般，除去愁忧无有诸想，获大果报，得甘露味。

世尊回答说：

> 善哉！善哉！罗云，汝乃能于如来前而师子吼，问如此义。

你现在问我这样大的修行问题。

> 汝今罗云，谛听！谛听！善思念之，吾当为汝具分别说。

这里有四个字要注意，"善思念之"，意思是说，你懂了以后，还要去研究，不要只是盲目地迷信。方法我来教你，自己要好好地去研究。

> 世尊告曰：如是罗云，若有比丘，乐于闲静无人之处，便正身、正意，结跏趺坐。

要注意！你们打坐坐不住，两腿不争气，那不是"两足尊"。如果两腿的气通了，你们的寿命可增加几十年。

佛告诉我们，修行最重要的是正身。站着也能正身，睡也有睡的正身，吉祥卧、摊尸法都是正身的一种。

我们打坐做工夫没有效果，究竟是什么原因呢？因为没有"正意"；因为颠倒因果，把佛的成果结论，拿来当作自己的修持法。一上座，都想空，空什么呢？你自以为这一下很好，空空洞洞的，其实，那正是"意"啊！是第六意识的境界。纵使你现在做到身体忘了，感觉到内外都是光明，也还没超出第六意识的范围。在《楞严经》里的五阴区宇中，还只属于色阴的范围，是"坚固妄想以为其本"。

有些人静坐在一片光明中，未来的事情也能知道，以为是"灵感"。你若学过唯识就知道，那是第六意识的反面，是所谓独影意识的作用。境界多得很呢！因为你学佛，所以就会看到佛、菩萨，这是意识境界。拿小乘修证的理论来讲，你意识没有专一，没有"正意"。所谓正意、正身、正言，三者都不可缺。换句话说，你处处在犯戒，一般人随便谈戒，谈何容易啊！你的心念意识，一点都没有正，随时都在造地狱种子的业，现行变成种子非常厉害啊！要特别注意。所以佛说，修持第一要正身、正意，意念专一。

中国道家修神仙的丹经，在隋唐以后就多起来了，讲气脉的问题，很多都是从这个安般品中脱胎出来的。东晋以后有《高上玉皇心印妙经》，讲究上药三品，神、气、精，这些都是事相，属于有为的工夫。如果有为的工夫，你都没有修到家，怎么能达到无为呢？有为法不能专一，念头如何空得掉？那只是自欺欺人罢了。所以后世学佛的，一万个中，没有一个证果。请特别特别注意！我除了依照佛经以外，拿我几十年摸索的经验，诚恳地告诉各位，你真达到正身、正意，没有一个身体不能转化；没有病去不掉的；没有身心不会健康的。正身、正意做到了，身心两方面绝对地健康，可以返老还童。因为一切唯心所造，这是真的，就是"正身""正意"四个字。

"正意"涉及了呼吸，道家也一样，《阴符经》上有一句话——"禽之制在气"，这是一个重要的口诀，也就是方法。念头抓不住，会乱跑，思想不能专一，就因为你的气在散乱，气散乱，心就散乱了。

但气不是主体，是心的附属品，可是这个附属品很厉害，抓它不住，你的心就停不下来，等于人骑在马上，你的气就是马。《西游记》里，唐僧骑的那一匹马，就是代表那股气。人若骑在一匹劣马上，想叫它停住，缰绳拉得很紧，马还是乱跑，停不下来，你一点办法都没有。所以我们心虽想定，若气不能定，妄念怎么能停止呢？有许多人情绪不好，身体不好，其实都是气不好的缘故。

> 无他异念，系意鼻头。

"无他异念"，这时心里什么念头都不要有，就是正意的道理。"系意鼻头"，把意识挂在鼻头上。这句话，害死了许多修道学佛的人。什么"守窍"啊！"眼观鼻，鼻观心"啊！小心得高血压。还有什么学白鹤，白鹤能活一千多岁，据说是因为白鹤休息的时候，鼻子对着肛门，两气相通的缘故。但我们的脖子比白鹤短这么多，怎么学？所以佛说："众生之愚痴，至可怜悯者也。""系意鼻头"，不是叫你看鼻子，这要首先提醒你，要注意鼻孔呼吸出入的气，也就是"心息相依"的第一步，使意念跟呼吸配合为一。

> 出息长亦知息长，入息长亦知息长。

你的正意不要离开呼吸，呼吸出来有多长，你自己要能知道。注意这个"知"字，如果你一边在修气，一边脑子里乱想，那就不对了，没有效果。思想和呼吸配合为一，叫"安般守意"。怎么把妄想抓住呢？只要注意呼吸，呼吸就像是一条绳子，把这一匹马拴住了以后，等于妄念被拴住了，修行便可以专一，也就可以证入"初禅"。修行的效果是一定会来的。

> 出息短亦知息短，入息短亦知息短；出息冷亦知息冷，入息冷亦知息冷。

呼吸进来有时候是凉的，这时有两种可能，一种是病态，一种是绝对健康的，是自己的热能，也就是"四加行"里面的"暖"相生起。相对的，你会觉得从外面吸进来的空气是凉的，而又觉得那个空气与你不相干。

> 出息暖亦知息暖，入息暖亦知息暖。

你们打坐，有时脚心发暖，那就是"息暖"。不过你们心跟息，两者不能专一，所以东一下，西一下，息自己乱跑，跑到哪里就暖到哪里。跑到丹田就以为是拙火，劝你赶快拨119电话，叫消防队吧！（众笑）

佛告诉他的公子：

> 尽观身体入息出息，皆悉知之。

这个气息，就是《楞严经》所说的风大，大家应该还记得，《楞严经》里面的"性风真空，性空真风"。但这一步牵涉到大乘的修法，暂且不谈。你们不要一心爬高，先要能做到守息才行。能够在静坐时，"入息出息，皆悉知之"，所产生的效果，就是记忆力非常好，脑子特别灵敏。

你们一般学打坐的，坐在那里，呼吸时在呼吸，都不知道；昏沉时也不知道；有时意识中有点空灵，又有好几个东西在乱忙，如果不信，你们自己检查看看，根本没有"正意"，这个叫什么工夫啊！你坐一万年也没有用。

最近好多人问我，关于不倒褡，难道不倒褡就是道了吗？哪一本经典，哪一条戒律叫你不倒褡啊？除非真正在修头陀行。连佛自己都要睡的，经典上、戒律上，只教你睡时，要观想日轮在心中，要清明地睡，睡得少，这些讲究是有的。出家人睡，去掉五盖则有之，并没有叫你不躺下来。我说这些话，并不是说不倒褡不对；只是，你如果自认为有这个体能，可以做到不倒褡才行。如果没有这个体能，结果要修道，道没有证到，体力先搞垮了，这个可太不值得吧！我讲的话很严重，是很诚恳地告诉你们。佛乃"如语者，实语者，不妄语者"。我们要做实语者，老老实实地讲话，直心是道场，所以要注意这个问题。

"皆悉知之"很重要，乃至你躺着睡，也可以注意呼吸，这是同样的道理。

> 有时有息，亦复知有。

注意！这里进一步了。后来天台宗把这个法门扩充了，叫作"调息""听息""数息"，乃至后来到了密宗，叫作修气功、修九节佛风、修宝瓶气等等。道家有句话："天地玄宗，万气本根。"在身心配合下，气有万种的变化。中国人看相，先要看气色好不好，的确是有道理的。

> 有时无息，亦复知无。

呼吸沉静到停止了，绝对找不出妄念来，你要起个妄念都起不来，可是这时知不知道？很清明，这是实际的工夫。这时做到了"有时无息，亦复知无。"至于知道的这个"知"，又是什么？那是另外一个问题。所谓灵灵明明，始终存在。

> 若息从心出，亦复知从心出。

这句话就要研究了，从心出并不是从心脏里出来，而是说：心念动了。心念动时，有时觉得息与光明放射出去了，那时如有旁人经过，这个人马上会受感染，他的心境就会得宁静，或觉一股热流一样传到他身上来。但这是过程，不是好事，这是做得到的。这时候还没有得定，还早，只是普通静坐工夫而已。

现在科学晓得人体会放光，本来每个人都会放光的，到那时，你的气息停止了以后，那个光芒放射得更大。如果讲有鬼神，那个时候，鬼都不敢碰你，老远看到你就躲掉了，阳气盛极之故。

所以"息从心出"，并不是息从心脏出来，那是你的心念动了。换句话说，一般人练气功都从心——心念故意造作，学密宗也是，那是你心念构成一个气息出来的道理。

　　若息从心入，亦复知从心入。

修宝瓶气时，丹田有一股气，炼到能不呼不吸时，即使把你长埋于地下，也可暂时死不了。

大家注意啊！现在谈的这个路线，都是从鼻子来的，其实我们人体也在呼吸。身体上的呼吸停止了，才算真正入定了。入定时三样东西还在——暖、寿、识。阿赖耶识并没有离开过身体，真正入定了，气息一定充满。气息充满的人，不管多大年纪，身体任何部分，一定都是软的，软化到如婴儿一般。所以入定的人，不能去碰他，只能用引磬在耳边敲。

你们工夫做了一段时间，身体还没有软化，两条腿盘不住，这不是两足尊，而是两足争，打起坐来跟两腿在争、在熬。去年有一位朋友，写信问我打坐的问题，他说他腿坐不住，我回答他：哪得功夫与腿争！我们现在用功都来不及，还跟腿去搞这玩意儿！来不及啊！正意最重要。什么姿势都可以的，等工夫到了，两条腿已软化，自然就盘得住了。只要这两条腿的气通了，寿命也跟着延长。你注意！你觉得身体老化一点，僵硬一点，那么你就早准备一点——准备走了。老子讲："专气致柔，能婴儿乎？"所以也不要有门户之见，在这一套修法上，佛家、道家都行，因为"定"是共法。

有些人日常很忙，注意！赶快多打坐，不要以为忙啊，累啊，没有时间打坐。你要赶快坐，坐到能够住气，那么一个钟头下来，一天都用不完，但是要真正做到了才行。不过有一点要注意！肠胃要空虚一点。道家有两句话："若要不老，腹中不饱。若要不死，肠内无屎。"当然营养还是要够，肠胃干净，气就容易充实。

> 如是罗云，能修行安般者，则无愁忧恼乱之想，获大果报，得甘露味。

在这物质文明发达的时代，修这个法门，对身心都好，寿命也可延长。你们打坐时，有的人不是会乱摇吗？只要你把意念与呼吸配合为一，气就不会乱跑了。则无愁忧恼乱之想，所以学密宗的讲，由喉轮到心轮的脉打通的人，妄念就不来了，忧愁烦恼自然就去掉了。

> 尔时世尊，具足与罗云说微妙法已。罗云即从坐起，礼佛足，绕三匝而去。往诣安陀园。在一树下，正身正意，结跏趺坐，无他余念，系心鼻头。

具足，大原则都具备了。

罗睺罗闻法后，"往诣安陀园"，安陀园又译为阿兰若，意即清净的道场。他"在一树下，正身正意，结跏趺坐，无他余念，系心鼻头"。罗睺罗开始修持佛所教的安般法门。

> 尔时罗云，作如是思惟。

这思惟是在定中，正思惟，并没有错。你们以为应该无妄想，把正思惟也丢掉了，那就错了，大家懂吧！想把正思惟也空掉，是不对的。

> 欲心便得解脱，无复众恶，有觉有观，念持喜安，游于初禅。

罗云依照佛的教法，入了初禅定，这时才真得大喜乐，发出真正的大慈悲心。

第八讲

　　大家的笔记一定要交，但笔记不是记录，不是把我每一句话记录下来，而是记要点，加上你自己的心得。日记是把要点配合自己的修证、体会，再加上对问题的参悟做一个记录。

　　上次提到，自佛法传入中国，为什么东汉之后，隋唐以前，修行证果的人那么多；但在宋明以后，证果的人越来越少，主要原因就是修证的问题。

　　讲到修证事相的问题，要特别提出小乘经典——《四阿含经》。中国佛教喜欢讲大乘，但真正中国的佛教，是融合大、小乘的；而且大乘是以小乘为基础。后来的显教与密宗的修法，也都离不开这个原则。所以这次才特别抽出《增一阿含经》的"十念"要点来讲。隋唐以前，学佛修道证果者多，就是因为注重这方面的修持。十念当中，念"安般"最重要。"安般"的修证方法，于后汉时传入《大安般守意经》，就是这一个时期由安世高翻译的。

　　现在继续上次罗睺罗所提出的报告，用安般守意的方法修持，到达不呼不吸的禅定境界。这里已将秘密告诉我们：一定要到达不呼不吸的状态，才能证入初禅。

　　　　尔时罗云，作如是思惟，欲心便得解脱。

　　名、利、财、食、睡等欲，是属大乘范围。小乘范围的欲，是指性欲。关于这点，还会再讨论。佛在三千年前，对于现在人

101

所有的性花样，早都知道，在经典上佛都讲到了。欲念不得断，罗汉果位就证不到。这个欲念甚至包括了遗精，譬如梦中因欲念而有的遗精；同时也包括了各种自慰的方法；自慰，包括意淫，纯粹心理想象的自慰方法。上面这句话的意思是说，呼吸到了不出不入时，欲念才可能解脱，这是小乘境界的解脱。

有觉有观，念持喜安，游于初禅。

这时才证入初禅境界。"觉"是生理上的感觉状态，冷热胀饿等。"观"是心理上的知觉状态，每个念头的来去都知道。此时呼吸不来不往，并不是呼吸完全停止，因为毛孔还是在呼吸，脉搏还是在跳动。到达浑身毛孔呼吸"静止"了（不是真的停掉），才称为呼吸不往来。此时知道自己的呼吸完全停了，这就是"观"的境界。

"有觉有观"，即由感觉和知觉反应来的，这个反应就叫"一念"。"念持喜安"，就是心中发生无比的喜悦。"喜"，偏于生理而言，"安"，则是心理上的轻安，此时，身心如坐虚空，这时才证入初禅的状态。

证到初禅的状态，还不一定证到初禅的果位。证到初禅的果位，可以称为"初果罗汉"。至于什么条件可以称为初果罗汉，《大藏经》中的记述多得很，如果肯花时间加以融会贯通的话，自然就会知道。

修证部分乃南传佛教经典的主要精华；学理部分是"如是思惟"。

大乘见地略有不同，小乘有小乘的见、修、行，这一点要搞清楚。

学禅不离禅定，但不一定要从禅定入手。禅宗注重见地，注重般若。当然仍须修证，没有渐修的根基，如何谈顿悟的成就！

有觉有观再进一步：

> 有觉有观，内自欢喜，专其一心。无觉无观，三昧念
> 喜，游于二禅。

由有觉有观的境界，再进一步证入内心无比喜悦。这不只是口头的高兴，而是看到一切众生、任何人，乃至冤家、仇人等，自己内心都是祥和的；他们即使有错，也是值得怜悯的。慈祥是内心自然的流露，不是出于勉强的，所以菩萨"慈悲喜舍"中的"喜"很重要。不喜的状态持久了，整个身体会僵化，气脉就不能通了。

这时"专其一心"，专在初禅所得的境界，"念持喜安"，保持能量不放射的状态。气停了，就是道家"无火之谓炁"，渐渐地证到："无觉无观，三昧念喜"，心中无比地喜悦。这个喜悦的境界就是"念"。此时证到二禅。

《增一阿含经》，在两晋年间传入，这时佛法注重修持，佛法也很容易被接受，因为一修就有效果。当时的文化相当高，如果佛教光靠学理进来，不一定被接受，但定力与神通一来，知识界不能不投降了。而现在学佛的人，哪里有神通！只有神经。如从禅定入手，就会有神通，各个都有，不足为奇。

无著菩萨一系下来，专讲唯识法相方面的修证，在这一套理论系统下，我们方才讲的，"有觉有观，念持喜安，游于初禅"，还在"有寻有伺"的境界里，还是在第六意识的状态中。到达"无寻无伺"时，才是这里所讲"无觉无观，三昧念喜，游于二禅"。心理思想，不再像电子般乱跳动，而进入"无寻无伺"的境界。可是此时还有境界存在，还没到"无心"地，还早得很。"无心"谈何容易啊！如果我们认为万事过了不留意，就叫作"无心"，这样每个人都会。禅宗祖师说："莫谓无心便是道，无心犹隔一重关。"学禅宗，在见地上有莫大的好处，但在修证方面，却有莫大的流弊。凡事有利有弊，这也是一阴一阳的道理。

> 无复喜念，自专觉知身乐，诸贤圣常所求护喜念，游于
> 三禅。

这里又起变化，到了三禅，心头的喜念没有了，守着一种境界——"觉知身乐"。身体内部所有的气机、气脉，每一个细胞、神经，都起了大变化。到了三禅境界，才可能去除疾病。所以不要以为两腿一盘就是禅。能到达三禅，是要无量功德，无量善心，慢慢熏修来的。在这之前，只能略微改善身体现状，做到少病而已。证入三禅后，看以前欢喜境界，就如同凡夫一样。因为现在才达到至善的喜悦，这是圣贤的境界。

> 彼苦乐已灭，无复愁忧，无苦无乐，护念清净，游于
> 四禅。

这时再进一步，证到没有苦，也没有乐；没有忧愁，更没有幽闷。大家要注意，到了苦乐已灭的境界，也还是"念"，所以接着说"护念清净"，身心内外一片，融化了，证到四禅境界。

这是佛的公子罗睺罗自己的心得报告。

> 彼以此三昧，心清净无尘秽，身体柔软。

这时身心毫无渣垢，如婴儿状态一般，要到三禅才能证到这个境界。以前高僧大德，都可预先说出何日死，且临死时身体像婴儿般柔软。或者更高明的，化成一片光，人就消失了；充其量留几片指甲，或一束头发作为纪念。

此时智慧到达了：

> 知所从来，忆本所作，自识宿命无数劫事。

同时解脱了分段生死，进入变易生死中。知道自己如何来，如何去；得宿命通能知无量亿劫事。四果罗汉只能知五百生，大阿罗汉知道的就多了。罗睺罗就是到达这个境界。

> 彼以此三昧，心清净无瑕秽，亦无诸结。

一切烦恼诸结，都解开了。

> 复更施意，成尽漏心。

注意这八个字，四禅是禅定工夫境界，如结使未断尽，所以四禅并不就是大阿罗汉，还未证果，到了这个境界时，"复更施意"，如果念头起来了，要更加修持。"成尽漏心"，就是无漏心。

但是，不能动念不就成木头了吗？不是的，起心动念，用过便休，没有渗漏，没有黏着。有定力的人，尽管一天忙到晚，他那个处在定的境界的本心，并没有动，并且还是光明清净。处理烦恼事，在当时现烦恼相，但心境的光明，则一点都没有动。

> 彼以作是观，欲漏心得解脱。

这时，所有的"欲漏""有漏""无明漏"，统统得解脱。到这个境界时，

> 心得解脱，已得解脱，便得解脱智。生死已尽，梵行已立，所作已办，更不受后有。

四禅工夫到了这个程度，才算得到了解脱。大家注意，"心得解脱"，这个"解脱"是修持上一个境界；"得解脱智"则是见地。智慧不属于工夫，不属于境界；但是工夫、境界与智慧，是相辅相成的。所以到了解脱的境界以后，还要继续努力，慢慢地得"解脱智"。大家又要注意了，在这一段修证程序中，最后归于"解脱智"。可见小乘还是以智慧的解脱为终究，何况大乘。用大乘的说法，则是大般若圆满的解脱。

到了这个境界，罗汉的果位来了，这个生命就叫"最后身"，以后不来了。（到哪里去？）这一生，清净的果位已立；世间所有的冤债都还光了，以后不到欲界中来了。这就是小乘极果。但是大乘的道理，这种成就最多经过八万四千大劫，非再回来不可。不回心向大乘，不能彻底了脱生死，只能了分段生死，进入变易生死的境界。

　　这是罗睺罗的修证报告，经上没有记载他修了几年，或几个月。然而佛在世时，确实有人当下证罗汉果，有人三天证果，也有人七天成就。

　　罗睺罗向佛报告修持经过，佛很高兴，奖励了一番。接着说：

　　　　具足禁戒法，诸根亦成就，渐渐当逮得，一切结使尽。

（《增一阿含经》卷七）

佛说修安般，由调息的方法入门；修成后，戒定慧具足，不用刻意守戒，已完成守戒功德。诸根神而通之而得解脱。比如佛学中的"四大皆空"，要诸根成就了，才"空"得掉，才做到饥饿寒暑不侵，四大才转得过来。

　　要证得大阿罗汉，还要断"三有结使"。"三有"是欲界、色界、无色界。"三有结使"就是心理行为，即心理状况、起心动念所构成的作为。这些习气的结使都断光了，才能证得大阿罗汉果。

　　在佛所提出的十念当中，讲得最多的，就是利用呼吸证果，佛的公子也报告了这方面的修证经过。

　　在《增一阿含经》卷十一中，提倡孝道，强调父母之恩难报。由于中印基本文化思想上这个共同点，所以佛教传入中国后，很快就为中国文化吸收，并发扬光大。

　　第九个是"念身"。这里的念身法门，是就显教而言，不讲密教。后世的中国道家及密宗，走的是密教路线，偏重于修身的法门。但在最后，往往不知道把这个法门解脱，而过于执着了修身，就是外道。如果知道把这个法门解开，就不是外道。

　　这里所讲的念身，是小乘的方法，譬如"四念住"中，

　　　　念身不净，念受是苦，念心无常，念法无我。

小乘所讲的无我，是就现有的生命现象而言，在于提示人们超越

这个层面，证得涅槃。可是流入学术界后，尤其是流入西方以后，认为佛家的无我是断见，不承认有灵魂，也有说佛学是无神论，这真是笑话。

唐宋以前修持证果的人很多，修念身法门的也特别多，如不净观、白骨观两种，都是念身法门。天台宗的止观，采用了呼吸法门，再加上修不净观、白骨观。浙江宁波太虚法师有位弟子，学问非常好，三个月修成了白骨观，把人观想成骷髅架子，观想到每个人都是骷髅，到达二禅境界。后来他告诉我说：尽管出家，欲念还是有。虽然白骨观修成了，但是却觉得"纵然白骨也风流"。

所以白骨观、不净观，要修持到没有欲念，古人可以，今人不灵光。今人觉得白骨也蛮好看的。

念身，观身不净，主要在于去欲。大乘戒律第一条是戒杀；小乘戒律第一条是戒淫，为什么不同呢？

要得罗汉极果，必须先戒欲念。但是，白骨观也罢，不净观也罢，数息观也罢，百千无量法门，差不多都拿淫欲没办法。淫欲之断，就有如此的困难。能先转化了欲念，才能谈修证、禅定。

第十个是"念死"。人生都要死，尤其是老年人，真看通了生死，才能放下，同时鞭策自己，赶快努力修持。近代净土宗印光大师，特别注重修念死法门。

现在再把十念重新讨论。与本题"融会显密圆通修证次第"，加以融会贯通。

第一"念佛"：这个念佛，并不是净土宗的念佛法门，虽与净土宗同一原则，但修法不同。据《阿含经》所述，这是心心念念仰慕、追随、信奉、追求佛的成就，以佛来警策自己的一种法门。

慧远法师创立净土宗，采用净土三经，其目的是求长生不死。慧远在出家学佛前，学的是道家；后来觉得，道家求长生不死的修炼方法不够究竟，所以转到佛法里追寻，结果找到了精诚一念，可以往生极乐世界，他便采用这个法门，创立了净土宗。往生西方极乐世界，也可以说是长生不死，但没有彻底"了"生死。要往生那里再继续修持，成就了以后，再到十方世界度众生。这是大乘路子，同时也包括了小乘的念佛法门。

此外，密宗的念佛法门最多，譬如毗卢遮那佛修法、普贤如来修法、上乐金刚修法、喜金刚修法等等，都是念佛法门。

这里我所讲的念佛，是广义的，包涵极广。狭义的，是净土宗的念佛法门，那只是一个方法而已。

第二"念法"，也可以成就。现在一般人不能把学佛、佛学、佛教三者合一，真能合一，就是念法。譬如我们都知道"无常""苦""空""无我""十二因缘"，"诸行无常，是生灭法，生灭灭已，寂灭为乐"。这些学理就是法。我们只晓得这些学理，而没有把这些学理，用到自己身心上，没有和修证配合起来，这就没有"念法"。

孔子所讲"穷理、尽性、以至于命"，也就是念法。把佛学的理，应用到身心上来，这是"念法"的法门。

第三"念僧"，念圣贤僧。如马祖、百丈禅师如何出家？如何参禅？如何成道？或憨山大师的修持经过，我们佩服他们，模仿他们，就是念僧法门，先辈的圣贤们，走什么路子，有什么成就，我们依法修行，就是"念僧"。但现在的人们，非但不看前辈修行传记，不学习他们的修行；即使看了他们的传记，也用客观的眼光去研究它，甚至批判它，这不是修行人应有的态度。

第四"念戒"。念戒也不容易，大陆上以前每月阴历的初一、十五，必须诵戒，非常隆重。每个出家人自己犯了戒，逐一做忏悔，希望不要再犯。至于念戒，和诵戒不同，一条一条都要熟记于心，连开步走，或做任何事，都要念着戒。这样，你的行为，处处都是合于法度，心心念念如此，做得到吗？戒又有遮戒、性戒的差别。因时间、地区不同，可以权宜变更的戒条，叫作遮戒。但是像杀、盗、淫这三大戒，是永远不能违犯的，这些就是性戒。

念戒，就是随时严重地告诉自己要守戒，看住自己的思想、念头，只能起至善的念头；至于坏念头、恶念头，绝对动都不能动，以免犯戒。

年轻人若真做到，七天规规矩矩念戒，一定会证沙门果。证了这个果位后，修持的路就好走了。但是，后世修念戒的人很少。

四无量心也在戒的范围，经与戒是合一的。学密宗的人，守戒方面就更严谨了。每次修法，先修四无量心：众生一切的痛苦，自己来担；修法不为自己修，希望修成了以后能度众生；所有的功德回向众生，自己完全不要。发菩提心、四无量心等等，这些都属于念戒法门。最近到处都流行密法，东传一个，西传一个，但是基本道理都没有。搞得我"可是无关却有关"，只好不看了，实在看不下去。真正的密法，在心理的行为，道德的反省上，都是非常严肃的。一般人听到密宗，都想到男女双修，把密宗给糟蹋了，也糟蹋了佛法。任何一个宗派，都不是这么简单的。

第五"念施"。施即布施，念舍，一切都要舍，如拾得引用弥勒菩萨偈子说："有人骂老拙，老拙只说好；有人打老拙，老拙自睡倒。"这也是布施。念施谈何容易！大乘佛法第一个讲布施，布施最难修。中国文化中提到游侠的仗义疏财，财物拿出去没当成一回事；自己没有钱，却要给人，这也算得上是施。我们一般的施，往往是有条件的，不是求功德，就是求名利。如能一切都舍，舍到最后就空了，那就证到了空。这个法门还包括很多。

第六"念天"。西方宗教有天堂之说，那是正确的修天道，不是不对，不要看不起西方这个法门，学佛的人，不应该对西方宗教有偏见。《金刚经》上说：

> 一切贤圣，皆以无为法而有差别。

各个宗教的真理，都是对的，只是证道的程度有深浅，表达方式不同而已。况且佛教小乘，也有念天法门。

怎么修"念天"呢？说起来难为情，我们一般人修持，死后能不能升天，还是个问题，更别谈往生西方了。苏曼殊说："升天成佛我何能，幽梦无凭恨不胜。"

由"念天"来说，与我们有绝对切身的关系；四禅八定最高的果位，并没有脱离三界天。所以真想成佛，跳出三界外，可真太不容易了。

第九讲

若将佛法的要点归纳起来，我们就了解，大乘与小乘是分不开的。而修行是以见地、修证、行愿三方面并进，以求自己证果；决不是学学静坐工夫就算了，那只是玩玩而已。所以要先提出南传小乘经典，《增一阿含经》"十念"，作为修行基础。十念的方法是一个大原则，由这里再发展成八万四千种修持的方法。

《增一阿含经》的十念法门中，第一是念佛。它包括了净土宗、密宗所有诸佛菩萨的观想方法等等。第二念法、第三念僧，都有很多道理。我们只能简化扼要说明，希望大家自己去做深入研究学习，不要只当故事听，辜负了我的讲解，也辜负了你自己。

十念的"念"字，与《楞严经》五阴解脱中妄念的"念"，是有分别的，不可混为一谈。

这十个方法中，除念身外，其余均属精神方法之修炼。念身，包括修白骨观，以解脱这个肉身给我们的麻烦。其中的念安般，是呼吸与精神互相配合。

读书不能只用眼睛，应该别具慧眼，须顶门上另有一只智慧的眼睛，用智慧去看。《增一阿含经》特别强调念气，因此，由佛的公子罗睺罗，特别报告自己证阿罗汉果的经过。其他方法则没有特别报告，由此可见念气的重要。

我们的精神、身体都很差，做工夫几乎很少有人上路。就连静坐，也少有人能将妄念清净下来。换句话说，如果能用炼气法门，像罗睺罗一样，较易得成效，这一点是非常重要的。

在佛法传入中国前，有一位圣人，也早就提出炼气的道理，那就是孟子。他在《公孙丑篇上》的养气中说："我善养吾浩然之气，其为气也，至大至刚，以直养而无害，则塞于天地之间。"学佛者不要轻视他家，天下真理是共通的。学佛的更要清楚，大乘菩萨是以各种不同的化身，各种不同的教化示现，孟子所提的养气，是大有道理的。修安般法门者，应注意孟子的话："志一则动气，气一则动志。"如果精神与气不能配合，想不生起妄念，绝对做不到。孟子在《尽心篇下》中，提到养气做工夫的秩序，说到由一个凡夫，做到圣人，有一个程序："可欲之谓善，有诸己之谓信，充实之谓美，充实而有光辉之谓大，大而化之之谓圣，圣而不可知之之谓神。"

说到大乘与小乘，二者的差别在哪里？学大乘菩萨道，如果不以小乘做基础，免谈。像现代人的学佛有个大毛病，动辄谈大乘，其实连基本——人乘都没做好。五乘道是：人乘、天乘、声闻乘、缘觉乘、菩萨乘。大乘不是那么容易的。先不谈小乘的声闻、缘觉有没有修好，一般连人乘的修养都有问题。人乘的基础应先打好，把四书五经研究了再说。大乘与小乘的差别，就在见地、修证、行愿的不同。

十念，只是修炼的方法，至于如何修证到罗汉果，不是光凭炼气就可以的。为何不能修证到罗汉果？是心行不够，心里的烦恼妄想习气的根，转化不了，见地不到，修到小乘极果的罗汉果谈何容易！人死后不堕落，再得一个人身都不容易。佛经上形容，要得人身，如"盲龟遇浮孔"。

在《大涅槃经》卷二《寿命品第一》之二中，佛说了个偈子：

　　　　生世为人难　　值佛世亦难

　　　　犹如大海中　　盲龟遇浮孔

　　那是说一只瞎了眼的乌龟，在大海里漂，正好碰到一根浮木，木头上有个洞。这只瞎眼的乌龟，就正好把头穿进这个洞里。这是多么难得的一个巧合！我们生而为人，就有如"盲龟遇浮孔"般的稀有难得。至于想生天道，那就更难了！

　　天人是由四禅八定修来的，四禅八定修成了，往生天道，但还未跳出三界，还是在三界中转。我们动辄谈跳出三界外，不在五行中，谈何容易！

　　打坐修定是共法，并非佛家才有，每个宗教、外道、魔道，都讲打坐。工夫做到了，可升华到欲界天，或阿修罗道去。升天界也并不容易，升天道要有见地才行。

　　下面参阅"见思惑与三界九地、断惑证真之关联"（见书末附）。

　　见惑：是指思想观念上的烦恼，也就是见地上的烦恼。见惑在《俱舍论》中，归纳成八十八个结使。如绳子打结，解不开。学佛的人嘴里讲空，心结却始终打不开，"结"字译得非常好。为什么结打不开？因为气的关系，气质变化不了，所以结打不开。

　　身见：对身体的执着，包括身体上的各种痛苦。老子云："吾之所以有大患者，为吾有身。"我们忙了一辈子，为这个身，最后它还是要腐烂，变一摊脓水。可是，谁不爱此身呢？许多痛苦都是因为身见解脱不了。

　　边见：一切哲学思想都属于边见。

　　邪见：有许多思想学派，和美国嬉皮，最近性观念开放等，都是邪见。邪见，就是偏见。

　　戒禁取见：因戒而生取舍上的偏差。

见取见：各人所执着的主观成见不同。

疑：不信任他人。慢与疑两者联在一起，总以为自己对、别人不对的心理，就是慢疑，每个人都有。

其他的贪、瞋、痴、慢从略，大家自己研究。

上面所说的，就是属于佛法的心理学。

普通的心理学，是讲现象的分析和研究，越发展越细。佛教的心理学，如八十八结使，唯识宗的《百法明门论》等，是道德的心理学。它有一个前提摆在那里：就是说只有证道者的心理才对，其余的都不对。这是至善的、纯善的心理学。唯识是了不起，现在这里谈的心理，还是大原则，如要一条一条分析起来，就不胜枚举了。

有心宏扬唯识的人应该留意，不要关起门来称皇帝，以为只有佛家的东西才了不起，普通的心理学也有它的道理。我们修行，就是要检查自己的心理，这就是见地。心行做不好，乃至对人处事的行为改变不了，就算是工夫做好了，也没有用，充其量也不过是大海里头的一个盲龟而已。

这个见地也涉及了行愿，修小乘的行愿，要证得罗汉果位，不但工夫要做好，心理上必须要去掉这些见思惑。

九地：三界中又分作九个程序，这个世上的人，是欲界"五趣杂居地"，也就是天、人、畜生、饿鬼、地狱这五类，都住在这里，是凡圣同居的地方；再加上色界与无色界各四地，共有九地。

思惑：指思想方面的发展。如有人写佛学方面的文章，可谓"文章华丽，考据精详"，但是毛病落在思惑，也就是思想没有搞清楚。又如我们打坐，有时偶尔撞到定境，能思考的那个就想：嗯！这大概就是道吧！他却不知这一点念就是思惑。所以，见与思是两个不同的成分。

未证得菩提以前，都在三界中转。这里自己去研究，做心得报告。这一章非常重要，因为我们的思想、见地一有偏差，就已经落在凡夫境界中了，自己还不知道。

在断惑证真的四果中，断了见惑粗的观念烦恼，才是预流果，又称须陀洹果，也就是初果。

一来向：断思惑初地之一品乃至五品称斯陀含向，也是一来果的候选人，又称斯陀含果。斯陀含有两种说法：一种是"五还人间"，升天，再下人间，如此来往五次，就不再来人间了；但另一种说法是，死后升天，再下一次人间，就不再来了。

所以在教理上说，认为立地成佛是做不到的。证罗汉果也不容易，须看我们自己的修持工夫。

关于见思惑，三界九地与断惑证真的关系，在《俱舍论》中都有提及，可以做参考。所谓"论"不是佛说的，是一些菩萨修证成果的经验，记下来告诉我们。

佛在世时，人的社会不像现在这样复杂，所以佛在《阿含经》中，教了这几个法门，许多弟子们，当场就证得了罗汉果。但是，后世人何以成道难呢？

我们想修道证果，见地不能不弄清楚。光修道不通理是没有用的，工夫做得再好，不通理还是没有用。现在许多所谓教主，工夫做得很好，可以发生各种境界，但要走的时候，还是脑充血、糖尿病。这些人都是讲究做工夫，而理却未通达。

反之，光通理，不做工夫的人，则百年三万六千日，不在愁中即病中，尽管此身之可恶、虚幻，但是为了这几十斤肉，却很难安排。所以光做工夫，见地不到不行，行愿不到不行；光有见地，修证不到也不行。

禅定工夫做得好，才能升天，但一般人升天的第一步都做不到，为什么？因为男女关系断不了。所以小乘果位，先从基础来讲。不只男女关系不可以，连遗精、手淫，乃至所有的自慰方法，或者意淫，都不可以。所以小乘第一条戒律是戒淫。

不漏精不是指漏精液，修持的人应该在没有发动精液以前化掉它。道家广成子说："情动乎中，必摇其精。"心中有一念，感情一动，精气已经在散了。精的道理是这个精，不是精虫的精。何况还有遗精（道家称漏丹）、手淫、自慰等。基本上先要守住这个戒，但据我所知，一般人做不到，打坐坐了几天，又垮了。

其次是饮食。有许多人工夫做得好，但肠胃吃出毛病，又搞坏了。

这些道理都知道对治以后，佛经上告诉我们，佛的弟子们三天、五天或七天以内，就证了阿罗汉果，是绝对有的事。所以立地顿悟是做得到的，要点是务必注意守戒。

《楞严经》卷八提到十种仙。

一般攻击《楞严经》为伪经的理由是——印度没有仙道，只有中国才有。实际上印度修仙道的婆罗门教，比佛教还早。比如"唵嘛呢叭咪吽"这个咒子，在南非、南美等地，几乎全世界都有人念，但并不是中国传过去的。这个时代搞学术文化的人，常闭门造车，闭户称王，令人感叹。

佛在《楞严经》卷八说这十种仙道：

> 是等皆于人中炼心，不修正觉，别得生理，寿千万岁，休止深山，或大海岛，绝于人境，斯亦轮回妄想流转，不修三昧，报尽还来，散入诸趣。

这十种神仙，只在心的方面修炼自己，没有大彻大悟证得菩提，他们掌握到了生命存在的关键，活一千岁一万岁都办得到。但这只是轮回妄想的流转，没有明心见性，还是会堕落的。如果能明心见性，那就对了。执着了方法为究竟，那就不对。不明心见性，什么都不对；若证得了菩提，什么都对。

> 诸世间人不求常住，未能舍诸妻妾恩爱。于邪淫中，心不流逸，澄莹生明，命终之后，邻于日月。

再讲天道："诸世间人不求常住，未能舍诸妻妾恩爱。"有些人不会眷恋这世界，不像仙道的人想活上几千岁、几万岁，可是妻子的恩爱舍不掉，有这种思想的人很多。但有些人可以做到"于邪淫中，心不流逸"，儒家的方法也如此，不管干什么，心没有散乱。"澄莹生明，命终之后，邻于日月。"像这样有相当修养的人，命终后，可以超越这个娑婆世界，往生到天道的四天王天（见书末附"三界天人表"）。然而还是在欲界中，称六欲天。

六欲天的天人，寿命比我们长太多了，而且没有我们这个世界的痛苦、烦恼。他们福报很大，所以都是做善事、修善行、做工夫的人往生。因为没有离开男女的欲念，所以叫六欲天。虽未离欲念，但已将欲念升华到很高的境界，所以能升到六欲天。

《瑜伽师地论》卷五《本地分中有寻有伺等三地之二》云：

> 一切欲界天众，无有处女胎藏，然四大王众天，于父母肩上或于怀中，如五岁儿欻然化出。

《起世经》卷七《三十三天品第八之二》如此记载着：

> 诸比丘，彼于天中或在天子，或在天女，或于坐处或两膝内，或两股间忽然而生，初出生时，即如人间十二岁儿，若是天男，则在天子坐膝边，随一处生，若是天女，则在天女两股内生。

至于色界天的天人则由父亲生，头顶裂开而生出来。天人头上都有花冠，死前花冠先枯萎，这时天人、天女都哭了，这个人快死了，要堕落到下界去了。到了下界变成我们这些人，我们这些人还觉得自己很伟大呢！

人类靠两性关系生下一代，欲界天人行欲时，如《起世经》

卷七《三十三天品第八之二》云：

> 四天王天、三十三天行欲之时，根到畅适，亦出风气。
>
> 夜摩诸天，执手成欲；兜率陀天，忆念成欲；化乐诸
> 天，熟视成欲；他化自在天，共语成欲；魔身诸天，相看
> 成欲。

色界天人彼此以眉目传情就可以；无色界天人，彼此连看都不
必，只要彼此意念一动，就生下一代了。

若把描写三界天人这一部分佛经资料集中起来，当作小说
写，变成一部新的宇宙生命观，一定很吃香，也很可观，可惜我
们没有兴趣这么做。

修持到达初禅，才能往生欲界天，何以如此？因为在初、二
禅之间的人，欲念还没有完全断，只不过最后那欲念属于思惑
了，只是风流而不下流，看看，觉得很美而已，没有邪念。这是
情，情属于思惑，一样是贪瞋痴。

说到痴，古代高明的文学家，如清朝龚定盦的诗："落红不
是无情物，化作春泥更护花。"

怜花，多美好的句子。又如宋朝黄山谷的诗："五更归梦三
千里，一日思亲十二时。"这两句诗，若拿佛法来看是思惑，是
感情思想上的烦恼，是生死的根本，轮回的根本。当然这已经升
华得多了，欲念是最粗的，所以欲念不断，不能证果。

如何断欲？佛只先教我们过午不食。过午不食有几大功德：
第一，不易昏沉；第二，断睡眠；第三，断情欲；第四，身体
清明。

断欲除了这个方法以外，佛没有教别的，但是断欲是最难最
难的，很少人真正能把欲断了的。年轻人打坐，刚刚把工夫做得
好，情欲就来了。没有情欲时，打起坐来，半在昏沉半睡眠。这
怎么办？要靠炼气，所以，十念中第八项"念安那般那"，非常

重要。

佛教有两大宗派，特别提出炼气以求定。一为天台宗的调息、数息、听息（参考书籍：《摩诃止观》《小止观》《六妙门》）；另一为密宗黄教，创始人是宗喀巴大师，他在《菩提道次第广论》中强调，做工夫要注重调息。尤其红、白、花教更注重炼气；所谓修气、修脉、修明点、修拙火等，炼好了以后，才能证得菩提。

为什么"息"这么重要？生命的四大——地水火风，其中：骨头、肌肉属地大，不大好下手修炼；水大属血液，属于液体类，从这一步下手修炼也很难，不过，工夫做好以后，水大自然完全净化了，此时血液流出来是白色的乳汁；至于火大，工夫到了相当的火候，三昧真火发出时，百病皆除，可长生不死。

总之，四大中最重要的是风大，就是呼吸往来的气。一口气接不上来就会死亡，所以气最重要。念头与呼吸有很大的关系；思想越散乱，呼吸就越乱；思想细了，呼吸也跟着细了。到鼻子不呼不吸时，才叫作"息"。所以打坐做工夫，调不好息，谈不到得定；也谈不到止观的止；充其量，只不过有一点影子而已。打坐后身体变好，并不是你方法修得好，是静坐中，无形中在调息，气息变细了，身体便转好一点，如果我们把意志专一起来修持，那效果就更大了。

由初步起修，到证果成阿罗汉，再到成佛，不论大小乘，都不离这个安般法门。佛在《增一阿含经》中，由罗睺罗的报告，已露消息给我们，只是我们没注意到而已。

成道不成道暂时不谈，活着能少病少恼，走时干脆利落，不麻烦自己，也不拖累别人，已是第一等人了。借着炼气修气，最容易达到这个目标。炼气只是初步，因为真息并不是气，这个初步的方法，等于靠火柴来点燃一个东西，使它燃烧。所以密宗称之为"燃法"，是靠我们后天的呼吸，来点燃与生俱来、本有的原"炁"，使其发挥功能。

有些人打坐时，身子会自然地摇动起来，那是因为身体里头有问题，气在动，走到有毛病的地方，自然就摇动起来，趁现在还健康的时候开始炼，不要等到病入膏肓再开始，就来不及了。

天台宗小止观法中，有一个偈颂：

心配属呵肾属吹　脾呼肺呬圣皆知

肝脏热来嘘字至　三焦壅处但言嘻

呵（管心脏）、嘘（管肝脏）、呼（管脾胃）、嘻（管三焦）、吹（管肾脏）、呬（管肺）。

在空气干净的地方，站着或打坐，用这六字之中的一个，作口形呼气，不要出声音，尽量呼，呼到不能再呼了（肚子瘪进去），嘴巴一闭，让它自然吸。炼得累了，停下来做调息工夫。此时就是小止观所谓"有止有观"，感觉自己不呼不吸了，非常轻微，杂念少了，慢慢练习下去，身体内部会起各种变化。

瑜珈术洗胃法：吞长纱布，一端吞下，另一端用手拉着，吞至胃，然后拉出。测出胃不好的人，须马上找医生。

洗脑法：干净的水，用鼻吸进去，初练习时，头痛如万针穿孔，练惯了以后，水一吸一喷，由嘴里出来。练到后来，一吸气，不是只到肺部，同时可以直接进到脑里去，脑子可整个贯通，同时也到脚底。庄子云"真人之息以踵，众人之息以喉"，一点不错。

洗胃的另一种方法：头仰，舌尖向小舌头里顶，发"呕"欲吐，胃里的脏东西，就会拉干净。

最好能一个礼拜断食一天，光喝水，清理肠胃，身体会健康。

这些都是有为的做法，密宗的宝瓶气、九节佛风，走的是瑜珈术的路子。身体四大不调,想打坐得定绝无可能。气息调整不好,身体也不会健康。同时还要懂得营养,懂得医学。儒家讲:一事不知,儒者之耻。所以必须发心,样样学问都要知道,这是大乘的精神,各种常识要学,就是菩萨道。相反的,不懂又不学,就是凡夫。

气功做得越好,精神越旺盛,也不会累,然而心会累,关于这其中的道理,以后再做研究。这时妄念少到极点,如果调整得好,妄念根本没有了。妄念没有,思惑就来了。所以打坐时觉得:唉,已经坐很久了,这不是妄念未断,是思惑没有断。这两者层次不同,本质则差不多。所以学禅的人,如果连这个道理都参不出来,还叫什么禅呢!光是一个话头是没有用的,学禅要开悟,开悟的人已得无师智,自然懂这些道理。

第二步到达不想做气功时,注意,即罗睺罗所讲:"息入则知息入,息出则知息出",身体内的气,像能量一样在动,道家有任督二脉之说,其实是气的作用,任督二脉之说是见惑。

到了息入知入,息出知出,有觉有观的状态时,有些人觉得自己的身体还在,以为这是妄念没有空的缘故。其实这种心理是矛盾的,再做十年工夫也没有用。这是初步有觉有观的当然现象。以为这是妄念,就是理认不清。拼命想办法除妄念,怎么能得定!怎么能上路!白做了。工夫到了这个时候,要参考罗睺罗的这一段报告。

到息真正充满了以后,可以忘掉身体,进一步求大乘道,再进一步到达:

性风真空,性空真风,清净本然,周遍法界。

佛把秘密说了,呼吸的往来是生灭法,是现象,我们的生命都在生灭中,而能使它往、使它来、又能使它生灭的那个,并不在生灭中。那个是本体,明心见性就是见这个心的体。所以,炼呼吸时，如走大乘的路线，定中有慧，"性风真空，性空真风"，然后到达"清净本然，周遍法界"，与孟子的"其为气也，至大至刚，以直养而无害，则塞于天地之间"，有异曲同工之妙。

炼息是非常重要的，因为炼息可断去欲念，做到不漏丹。老年人炼息可使阳气重来；有病的人可借此去病，健康长寿。

总之，百千法门无量妙处，就在这个法子里。没有时间对诸位详尽地讲，很抱歉。

第十讲

上次讲到念安那般那的重要，通俗名词称为炼气。安那般那是炼出入息，包括显密许多方法，而原则只有一个。若加上印度婆罗门、瑜珈术、中国道家，至少有几百种方法。方法虽多，但归根结底都是炼气炼息。

我常感叹讲话难，难于使听话的人明了。上次上课讲有为修法，许多同学觉得很过瘾，可见现在人都喜欢有为法。其实，炼气功和证果是两回事，这一点大家应该了解。

再则，同学间辗转相传这些方法，结果都搞错了，只好以引用古人的话来说，"炉鞴之所多钝铁，良医之门足病人"，聊以自慰。

这时有同学提问题：

问一：修下丹田，吸气进来细长慢，呼气时快短急，第一口气呼完，第二口气紧跟着吸进来，对否？

师答：对。

问二：听息时耳听呼吸，开始时，同时要听脉搏，比较容易知道内息在里头走动。待心进入初步定境时，自然就放开了，不管脉搏，也不管呼吸，此时呼吸非常细微，等于不呼不吸，对否？

师答：对。

师云：若能在最闹之处，听到自己的呼吸声，此人有定静工夫。达摩祖师在嵩山入定时，听阶下蚁斗之声如雷鸣，确有其事。

另一个故事，玄奘一个大弟子窥基法师，又名三车和尚，到终南山拜访律宗道宣律师。道宣律师守戒律，功德成就，因而有天人天女供养。窥基大师去看望他那天，天人不来了，两人只好挨饿。夜里睡觉，道宣律师整夜打坐，不倒褡。窥基大师不管这一套，倒头便睡，睡相不佳，又打呼噜。次日，道宣律师说他：出家人的规矩，不打坐也该做吉祥卧，你睡得不规矩，又打呼又乱翻身，吵了我一夜。窥基大师说：我才一夜没睡好，被你吵死了，我睡到半夜，好好地，结果你腰中有一只虱子，咬了你一口，你手伸进去，本想把它掐死，又想想，不能杀生，你就把它往地上一放，放也该好好放，那么高一放，把它的一只腿跌断了，所以它哎哟、哎哟地叫了一夜，吵得我睡不好。

道宣律师不敢说话了，真有这回事，他怎么知道？等窥基大师一走，中午，天人又来送食，道宣律师问天人，为何昨天中午不来？天人回答说，昨天中午是来了，结果看到满山满顶被五色祥云盖住了，找不到茅棚，而且祥云外面，金刚护法神很多，一定有大菩萨在这里，我们欲界天的小天人进不来，道宣律师听了简直无话可说。

为何在睡眠中，这些小声音都知道，这是什么定力？达摩祖师在嵩山入定时，闻阶下蚁斗如雷鸣，也是这个道理。

闹中听自己的呼吸声很难，同学问的这个问题就是做听息工夫，开始听脉搏跳动的声音，心脏、血液流动的声音都可以听到。有定静工夫的人，只要听到里头的声音不对了，就晓得身体哪里出了毛病。

问三：试做安般法门，六七天来情况如下：一上座，因学佛多年，自然而然，变成数息。后来系念鼻端，却不知息的长短、冷暖。后来渐渐可以配合知道了，数了三息左右，忘了系念鼻端，更忘了息之长短、冷暖，此时忽现一片强光，明知不能贪着，还是执着了。等发觉错后，再摄念，重新恢复系念鼻端，如此越搞越乱，变成在做气功，不在修持了。后来或数息，或看这一片光，越想纠正越乱，怎么办？

（师示范数息方法）

师答：如在数息中间，动了一个念头，岔了一个杂念，须重新数起，中间不准有杂念，一路做下去。陆放翁的诗，"一坐数千息"，表示一坐起码就有几个钟点。陆放翁、苏东坡这些名人，当年都是做工夫的。凡是营养过剩、血压高睡不着觉或杂念多、欲念旺的人，要计出息；有些身体衰弱、血压太低、脑神经衰弱的人，要计入息，这就是对治法门。佛是大医王，能医众生病。修行初步要懂医理，不懂医理是搞不好的。身体不好也不坏的人，可分上、下午分别各数出、入息。

上次重点在八十八结使的解脱，不是在做气功。可是讲了那些炼气方法后，大家以为得了秘诀，如获至宝，以为这就是佛法。真正的佛法是在心行，在八十八结使的解脱。这位同学有这个问题，主要在于见地与工夫配合不了，知见不明，理没有透。要知道，调息、止息不过是初步去杂念的方法而已，杂念既去，此法也用不着了。佛在《金刚经》说：

汝等比丘，知我说法如筏喻者，法尚应舍，何况非法。所以过河需用船，过了河后，把船背起来走，不是很笨吗？他的这个问题，是因为调息调过分了，等于营养过多，也会出毛病一样。

至于眼前发光，只要气息调好，气充满了，内在光明一定起来，那时晚上不用电灯，一样看得很清楚，那是气的功效，但不是道果。

三脉七轮

梵穴轮
顶　轮
眉间轮

喉　轮

心轮

脐轮

海底轮

眉间－无色界－神－无念

心轮－色　界－气－明

中宫－欲　界－精－乐
肚脐　　　　　（道家）（密宗）

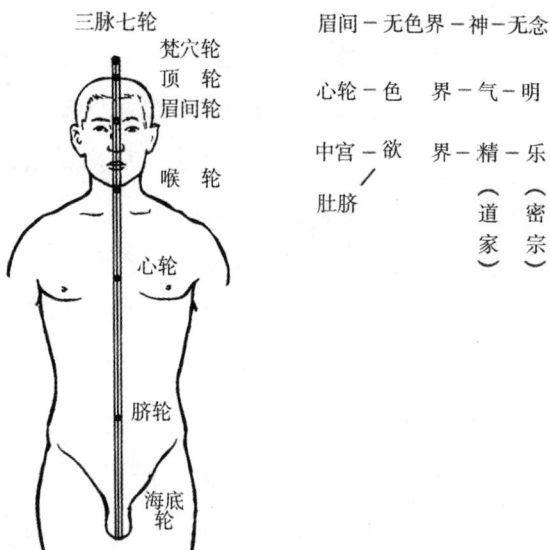

如上图所示人体，心窝以下属欲界，心窝以上至眼是色界，眉以上是无色界，与虚空合一。

道家的精、气、神，与密宗的乐（精不降，乐不生）、明、无念，也就是三界的另一种表达方式。所以佛教罗睺罗修气息的路线，是修色界的方法。报身佛的成就，是属于色界的成就，不到色界，不能成佛。未升华到色界的境界，不能成就报身佛，毗卢遮那佛是法身佛，法身是体，报身是相。释迦牟尼佛则代表化身佛，就是用。

学禅宗及其他显教方法，都是容易成就法身，但是很难成就报身，成就化身就更加难了。

息调好了，很容易产生光明境。但是光明境一来，就容易产生矛盾，那时佛学知见来了，什么着相啦、妄想啦。其实，管它着相不着相，只要忘身，也不着光明境，自然在光明中。这时如觉得不对，是因为佛学知见太多之故。在光明境中，忘了身体、四大、呼吸……一切不管，则光明变成寂静，清明寂静，又会变化另外的境界。变化以后如何，到了以后再讲。

修这个方法成就的人，都很乐观，没有忧愁，没有烦恼，其他的好处还很多。比如容易到达"波飞太液心无住，云起魔崖梦欲腾"的境界。身体会特别健康，工夫达到时，口水都是甜的，无法形容的甜，是由于脑下垂体的荷尔蒙下降，胸腺及欲界的性腺整个起了变化，这时精神健旺，但也很容易引起欲念。所以就如这一句诗："波飞太液心无住。"气太健旺，养气养得太好，如不懂佛法，不在八十八结使心地法门中下手，就变成英雄气概，"云起魔崖梦欲腾"，人都觉得要飞起来了（剑仙必须经这个过程才炼出来的）。如由此归到心地法门，则可证罗汉果了。至于道家的神仙，也是由此进去的。

问四：等公车念安般，更易炼成，对否？

师示：不对，都市的空气污染，不适合。觉得更易炼成的原因，因为人一直在散乱中，稍稍收敛，挂着念头，在感觉上说，以为较易炼成，其实这是错误的。吃饱不可以做气功，因为肠胃要清。我们学佛是走心地法门，借炼气去修是助道而已，不是专做气功。真做到了以后，道家有几句经验之谈："精满不思淫，气满不思食，神满不思睡。"神满了以后，再谈不倒褡就对了。气满时，觉得自己的身体像一股气一样，真是"云起魔崖梦欲腾"，走路如踏在棉花上，可以练轻功了。不过学佛的人，不向这方面引导，一切唯心造，心如专向那一面造作，就会变成那个样子。

工夫到达某一程度时，想要证果入定，非休粮辟谷不可，充其量吃一点水果，肠胃中不需要其他东西。出家人能过午不食，下午好好用功，多做气的修持，会得大好处。工夫有了基础后，营养与否，已没有关系。但这个中间，男女又各有不同。

问五：修十念法门，男女性的冲动很严重，构成修行的障碍，要怎么对治？

师示：一般人修行之所以不能证果，不外四个字：男女饮食。若不能转化，什么基础都没了。就算做气功，如果漏丹了，就不行。

女性月经前后，生理与气功的关系非常细密，若能修持得好，月经渐渐减少，乃至于完全停止，回转童身，男性成马阴藏相。变马阴藏相以后，欲念压力减少十分之七，其余三分很难解脱。那个时候，不是你心理上想要，不是第六意识上的动念，乃唯识所讲，阿赖耶识习气种子，那部分习气种子能转过来，就可超凡入圣了。

男女欲念用"性"，明心见性也用"性"，文字用得妙极，此"性"同彼"性"，几乎是同性，很难分别。欲念也是最后一品无明，这一品不能了，就跳不出欲界。

走修气的路子，就容易升到色界天，比欲界高一层了。从禅宗"无念"的路子修，可升无色界。但三界有偏向，单走任何一界的修法，都不能证果、不能成道。

光是炼精得乐，全身舒服无比，称为菩萨内触妙乐，每个细胞都是快乐的，最细微的快感。但必须这样才能得定，但是也很容易堕落、沉溺在欲乐的境界里。

这些都属于四加行，加行就是加工，如果加工都没加好，就不要谈学佛修道。首先是得乐，乐由精生，精不下降，乐不生。但凡夫的精一下降就漏丹，不是遗精，就是有欲念，追求性行为而走失掉。然后重新再做工夫，如此反反复复，就是凡夫境界，所以，一万个人修持，没有一个证果。

其次，气不充满，光明不起，气一充满，自然在内外一片光明中。只住在妙乐境中，会堕在欲界；只住在光明境中，堕在色界；假如走后世禅宗的空心、无念，则堕在无色界。注意！无念久了，就成无记，容易堕入畜生道中。所以宗喀巴大师在《菩提道次第广论》中，痛斥无念，认为会堕入畜类，一点也不错。

再说，不得乐不能得定；不得光明，不能生起智慧；不入无念，不能得空。然而要得空，更须具足戒定慧，缺一不可，若有偏差，则堕在三界中，跳不出去。

精气充满后，第一个反应是欲念来了。几年前，有个朋友，写了一篇《性非恶论》，要我评论。我说：性本身无所谓善恶。就像刀一样，可以救人，也可以伤人，而其本身并无善恶之分。此理一般人不易了解。性欲是个无明，但无明并不一定是罪恶，只能说是无明。无明与惑业相关联，惑业是不是善或恶，又是另外一个作用。惑业只能算是烦恼，烦恼有善也有恶。但是这一股无明的力量不来，也就不能证得菩提。这一股力量来时，如果转化不了，就成欲界凡夫。所以道家称其为"两界关"。欲念来时，翻上去就是天堂，翻下去就是地狱，确实是不容易把握的。

佛法讲了半天的戒定慧，在显教里只是点到为止，靠自己去悟；但在密教里，又是另一套说法。其实显教里也有，只是我们不会注意到。所以我特别强调《楞严经》卷四中所讲，转变物理世界，心物一元的关系，及地狱天堂之说。佛把秘密隐在其中，叫我们如法升华，如法修持。

现在继续上次的课程。

修安那般那最容易成就，因为生命的根元在气，但气也是生灭法。

大家要注意：罗睺罗修到四禅境界，这其中另有关键。并不是光修气就可达到四禅，还须把贪、瞋、痴、慢、疑等八十八结使一并解脱，才可证得罗汉果。

如果光修气，只在工夫上走，一样是外道，因为是心外求法。我发现大家都没有注意到心地法门的重要，其实工夫只是化城，不是宝库的目的地。

在隋唐时期，比丘、比丘尼、居士等，证果的很多。当时一般人修持，都是拿到一个法门，规规矩矩去修。愈到后来，佛经翻译越多，道理知道的也就越多；再加上社会环境更加复杂了，众生对佛所说的话，怀疑的本事越来越大，也就是慢疑更厉害了；对世法的贪瞋痴也越重，当然证果的人就更少了。

南北朝时，智者大师创立了天台宗，比禅宗创立得早。中国十宗中，最早的是东晋慧远法师所创的净土宗。天台宗的止观法门，初步是修息，再转到修空、假、中的三止三观。修止即修定，修观即修慧，这就是定慧双修。

天台宗以数息、调息、听息三法门来修止观，等到真得定后，马上进入"空观"。也就是说，等到呼吸调整好，到达不呼不吸，气息充满了，这时妄念少了。此时如果不走观的路，光炼工夫下去，就可以得神通，走向小乘果位，乃至走向外道的路子。

所以，此时应该马上观心，回转来观空，晓得呼吸调整到不呼不吸，身心宁静愉快即止。这时候还是一念，然后把这一念放掉，再空下去，身心都不管，叫空观。不过这个空，注意啊！还是念，所以还是在第六意识中。

因此，当我们打坐时，觉得一念都没有了，好清净的时候，这晓得清净的，也是一念。

当你知道清净时，已经不清净了，又是一念了。等于一面玻璃，你用白笔或黑笔在上面一画，也是一个东西，但你不能说黑笔是坏的东西，白笔是好东西。所以佛经上说，眼睛里，不能丢进去一点点碴子，也不能丢进去金刚钻粉，因为不论好坏，都不能丢进去。

但是止观不讲这个，这时候，你晓得清净的境界就是"有"，不过这个有是"假"有，所以"即空即有，即有即空"。至于那个道体，则空也不住，有也不住，所以叫作中道。这个"中"，采用了龙树菩萨的《中论》。所以称作空、假、中三止三观。

有时在空观的境界里入定，也可以一定八万四千大劫，我们连定八个钟头都做不到，不要说八万四千劫了。或者在空的正观上，能这样一定，也差不多了，然后再转来修有观、中观，就容易了。

修持天台宗所创止观路线，在当时很好。到了隋唐，由于证果的大菩萨、大善知识多了，教理也跟着越来越多。理越明，做工夫的人就越少，证果的人自然也就少了；再者，禅宗发达以后，到处都是禅，嘴巴都很厉害，道理都很明白，实际修行的人反而不多，证果的人当然也跟着越来越少了。

现在接着讲气，印度北传的佛教传到西藏，称为藏密。开始是红教，演变成花教、白教，再演变成黄教。黄教是宗喀巴大师创立，他的四大弟子是达赖、班禅、章嘉活佛及哲布尊丹巴。

宗喀巴大师的《菩提道次第广论》，讲修定、修观，与天台宗的止观法门，几乎完全相同，唯引用经教不同而已。天台宗的《摩诃止观》，走的是龙树菩萨大般若宗的教理，是性宗路线；宗喀巴大师走的是无著菩萨唯识法相宗的路线。

修密宗主要强调的是修气修脉，以达到成佛证果。气修不通，脉络转化不了，不能得定，就是所谓的"中脉不通而言得定者，绝无是处"。至于打坐，能坐上几天几夜，并不一定是你气脉通了，气脉通不通和打坐是两回事。但气脉通了，要坐便坐，非但可坐上几天几夜，就是睡几天几夜，站着几天几夜，也照样都能入定，入定与姿势是无关的。

现代人脑子太复杂，所以修有为功夫，也就是修安那般那法门最好，修气身体也会好，如果想借修气求得证果，要懂得医理才行，所以先要自己研究医理及医药。

　　有一些跟我多年的年轻同学，普遍都有依赖性，处处依赖老师，这里痛、那里痛，只找老师，不肯趁老师在时，多研学医理，更有甚者，吃了药后，问他反应如何，竟答不知道，像这个样子，真不知道他如何学佛修道！

　　一个学佛修道的人，是绝对自私的，要先能管理照应自己的身心。如果连身体的变化都不知道，还叫修道吗？修道要清楚身体内部的变化，以及心理的变化；起心动念，都要知道。也就是说一个人只管自己，做到完全的自私，但不妨碍别人，那就天下太平。换句话说，对自己身心内在任何一点变化，都随时要很清楚，这才叫修道。学佛之道就是先求自度、自利，这一点要注意。

　　举凡身体的变化，欲念的澄清，饮食的调理，气候的变化等，处处都是学问，都要留意。古代的大善知识们，不论道家、佛家，都是通医理。修持工夫高，他们都是从自己身体上体会出来的，也是从自己心地法门中体会出来的。不是靠书本读来。一个人一生几十年，老实讲，没有那么多时间和精力去读许多书，只要心地的宝库一打开了，就都会懂的。

　　密宗强调修气，在修气以前，这些道理先要懂得。修气修到不呼不吸，呼吸停止，密宗叫"宝瓶气"，瑜珈术称"瓶气"。人像宝瓶一样，在定境要来时，气充满了，呼吸停掉，肚子回收进去，身子自然直了，端端正正，定住了，这时舒服得很，叫你下坐都不干。

　　不呼也不吸，并不是真正没有呼吸，只是很细微而已。此时杂念没有了，过了很久，好像有一点吸进来；很久以后，又有一点呼出去，到这个境界就要修脉了。这是唐代以后密宗的说法。

　　知息冷知息暖，就是在修脉的境界，但并不是在鼻端知息冷暖，而是在身体内部，此时，在身体内部知道哪里发暖，哪里发冷，这就是后世密宗所说的脉，差不多相当于神经反应。每个细胞的感觉，哪里走得通，哪里走不通，都清楚。事实上，脉就是息的更进一步。

打坐为什么腿麻？因为腿的脉不通，下部的脉都没有通。最难通的是臀部，我们坐到后来不想坐了，有两个原因，一个是心，一个是身。通常我们不想坐了，是不是心不想坐？不是的，大部分是因气到臀部沉不下去，此时气会影响心理。凡夫的心不能转物，唯物思想家认为，人的思想受物理影响，并没有错，只是这个说法只适用在凡夫的境界上。气也是物，所以我们坐到某一阶段时，因为气到臀部沉不下去了，无形中脑神经紧张起来，心理就坐不住了，只好下座。如果气从臀部通到大腿、膝盖，一节一节通下来，要经历过痛、痒、麻、胀、冷、热，甚至两腿发烂，最后等气一走通，忽然就好了。古代修行人，修持精神很可佩，气把身体内部的脏东西逼出来，逼到身体都烂了，他们也能把色阴看空，毫不在乎。现在的人有福气了，只要吃消炎药，打消炎针就行。

待气到了足心，才能谈得到三脉七轮。气脉打通了，准可得定，得哪种定？定有百千三昧，每种不同，而我们却以为只有一个"禅"。所以说，为何禅宗以后更无禅，禅是真误了不少人。

真正把中脉打通了以后，一坐一定，闭着眼，满天星斗看得清清楚楚，密宗所讲的是真事。那个情境就像太空船进入太空的境界一样，这就是宇宙的奥秘，生命的奥秘。上次太空船进入太空的整个过程，每一秒我都留意其变化，注意宇宙间的法则，是否和人体是一样的，结果发现完全一样。由此更证明，佛法显密所说的修持经验，一点都没有错，错在我们自己不用功，没有修证到。

第十一讲

我们的课程已进入第五个礼拜的第二次了，实际修证的资料，因时间的关系，无法在这里做仔细研究，要大家自己去研究，光听而不研究是没有用的。

我们开始所讲的，是关于学佛见地方面；后来偏重于修证做工夫的事相。特别要注意的，是十念法中，修出入息的方法。这个修出入息的方法，因个人生理、心理的差异，而有所不同。佛说的念安般是大原则，当然每一句话，内容都很复杂，若能修好，绝对能做到健康长寿。若做不到，则是因为不得法，或者没有恒心。有了初步的修持，再进一步得定，发智慧、得神通，也都绝对能做到。至于详细的方法，当然不简单，密宗的修气、修脉、修明点、修拙火四部，都是修安般法门发展出来的。

先不谈悟道成佛，光说修养工夫，应参考孟子的养气原则，还有吕纯阳的《百字铭》，"养气忘言守，降心为不为"，也非常重要。吕纯阳是道家，也学禅，他在《百字铭》中，把修证的事相，尤其炼出入息成就的步骤，都包括在内了，很值得研究。当然细则很多，非依明师不可，没有过来人指导，会走很多冤枉路，如由有经验的人点一句，则事半功倍。

前面所有关于修持法门的讨论，都属于四加行的范围。修气的法门与心物的关系，因时间不够，暂时摆下不谈。

现在再介绍中国学佛的修持路子。

前几次谈到自东汉以后，到了南北朝、隋唐之间，修行有成就的人很多，尤其是隋唐以前，走的都是小乘的修持法门。后世有一个毛病，一听小乘就看不起，这也是颠倒因果。我也再三地说，学大乘没有小乘基础，根本就不必谈，等于小学基础没打好，怎么读大学呢！唐宋以后，禅宗兴盛了，证果的人却越来越少，而说理的越来越多，直到现在，都是如此。一般人动辄参话头、参公案，或者观心、默照，统统叫它是禅，这都是笑话，都在颠倒因果。

东晋时代，大小乘经典源源滚滚，都向中国介绍而来。经典的翻译很多，教理越来越发展，对当时做工夫的人不无影响。尤其是鸠摩罗什翻译的《法华经》《金刚经》，影响中国之大，无与伦比，《维摩经》亦然。

东汉以后，魏晋南北朝这三百多年间，是中国文化学术，以及哲学思想最辉煌蓬勃的时期。在形而上道方面，比春秋战国的百家争鸣还高明。不过很可惜，一般学佛的人，只懂佛学这一面，南北朝的历史未加研究，只晓得那时"清谈误国"，至于清谈了些什么，误了国没有，并没有真正了解。实际上，清谈不曾误国，倒是当国者误了文化，所以读历史不可人云亦云，要自己真做研究。

在这个时期，达摩祖师来了，当时修道证果的人很多，都是用小乘禅定的路线在修持，都是有为法门。虽然方法都对，但欠缺把有为变成无为形而上道的转节。一般大师们，如鸠摩罗什法师，虽然传了佛经，对于形而上道的翻译，也介绍得那么高深，但他修持所走的路线，还是小乘禅观的法门，也就是十念当中，念身的白骨观，或不净观这一类法门。当时，在很难追求形而上道的时候，达摩祖师来了，成为禅宗的开始。

严格来讲，禅宗是心宗，所以达摩祖师指定以《楞伽经》

印心。《楞伽经》的宗旨，一句话：

> 佛语心为宗。

心字的问题出在这里，后来的明心见性，一切都误在这里。达摩祖师当时指出了两个方向，一个是"理入"，一个是"行入"。

理，不是普通研究道理的理，是从止观、观心的理论方面修持，进而悟道。行入包括十戒，以及菩萨的行愿，也就是在做人处事中，注意自己起心动念的一点一滴，以此证道、悟道。禅宗的宗旨，特别注重行入。但后世研究禅宗的人，有一个很大的错误，就是将禅宗指导学人轻快幽默的教授法，当成了禅。比如这个来一喝，那个来一掌，尤其以为禅宗是见花而悟道的。殊不知那都是教育法的一种偶然机用，不是禅的真正中心。真正的中心，是达摩所提出来的行入。

参公案是把古人悟道的经过，仔细研究一番，然后回转来于自己心地上体会。应该怎么走？如何才能相符？都要会之于心。二祖去见达摩祖师时，把自己膀子都砍了，他这样精诚求道的事迹，我们都晓得，但却极少有人注意到，二祖在出家以前，学问已经非常好，是个大学者。他在山东一带讲《易经》，信仰他的人很多。后来，他觉得这个学问，并不能解决宇宙人生的问题，等到再看了《大般若经》以后，他认为宇宙人生的真谛在佛法中，于是就出家了。

二祖出家后，在河南香山打坐八年，修了八年禅定。后世因无法获得资料，所以二祖当时修定所走的路线，是修气抑或观心，不得而知。这里要注意，修禅定八年，太不简单了，又具备了第一流的学问修养，后来又跟随了达摩祖师好几年。书上记载二祖来看达摩祖师，在雪中站了三天三夜，达摩不理，反而对他说，佛法是旷劫精勤的无上大法，在雪中站几天求法就行了吗？二祖于是把膀子给砍了下来。后世有人研究，好像觉得达摩祖师要求得很不合理，事实上，从前那一代人的宗教热忱，求法的情操，不是我们后世人所能了解的，《高僧传》中也随处可以看到。我年轻时，亲眼见人修持求法，燃指供佛、刺血写经等事实。像这种情形太多了，依现在人讲，这是愚蠢迷信，不知是我们愚还是他们愚？古今时代不同，不要轻易对古人下断语。

后来达摩祖师问二祖：你要求什么？他当时又饿又痛又冷，只说：如何是安心法门？如果是我们就会问：老师，我就是念头去不掉。二祖还远胜于我们，他已打坐了八年，再加上以前的用功，他不说念头清净不清净，问的是安心不安心，这个问题大了。

《指月录》是一部大奇书，太好了，但难读得很，要像看电视剧一样，活看。这一段描写二祖向达摩祖师求法时，达摩祖师面壁而坐，待二祖把膀子砍下来时，达摩当然拿药给他敷，包扎一番。若说绝对不理，那就不叫达摩祖师了，也不是佛法了，这中间细节没有记载。立雪、砍膀子、求安心法门的时间，并不在一起，各是一回事，书上硬是把这三件事连在一起。

"安心"是什么意思？安的是什么心？二祖这时膀子也砍了，又冷又饿，他的心当然不安。所以达摩祖师答他：你拿心来，我给你安！这时达摩祖师把印度人的大眼睛一瞪，一把粗胡子，一定把二祖给吓住了，这一骂，神光的魂都掉了。不是他胆子小，这个疑问太大，答案又太奇，搞得他心都掉了，魂也飞了。然后他说：觅心了不可得，找不出来。达摩祖师说：我已替你安好了，就是如此。

二祖跟了达摩祖师几年以后，达摩祖师告诉他："外息诸缘，内心无喘，心如墙壁，可以入道。"走修证的路子，不管大乘、小乘，不管哪一宗，在家、出家，凡是修持的人，非照这几句话走不可。

"外息诸缘"，外界一切环境都要丢掉，我们学佛修证不成功，就是这一句话做不到。我们的心都是攀缘心，这件事做完了，又去抓那件事，事情永远做不完，外缘也永远息不了。

"内心无喘"，就是十念中念安般法门里头，做到不呼不吸，进入四禅八定的境界。

"心如墙壁"，内外完全隔绝了，外界任何事情心都动不了，也没有妄想出现，也无妄念起来。

注意，做到这样就可以入道了，可以去证悟菩提，可以去证"道"。

达摩祖师告诉二祖这一句话，应该是在问安心法门之前的事。达摩权衡二祖的禅定工夫，再教他禅定的路线。二祖问此心不安，应该是在工夫做到了以后的事。为什么？假定一个人做到了"外息诸缘，内心无喘，心如墙壁"，敢说自己成佛了吗？心安了没有？悟道了吗？这时究竟什么是佛？什么是菩提？还是搞不清。所以此心不得安。

后来二祖传法给三祖，交付衣钵以后，比济颠还有过之，到处吃喝乱逛。像他这样大名鼎鼎的学者，出家以后专心用功，达摩祖师又付法印给他，等他交出衣钵后，晚年的生活完全不同，又喝酒，又在花街柳巷到处乱跑。人家问他：你是禅宗祖师，怎么逛到酒家去了？二祖讲了一句话："我自调心，何关汝事？"

问题来了，他求的是安心法门，达摩祖师一接引，把安心法门给他，但是到了晚年他还要去调心，此心尚不得安，可见二祖所讲禅宗安心，这个心，到底是个什么东西，仍是一个大问题。没有成佛以前，谁的心都不能安，包括罗汉、菩萨，都没有究竟安心，除了大彻大悟，谁都不能安心。

拿现在学术思想来讲，唯心思想与唯物思想，两者在争战。我们晓得心物是一元，究竟心怎么样能够造成物，如果不到成佛的境界，谁都下不了结论。所以，在理上尽管谁都会讲，事实上心却安不下来。

这就是禅宗。从此以后，禅宗事实上几乎等于没有了。

我们后世研究禅宗，都注意南宗六祖这一系，不把南北两宗连起来研究。四祖时，正是唐代要开新纪元的时候，也是玄奘法师到印度留学，快要回来的时候。那时，禅宗还没有大兴盛，仍是单传，一个人找一个徒弟，来继续挑这个担子，使法统不致断失。到了四祖以下，造就出来不少弟子，后来唐朝几个大国师，乃至华严宗、天台宗的祖师，都是由四祖这个系统下来的，比六祖系统的辈分高。

唯识、法相等经典，经由玄奘法师介绍过来后，佛法的教理更趋完备。后来的临济祖师，也是唯识宗的大师，不是光学禅的，曹洞祖师亦然。他们通达各种教理，不像现在我们一般人，不去研究经典教理，只拿个话头就自以为懂禅了。从前的大祖师们，是在三藏十二部都通彻了以后，再抛弃教理，走简捷的法门，一门深入。正如《论语》所讲的"博我以文，约我以礼"，由博而约，先博学，待通达以后，再专门走一条路。

到了五祖的阶段，就是唐太宗时期，禅宗是单传，在文化上并没有占太大分量。不久，天台宗渐渐出头，当然最普遍的还是教理。接着玄奘法师回来，造成佛法之鼎盛。唐宋时候，第一流人才，第一流头脑，往往致力佛法。现在第一流的头脑和人才，都到工商业界去了。所以现在怎么会有佛法？时代完全相反了。那时学佛学禅是时髦，等于现在研究科学一样，风气使然，教理盛极一时。而领导者唐太宗，也非等闲之辈，诗好，字好，武功好，佛学也好，样样好，他为玄奘法师所写的《圣教序》，就决非他人所能替代。

禅宗的鼎盛时期是中唐以后，晚唐到五代之间。当时佛学的理论，发展到最高峰，而六祖的禅，刚刚凑上了时代。那时唯识、法相、华严，各种佛学的理论普及于社会，差不多读过书的人，都会谈几句佛法。这时，小乘的修持已经看不上了，都走大乘的修持方法，但又找不出一个路子；于是达摩祖师所传的禅宗心印，直指人心、见性成佛的法门，到了五祖、六祖时，即应运而出。

达摩祖师初传的修持方法，理论上教大家注重《楞伽经》。到五祖时改变了，因为《楞伽经》的学理太高深了，为了容易证入这个法门，改用《金刚经》。其实在四祖时已经开始了这个方法，到了五祖、六祖更盛而已。《金刚经》讲性空之理，非常简化。这时佛学的理论，似乎走到金字塔最高峰，钻不出来了，如何与身心平实地打成一体？如果立刻求证，反而成为很难的事。因为依照教理来讲，一个凡夫想要成佛，须经三大阿僧祇劫，遥遥无期，怎么修证呢？

大乘经典一流行，觉得小乘法门不足为道。而禅宗的直指人心、见性成佛，更迎合了时代的需求，到了六祖时代达到了巅峰。

六祖的禅宗，从南方广东开始。那时的南方，是文化落后地区，而佛教鼎盛，原本是在中原。大国师、大法师们，都在中原地区西安、洛阳一带。六祖在落后的南方，因为用口语来传布佛法，就很容易普遍流行起来。

仔细研究《坛经》，六祖还是很注重"行"，仍是从"行"门而入。不幸的是，自从《六祖坛经》与大珠和尚《顿悟入道要门论》等流通了以后，佛学与禅就完了。大家都晓得心即是佛，可是怎么样是"心"呢？都没有着落。所以有些人不信宗教，以为自己虽没有做好事，但对得起良心，就是佛了。至于"心"是什么？就不管了。毛病就出在这里，所以这次讲课，不包括《六祖坛经》在内，但可作为参考。

因为这个"心即是佛"的流弊，而产生了宋代理学的发达。理学家所表达的，倒是一副禅宗的姿态，是从"行"门来的禅宗，而其讲人天之道的行持，又等于佛家的律宗。唐宋以后老庄思想的道家，则等于佛家的禅宗，是解脱路线的禅宗。这三家的相互关系，极为微妙。

直指人心、见性成佛的理，越说得明，佛学则越加暗淡，修证工夫越发没有着落。其实，大而无当，还不如修止观，做观心法门，还可能拿到半个果位。走小乘到底还可以求证，大乘菩提则另当别论。

再说，禅宗提倡了《金刚经》以后，因为《金刚经》讲性空，容易导致狂禅，理解上虽很容易通，但对求证则没有帮助。

禅宗的书，以《指月录》为最好，它集中了禅宗各种书籍的要点，包括了见地、修证、行愿。我在台湾出版《指月录》时，因销售不佳，只好论斤卖给屠宰业，用来包猪肉，这是另一段插曲。真要研究禅宗，把《指月录》搞通就够了，不过教理要熟，而且要有修证的底子，不然很多地方就看不通。

后世一提禅宗，就是参话头。其实，禅宗真正注重的是见地。比如沩仰宗的仰山禅师，被称作中国佛教的小释迦，他是晚唐、五代时人。《指月录》记载："有梵僧从空而至，师曰：近离什处？曰：西天。"又此梵僧说："特来东土礼文殊，却遇小释迦。"于是送了仰山禅师一些梵书（贝多叶），向仰山作礼后乘空而去。从此以后，大家就称他为"小释迦"。从空而来请益的西天罗汉，不只一次，因有门人见到追问才知。

仰山跟随沩山参学时，有一天，师父问徒弟说：《涅槃经》四十卷，多少是佛说，多少是魔说？仰山说：师父啊！我看都是魔说的。沩山听了很高兴说："已后无人奈子何。"仰山又问师父："慧寂即一期之事，行履在甚么处？"意思是我话虽说得对，此心还是不安；一期之事我是知道了，见地上我到了，境界也有一点，但是，什么是我的"行履"呢？

行履包括心理的行为，做人做事的起心动念，履字也包括工夫。沩山回答他一句名言："只贵子眼正，不说子行履。"换句话说，只要你见地对了，不问下面的修证工夫，因为见地对了，修证一定会上路的。就怕我们见地错了，工夫再做得好，行履也是错。

因此，后世误传为禅宗注重见地，不重工夫。其实每个祖师都是见地、修证、行愿等持，差一点都不行。沩山的这句话，是天才的师父，对天才的徒弟说的，我们并不是仰山，这话对我们不一定适用。

后世学禅宗，大多是在六祖、马祖、二祖等几个前面逛一下，对后来的五大宗，诸如临济、沩仰、曹洞、云门、法眼等，都不曾研究过，这样哪能算是学禅呢？

比如临济的宗旨，讲"三玄三要""四料简"，这是教育法，也包括了见地、修证、行愿。临济说："我一语中具三玄门，一玄门中具三要义。"例如"茶"一字中，具三玄门，一玄门中又有三要义，不是光讲理论。又如大慧杲一句话下面，作四十九个转语。

"四料简"，料是材料，简是选择。四料简有宾主，有方法。但古人不讲这个方法，而要靠自己去悟；如果讲明了方法，呆板地一传，大家就执着了。众生本来的执着已解脱不了，再加上方法的执着，非下地狱不可。

四料简中，什么是宾？什么是主？比如一香板打下去，啪一声，香板下面什么都没有——念头一板子空了，没有了，如果能永远保持这样就不错。用香板的方法，一语道破，那就是"吹

145

汤见米"，知者一笑，这是骗人的玩意儿。但也不骗人，把我们的意识妄想，用一个外力截断，使我们经验到达平常所没有经验过的清净。如果以为这就是明心见性，那就大错特错了。但由这点影子也可以悟进去，这时要用般若，香板那一拍里头，透脱一悟，那叫禅。这就是临济的四料简——有时"夺人不夺境"，工夫到了清净的境界。有时"夺境不夺人"，工夫进步了一点，希望你再进一步，那个境界不是的，把它拿掉，你还是你，叫我们自己去参究。有时"人境两俱夺"，把你搞得哪一头都不是。但是，这个方法不能用，正如禅宗古德所说的，如果真提持禅宗，旁边半个人都不跟了，法堂前草深三尺，没有一个人来。

我在峨眉山曾用人境俱夺，接引过一个出家人，一脚把他踢昏了，躺在那里不动，醒来后，叩了三个头，高兴地跳起来走，从此居山顶，住茅棚去了。

也有时候"人境俱不夺"。

临济禅师并不只讲教育法，做工夫也在这里头。有时候工夫做得好，心里什么杂念也没有，清清明明，空空洞洞，那个是"夺人不夺境"。你还是你，坐在那儿，不过心里空空洞洞，这是第六意识的境界。夺人，人不动；不夺境，有一个境界。当然这境界还是会变，为什么？因为它是宾，不是主，客人不会常住的，怎么不变？这就是禅宗的秘密。但我们初步，必须让宾做主，让这个境界保留越久越好，只是不易做到。

"夺境不夺人"，这就难了。我可以大胆地说，在座没有人能做到，因为见地还没有到，所以修持、行愿也都不到。

有人问，本来清清明明的，这两天却静不下去了。我说学禅为什么不自己去参究呢？此时，夺境，境没有了；不夺人，人依然在这儿。是宾？是主？是宾中主？还是主中宾？主中主？或是宾中宾？

有时用调息，有时看光，法宝多得很，祖师们在书中都教了，不懂可以问我，高段的教法不懂，可作落草之谈，循序以进。

做气功、修定，就是让宾做主。四大不调，身体不好，气脉是宾，让身体摇摇。如果强作克制，对健康并不好；等身体调好了，宾就可以不用了，由主来做主。

念头也是如此，有时降伏不了，就念念佛，再没有办法，就唱歌吧！调心就是如此，此心难调伏的。有时工夫刚刚好一点，接下来情绪便坏得很，这时只有让宾做主了，主人家暂时搬位。

有些人学佛做工夫，充满了矛盾，气脉来了，怕执着，所以想把它空掉；气脉没有了，又想打通任督二脉。光明发现了，怕着魔；没有光明嘛，又想：怎么一片无明呢？等到空的时候，又想：我恐怕又落顽空了吧。放心，你尽管顽空，我几十年来还没有看到过能顽空的人。顽空者，顽石不灵，什么都不知道。

就这样，处处矛盾，没有办法。气脉来，干脆搞你的气脉，宾做主，没有错。气脉来时，每个部位都是痛苦的。痛就痛嘛！这是你的，是客人的，不是我的，这时我不做主，让宾做主。你越看它，这个身体就像小孩一样，"孩子看到娘，无事哭三场"，越管它，它越痛得厉害。你不管它，它就乖了，真做得到，一下就成了。可是人就是不行，气脉一来，总爱去引导它，都在色阴区宇里头转，道理都讲得很好，事情一来就统统迷糊了。

参话头是没办法中想出来的办法，那不是禅。还有"默照"，闭起眼睛，看着念头，心里很清净地坐一下，宋朝大慧杲骂这是邪禅。《楞严经》上有句话：

内守幽闲，犹为法尘分别影事。

因为没有明理，以菩提大道来讲，当然是邪禅；明了理、悟了道的人，默照也是禅。这是临济禅师的照用，同时是照也是用，但是一般人不知道，光是静默地守在那里，这种默照就成了邪禅。

仰山问："如何是真佛住处？"沩曰："以思无思之妙，反思灵焰之无穷，思尽还源，性相常住，事理不二，真佛如如。"

仰山在这个时候，才大彻大悟，沩山可没给他一个耳光，或者踢一腿，而只是跟他讲道理。

"以思无思"，禅宗叫作参，佛教称思惟修，把理穷通透顶，到达无思之妙。这时那个能思、能觉的功能起来了，各种神通妙用，也就都起来了。

"思尽还源"，心意识思想的作用，退到那个本来去了，"性相常住"，然后性相现前，守宙万有的现象，都摆在本位上，没有动过。"事理不二"，工夫就是理，理就是工夫，这时"真佛如如"，就同佛的境界。

仰山因为师父这几句话，他就悟了，悟后执侍服勤十五年。十五年中随时随地在追问师父修行的经验，随时在求证。十五年后，再去传教，做大方丈。

为何这几句话能使仰山大彻大悟？我们自比仰山，体会看看。

第十二讲

　　上次谈到，一般人提起禅宗，就提到参话头。其实，参话头是禅宗发展到宋元之际，不得已而产生的一个办法。怎么叫不得已呢？因为唐宋以后，走修持路线的人，能真正证果的，实在太少了，主要原因就是禅宗的流行。尤其到了宋元以后，口头禅太多，嘴上讲道理个个会，打机锋、说转语，个个行，但是离禅却越来越远，因此产生了参话头。

　　所谓话头就是问题、疑问。比如："生从哪里来，死向何处去？""父母未生我前，我在哪里？""狗子还有佛性也无？""什么叫佛？"云门祖师答曰："干狗屎。"为何云门祖师这么说？又比如："无梦无想时，主人公何在？"你说："我睡着了。"那么，睡着时，你在哪里？这时如果有人一刀把你杀死，你到哪里去了？

　　这些问题分成两种，一种是"有义语"，有道理可解释的；一种是"无义语"，没有道理可解释的。参话头是拿你平生最怀疑的问题来参究，不要管佛学字面上的解释。这也就是止观法门，但比普通的止观好，因为所有的怀疑集中到一点。什么妄想都起不来，一个问题没有解决，其他都解决不了。

　　在过去禅堂里，有些人参话头如疯了一样，参到什么都不知道，什么妄想杂念都没有了，专一话题，就是止。等碰到一个机会，突然打开了以后，这个问题整个解决，这就是观。

但参话头流行了以后，禅宗就更衰落了。当年在大陆，因参话头而得神经病的很多。现代人脑筋太复杂，问题已经太多了，若再加上参话头这桩事，不疯才怪！

真正的禅宗很简单，五代以前的祖师，就是用"直指人心，见性成佛"作为观心的方法，人人做得到。初步先晓得人有思想、有念头，比如别人讲话，我们听到话，这是一个观念，一个念头，这个念头随着别人的话讲过了，我们听的作用也过去了。

我们静坐时观心，这个"心"，不是明心见性的心，这个心代表思想，以及烦恼的念头。这个念头一来，比如：阿福下午要来看我，三点钟来，我准备请他上咖啡馆。这样正是三四个念头过去了。算了，请他喝杯茶就可以了，或者吃一碗担担面。不来最好了，太麻烦，我又没钱……念头一个个跳来跳去，这个心就是这个样子。

我们要看清楚，当前面一个念头跑掉，而后面一个念头还没来时，中间有段空空洞洞的，保持中间这个空，就叫观心法门，这样就先做到了第一步。

念头是生灭法，佛经上说：

> 诸行无常，是生灭法，生灭灭已，寂灭为乐。

行就是一切作为。心里的作用也是行。大家打起坐来，收摄六根，观察这个念头，不要压制它，也不要做工夫，只看到这个念头过去了。比如念南无阿弥陀佛，一声南无阿弥陀佛，它不会停留住，念念迁流。前一个念头流走了，后一个念头还没有来以前，这个中间就是"现在念"，现在念本来没有，清清净净，能够这样，越持久越好。拿教理来讲，就是观空法门。

中间这一段空，天台宗及禅宗，称其为三际托空。前际的念头过去，后际的念头没有来。现在这个念头，当下是空的。比如我们讲"现在"，立刻过去了，没有了，当下就空了。《金刚经》

上说：

　　　　过去心不可得，现在心不可得，未来心不可得。
中间是空的，如果讲一个中际，立刻又落入一个前际。

　　学佛走的路子有两个：一是加，一是减。使你空掉就是减，其他宗的修法，如密宗修法都是加。密宗修法时，自己前面摆供灯，还要香花啦、水啦、果啦，一天忙到晚。然后戴上帽子，穿上法衣，坐在那里观想佛像，嘴里又念咒，手上摇铃，握杵，放下来又结手印，搞了半天，一身大汗，三个钟头过去了，然后放下休息。

　　密宗的修持方法很多，想发财，有财神法；要升官，有升官法；要儿子，有送子法；要早点死，有颇瓦法。给你加上半天，加累了，只好休息，还是三际托空。

　　现代人心太复杂，空不掉，只好用加法，加到你挑不动了，只好放下，就成功了，就是这个道理。

　　禅宗既不给你加，也不给你减。要我们看清楚这个心念，本来空的，还要找什么！何必要找个明心见性呢！我们本来很明的，因为有个佛法，反而把我们弄得不明了，不要找，放下来就是了，很简单，很自然。

　　三际托空就是禅吗？不是的。什么道理？因为这时只是意识状态把它空掉。其实只要上座以后，大声地"呸"一声，就没有了，空了，这是密宗的大法门。我当年学这一声"呸"，花了十几万块，方法是：第一步先坐好，端正、调息，"呸"一声，完了。

　　当然我们不行，"呸"一下，只是几秒钟没有念头，过后念头又来了，来了再"呸"！后来就不行了，再"呸"也赶不走了，这就是凡夫。世人爱假不爱真，"莫将容易得，便作等闲看"。

上面这个道理，就是"应无所住而生其心"，六祖因这句话而悟道。举个例子：我们听到别人讲话，心不是生了吗？话听完了，我们的心也就丢开了，本来"无所住而生其心"嘛，何必守个心呢！

如果能做到念念看清楚就行了，不须修个什么气功，打个什么坐，求个什么道。有本事的人就那么信，没有本事再来！初步能保持三际托空的境界就好了。

《指月录》卷七记载，有位楼子和尚，有一天从歌楼下走过，听到楼上有人唱歌声道："你既无心，我也休。"当时他正在系鞋带，听到这句歌声，就悟了。悟了什么？我们本来无心，每一句话讲过了，都没有留在那里，你既无心，我便休，算了！也是空的道理。

三际托空虽然还没到家，但将三际截断，一直保持下去，也几乎没有人能做到。原因是对"能"与"所"，认识不清楚，这个问题，以后介绍唯识时再谈。

其次关于参话头的问题，这个时代，参话头实在不合适，还是走观心法门，比较平实、容易。要用参话头的方法，不如修止观、修定。其实悟后的人，没有悟的人，都可以起修，这个问题，到做结论时，会告诉大家。

不过，参话头也有参话头的好处，以前我的老师袁焕仙先生，在四川闭关时，与我谈到这个问题。他说当时打七的人真可怜，禅堂中一百多人，打一百天禅七，三个多月不能说话，同时也没什么道理可听，真不得了。而后我的老师给我看几首"香艳体"的诗，说念佛参禅照这个方法讲最好，其中一首是：

漫言楚汉事由天　儿戏功名本偶然

且付河山鞍辔外　一鞭红照出风前

学佛用功，要有皇帝都不当、天下都可丢的气派。学佛的人口口谈空，步步行有，名、利、儿女、妻子，一切都要，一个都丢不开。"一鞭红照"，是学释迦牟尼佛半夜偷走，骑匹马去出家的行径。

> 去马声从竹外过　谁家红粉照颜酡
> 传车几度呼难去　绝妙相关你我他

这就是艳体诗，描写有家小姐非常漂亮，把人迷住了，站在那里傻了——形容参话头，真用功到了"绝妙相关你我他"就好了。"你"就是话头，或者一句阿弥陀佛，"我"坐在这里，"他"妄念又来了。说不打坐嘛，觉得满有味道，实在有一点影子，有一点工夫来了。说入定嘛，定不下去。那么不定下去，不修好了，不修又舍不得，是有一点影子。可是修嘛，妄念又截不断——"绝妙相关你我他"，怎么办？

我们都在这里头转，不一定是男女之间，世间的事总丢不开。再过两年、三年，儿女都安排好了，再来修吧！这也是"绝妙相关你我他"。丢嘛丢不掉，道理上晓得应该丢，要走了，后面也在叫：起驾了。有些人学佛，爱到处听课，叫他好好用功嘛，又不上路，也是"绝妙相关你我他"。

> 肩舆排共柳溪东　剑影钗光乱夕红
> 多少游丝羁不住　卷帘人在画图中

三际托空也是这个境界，这时所有的妄念跑来跑去，留不住了。当时好像是悟了，又没彻底；不悟嘛，的确有点味道。就像我们把窗帘拉起来，只能看到那边的人影，看不到真人。说没有，是他，但是你又把捉不住，"卷帘人在画图中"。

参话头能到达这样是初步，但仍属于意识状态。为什么？因为还有一个"你"，你晓得身体坐在这里，身体就是一念，五阴都是一念，你能够了意识的这一面，三际托空清净，但是你的感受状态还在，解脱不了。

什么气脉流通啦，河车在转啦，就是感觉状态在自我捣鬼，没有把五阴一念空掉。

有许多人修到很清净，但身体一身是病，说他没有工夫嘛，很定，心里空空洞洞，但几十年连病都转不了。真到临死时，那一念空不了，就跟着昏沉下去，那么他所得的一念清净，老实说是唯物的，是随着身体健康来的。这样靠得住吗？不可能。

上次大略讲到临济禅师的四料简，现在再加以说明。临济禅师的四料简，是教育方法，也是我们用功和了解自己的方法，同时是告诉我们三乘——声闻、缘觉、菩萨道的修持方法。

"至晚小参曰：有时夺人不夺境，有时夺境不夺人，有时人境两俱夺，有时人境俱不夺。克符问：如何是夺人不夺境？"

克符是辅助临济开宗的，临济当时只有三十几岁，不敢开宗。黄檗说：你去，自有人帮忙。一个克符，一个普化和尚，都是临济的老前辈，都是悟了道的。

这两个老前辈给他当辅导，故意问错话，临济棒子就打过去了，两人乖乖地挨打，大家一看，两个有道的人都听他的，自然没有话说，这样就把临济禅师给捧出来了。所以学问道德高，没人捧还是没有办法，矮子是要人抬轿子的。

克符看这一班人不吭一声，就只好故意问了："如何是夺人不夺境？"

师曰："煦日发生铺地锦，婴儿垂发白如丝。"这是当时的教育，出口成诗，在当时还算是白话的。什么叫"夺人不夺境"？比如"呸"的一声，三际托空。做得好的人，身体都忘了，很清净地在那里。我们当中也有些人，瞎猫撞到死老鼠。这堂课是讲给有这种经验的人听的，这是四加行里头比较中心的。人忘了，境界还是有，工夫真做到这样，不论是道家、净土、禅宗，都不容易。

这个夺人的境界，如春天的太阳，照在万物上，生机蓬勃。人的外形尽管有衰老，自性的清明却没有动过，永远保持这个境界，这是夺人不夺境。由凡夫到小乘定的境界，守住一个空，形体尽管变动，这个东西没有变。

符曰："如何是夺境不夺人？"师曰："王令已行天下遍，将军塞外绝烟尘。"境界没有了，我还是我，山还是山，水还是水，这时心中没有烦恼、没有妄念，即百丈禅师说的"灵光独耀，迥脱根尘"，自性本性，清明自在，一个命令下去，整个天下太平。心里头没有战乱，没有念头，但是我还是我，没有境界。这时才真算有点入门的样子。

符曰："如何是人境两俱夺？"师曰："并汾绝信，独处一方。"每句话都答得很够文学气味。时当晚唐、五代，军阀割据，山西、河北各据一方，彼此交通封锁，不相往来，内外隔绝了。各人独霸一方，也就是小乘罗汉境界，只守着一个空，如达摩祖师告诉二祖：外息诸缘，内心无喘，心如墙壁，可以入道。这是人境两俱夺。

符曰："如何是人境俱不夺？"师曰："王登宝殿，野老讴歌。"我还是我。像我们，学了几十年佛，搞了半天，一点境界都没有，这也是人境俱不夺。可见临济禅师的这个人境俱不夺，不是凡夫境界，而是佛，是大彻大悟，一切众生本来是佛，一切现成，不要修的。

临济禅师的日常教育法，也不外这四句的范围。有时某人学问特别好，到他那儿，他却说："不是的"，把你驳得一点理由都没有，使你觉得很窝囊，这就是夺境不夺人。

有时又说你学问蛮好，可惜工夫没有到，还是挨骂，这也是夺境不夺人。

有时两样都不是，搞得你没路走，人境两俱夺。

有时揍你一顿，人境俱不夺。

临济宗的教育方法，灵活而不固定。

我特别要提醒大家，禅宗是有流弊的，所以大家要同时参考天台宗的修持方法，以及密宗黄教宗喀巴大师著的《菩提道次第广论》，还有永嘉禅师的《永嘉禅宗集》。

这位永嘉禅师，把天台宗与禅宗的精华加以综合，明白地指出，由凡夫到成佛，一定要修到"三身成就"——法身、报身、化身圆满。

证得法身，有断德，能断除一切烦恼、一切习气。

报身也叫自受用身，自己受用。比如我们有一个身体在，是因法身的无明而转化所生，是报身。如果悟了道，修成功了，就转成自受用身。自己具有五种神通，智慧圆满，有五种妙用。有智德，有大智慧福报。

化身是他化二身，为一切众生化身千百亿，教化度人。他化二身有大恩德，大慈大悲。

永嘉禅师又说："法身不痴即般若，般若无着即解脱，解脱寂灭即法身。般若无着即解脱，解脱寂灭即法身，法身不痴即般若。解脱寂灭即法身，法身不痴即般若，般若无着即解脱。"

当我们修证法身时，要注意，不要痴迷，许多人执着空的境界，人我皆空一直定下去，往往会贪恋其中。憨山大师讲"荆棘林中下脚易，月明帘下转身难"，在清净境界里，做不到转身入世。所以做到法身不痴，就是般若，是大智慧。

永嘉禅师在《永嘉禅宗集》中，分十章来叙述见地、工夫与行愿，其中第八的《简示偏圆》，及第九的《正修止观》两篇，尤其须仔细研究。

《指月录》卷六，圭峰禅师作《禅源诸诠集都序》曰："禅是天竺之语，具云禅那，此云思惟修，亦云静虑，皆定慧之通称也。源者，是一切众生本觉真性，亦名佛性，亦名心地。悟之名慧，修之名定，定慧通明为禅。此性是禅之本源，故云禅源，亦名禅那。理行者，此之本源是禅理，忘情契之是禅行，故云理行。然今所述诸家述作，多谈禅理，少说禅行，故且以禅源题之。"

懂得这个道理叫禅理，忘情是没有妄念，没有烦恼，心空了。情代表情绪、妄想、妄念等等。契之是证入。

唐末禅宗的情况，已流于多说禅理，少说禅行的趋势，所以今天随便讲禅宗，那更不是禅了。自唐宋以后，毛病已出来了，圭峰禅师看不下去，才作《禅源》这本书。

"今时有人，但目真性为禅者，是不达理行之旨，又不辨华竺之音也。然非离真性别有禅体，但众生迷真合尘，即名散乱。背尘合真，方名禅定。若直论本性，即百真非妄，无背无合，无定无乱，谁言禅乎？"

有些人只晓得明心见性的道理，却根本不懂这个道理是要实证的。

在《指月录》这本书中，记载古代禅德，如何见道，如何修持做工夫，如何行愿，统统讲了。前人留给我们的法宝太多，只是我们自己没有用功，没有去看，更没有去研究，自己智慧没有开发，所以看不出宝藏嵌在泥巴墙壁上。每个有成就的人都很慈悲，把东西留下来给我们，希望能帮助我们学有成果。

古人观心的路线，所谓三际托空，是很简单的。打坐时，什么工夫都不要用，只要能够在前念过去，后念未起时，保持中间这一段空，就行了。由这个起修，自然会了解释迦拈花、迦叶微笑的公案。若做不到，就假装中间这一念空了也可以。这一点假装就是种子，由这个种子自然会开花，会结果。这几句话很重要，很重要。

《指月录》卷一："世尊在灵山会上，拈花示众，是时众皆默然，唯迦叶尊者破颜微笑。世尊曰：吾有正法眼藏，涅槃妙心，实相无相，微妙法门，不立文字，教外别传，付嘱摩诃迦叶。"

佛说的话中，包括了见地、修证、行愿。"正法眼藏"这句话，可以参考夹山说的："目前无法，意在目前，不是目前法，非耳目之所到。"见地、修证、行愿，也都在里头。所以夹山的弟子洛浦说，先师意，简直没有人知道啊！

前面提到，心境如果能做到三际托空，永远保持如此，夺人不夺境——人空境不空，就可以证果，也可以发神通，还可以了分段生死。当然变易生死仍未了，这一段须特别注意。小乘可了分段生死，不能了变易生死。再进一步的人，可以了分段生死和变易生死，而大生死——根本无明，并没有破。

生死要如何了呢?《指月录》卷二：

"文殊问庵提遮女曰：生以何为义？女曰：生以不生生为生义。殊曰：如何是生以不生生为生义？女曰：若能明知地水火风四缘，未尝自得有所和合，而能随其所宜，是为生义。"

"殊曰：死以何为义？女曰：死以不死死为死义。殊曰：如何是死以不死死为死义？女曰：若能明知地水火风四缘，未尝自得有所离散，而能随其所宜，是为死义。"

我们的生命是怎么来的？第一个生命怎么来的？由无始而来。无始以前，为什么要来？——不生而生，生而不生，是生的道理。

我们的身体是四大合拢来，搭成了一个房子，虽然这四样东西和合，变成一个身体，地还是地，水还是水，火、风还是火、风，各不相涉，各安本位。"而能随其所宜"，还是相互配和，合拢来，构成了这个生命现象。

唯心、唯物的关系都在这里，这四大，我们看它是结合的，事实上并没有和合。说无所合，又能随其所宜，就是《楞严经》上：

清净本然，周遍法界，随众生心，应所知量，循业发现。

不要只研究佛学，要把这个理拿到自己身上来用功，来求证。若平时只晓得打坐，守着一个境界，瞎猫守到死老鼠，永远是只瞎猫。要参："未尝自得有所和合，而能随其所宜。"也就是生从哪里来的道理。

死以不死死为死义，你认为死了？世界上谁没有死？死而不死！我们看到人死了，骨头也散了，实际上它们还是各安本位，而能随其所宜。

庵提遮女问文殊曰："明知生是不生之理，为何却被生死之所流转？"殊曰："其力未充。"

庵提遮女问文殊：我早就悟到了生死之理，却还被生死的力量带着。等于我们说：我明知道空，就是空不了，妄念就是去不掉，明知道这个，却没有用。

为什么被生死所流转呢？现在有个人出来安慰我们。文殊说：不要难过，你那个东西还是对的，不过练习得还没纯熟。力量还没扩充，所以仍被生死所转。也就是修定的工夫未到。这里全讲工夫，工夫不到不行。若能把身体解脱，要走便走，理论上可以做到，可是我们做不到，因为其力未充。这个"力"，包括见地、智慧之力，以及修定工夫之力，这点很重要。

讲到"行"门，学佛的行最重要。包括外在的行为及心理的思想、观念种种。

沩山禅师有两句名言："实际理地不着一尘，万行门中不舍一法。"我们一念放下，无所谓善、恶，无所谓是、非。善法不是，佛法也不是。就是六祖所说：

> 菩提本无树　明镜亦非台
>
> 本来无一物　何处惹尘埃

万行门中不舍一法是菩萨戒，菩萨起心动念之万行，心念一动，说善的就向善的做，不舍一法。

我当年去看传钵老和尚，这个老和尚与虚云、能缘为当年大陆的禅宗三大师。我一到，老和尚赶紧扇风炉，烧茶。我说：师父啊，不敢当，不要烧水了。老和尚说：你不懂，你们是客人，我是主人，万行门中不舍一法，理当给你们烧水。这是老一辈的行径，每一点都要注意到。

禅宗里头的行愿、见地、修证工夫，三者不可缺一。拿教理来讲：行愿是功德，功德不圆满，智慧不会成就。换句话说：智慧不成功，就是功德不圆满。

《指月录》卷十二："沩山谓仰山曰：汝须独自回光返照。别人不知汝解处，汝试将实解献老僧看。"

这是讲工夫，也是讲见地，与正法眼藏有关，达摩祖师的"一念回机"，也与它有关系。

我们打起坐来，眼睛一闭，眼光随之落深坑了，和死了差不多。怎么样叫回光返照呢？与道家的内视、长生久视之道相同，不能回光返照，工夫走不上路。所以沩山让仰山说一说他最近用功所达到的程度。

仰曰："若教某甲自看，到者里无圆位，亦无一物一解得献和尚。师云：无圆位处，原是汝作解处，未离心境在。"

你真到了无圆位、无所在、无所不在，这就是见解了。"未离心境在"，是指还是在心意识的境界上，没有彻底的空。注意这句话！你纵然达到了此心空空洞洞，不在身内，也不在身外，无所住，也仍未离开心境。

仰曰："既无圆位，何处有法，把何物作境？"

既然无圆位，哪里还有一个境界呢？

师曰："适来是汝作与么解，是否？"仰曰："是。"师云："若恁么是具足心境法，未脱我所心在，元来有解献我。许汝信位显，人位隐在。"

你既然有这个理解，就未脱"能""所"。不过，沩山鼓励他，能到你这个境界，也不容易了。以教理言，十信、十住、十行、十回向、十地等菩萨五十五位中，地前菩萨十信之位，信得过自己，可以说已在凡夫里头跳出一层，但还未入道。

《指月录》卷十二，夹山悟道因缘：

当年道吾、云岩与船子德诚三人，离开师父药山，各自开山当大和尚，唯独船子德诚帮人划船，不当大禅师。不过他对两人说："他日后，知我所止之处，若遇灵利上座主，指一人来，或堪雕琢，将授生平所得，以报先师之恩。"

那时的夹山，已经是一位大法师，道吾来接引他，故意在下面听经。有个出家人提出问题问夹山，"如何是法身？"夹山答："法身无相。""如何是法眼？"夹山答："法眼无瑕。"回答得很好，可是后面有个和尚噗哧一笑，这个和尚就是道吾。夹山很谦虚地下座问那个和尚："某甲适来只对者僧话，必有不是，致令上座失笑，望上座不吝慈悲。"道吾和尚说："和尚一等是出世，未有师在。"也就是说，你错倒没错，就是没好老师教过。夹山又追问："某甲什处不是，望为说破。"吾曰："某甲终不说，请和尚却往华亭船子处去。"也就是说，我不说破，你自己去找船子德诚和尚。夹山理是对了，但是并没证到。于是便请教道吾说："此人如何？"道吾说："此人上无片瓦，下无卓锥，和尚若去，须易服而往。"夹山当时架子大得很，声望很高，排场很大，所以道吾禅师告诉他，这样去怎么行？你规规矩矩去见他，把你的声望、地位都拿掉，尤其不能摆大法师的架子。注意！此处就是见地、修证、行愿。于是"山乃散众束装，直造华亭"。船子德诚才见，便问："大德住甚么寺？"山曰："寺即不住，住即不似。"佛法本来无住、无相的，如住在一个境界，当然不是道了。

师曰："不似似个甚？"山曰："不是目前法。"师曰："甚处学得来？"你这些滑头话，是从哪儿学来的？

山曰："非耳目之所到。"等于反击老和尚，你不要认为高明，也许你还不懂我呢！

师曰："一句合头语，万劫系驴橛。"

这句话后来成了名言，意思是说，一个人讲那样肯定的话下去，就是笨蛋了，等于一个木桩打了下去，所有的牛、马的绳子，都拴在上面了。换句话说，你那还是执着了法，你不要在口头上玩花样。这话一讲，夹山愣住了。

师又问："垂丝千尺，意在深潭，离钩三寸，子何不道？"

文字真美，不是后来的人编的，他们的学问都很好，这是在讲工夫，当我们用功时，那个念头空了一点，说空了嘛，它还在，说在嘛，又觉得坐得蛮好。"绝妙相关你我他"，"多少游丝羁不住，卷帘人在画图中"。

夹山被他东一拨，西一拨，到达那个境界，站在那里不动了。船子德诚说，像钓鱼一样，放那么长的线下去，现在就差那么一点点了。也就是说，你下了这么多的工夫，你想悟道，现在差不多了，你怎么不说话？

"山拟开口，被师一桡，打落水中，山才上船"，夹山正准备开口，想说佛经上说如何……一语未出，砰的一声，被船子和尚用桨打落水中去了。人一掉下水里，会拼命往有亮光的地方钻，夹山可能懂水性，不向亮处沉，冒上来了，头刚一冒上来，

"师又曰：道！道！山拟开口，师又打。山豁然大悟，乃点头三下"。

试想一个人一肚子学问，站在他旁边，跟他对答，突然啪嗒把他打到水中，等他挣扎了半天冒上来，这一下学问到哪里去了？早到九霄云外去了，什么妄念都清净了，船子德诚禅师，就用这个办法对付他。

佛学三藏十二部，唯识、真如、般若，夹山禅师什么都会，都清楚得很，非要把他这些都打掉，打到水里去了，连呼吸也来不及，思想也来不及，等他冒上头来，你说！你说！他要讲般若啊！船子德诚禅师又把他打下去了，再冒上来时，他说不出来了，这下悟了。悟了以后，怕师父再打他，来不及说，赶快点头三下，表示我懂了，你别再打我了。

师曰："竿头丝线从君弄，不犯清波意自殊。"

像钓鱼一样，把丝线放下去，这根丝从君弄，等于我们打坐、做工夫，炼气功也好，念佛也好，空也好，"不犯清波意自殊"，你怕什么妄念，妄念来不相干啊！不去理它，不是很好吗？我在念佛，也晓得妄念的存在，那个妄念碰不掉这个佛，不用怕。如果怕的话，那是所谓的颠倒嘛！既然是凡夫，当然有妄念，但何必怕它、理它呢！妄念会慢慢下去的，习气会慢慢没有的。

夹山于是问："抛纶掷钓，师意如何？"

假如不要钓鱼竿和丝线，都丢掉，又如何呢？刚才船子德诚禅师，告诉他用功的方法，还有一条钓丝在那里。

师曰："丝悬绿水，浮定有无之意。"

丢掉蛮好的，你说空也不对，有也不是。非空非有，任运自在。丝在水面漂浮，业力习气都转薄了。

夹山禅师懂了。曰："语带玄而无路，舌头谈而不谈。"你说了等于没说，即空即有，即有即空。

船子德诚高兴了，说："钓尽江波，金鳞始遇。"山乃掩耳。

我在这里几十年，天天驾渡船，想度个人，一直没有人给我度，今天总算钓到大鱼了。师父捧的话，夹山不听，蒙起耳朵。

师曰："如是，如是。"遂嘱曰："汝向去直须藏身处没踪迹，没踪迹处莫藏身。"

妙极了的双关语。因为夹山禅师名气太大，所以吩咐他，此去要隐姓埋名，躲起来，不要让人知道。接着说，心境完全住在空里头也不对。

"吾三十年在药山，只明斯事，汝今已得。他后莫住城隍聚落，但向深山里镬头边。觅取一个半个接续，无令断绝。山乃辞行，频频回顾。"

夹山禅师背个包袱，大概身上的水还没有干，走两步就回头看看，一方面舍不得师父，一方面心中想：难道佛法就是这样啊？贪瞋痴慢"疑"嘛！船子德诚禅师站在船头一看，就大声叫他："和尚！"夹山禅师回过头来。

"师竖起桡子曰：汝将谓别有？乃覆船入水而逝。"

你认为我还有秘密不传给你啊？你看！自己把船给翻了，下水去了，表示无其他。佛法就是这样，自己死给他看，坚定徒弟的信心。其实他死不了，不知跑到哪里去玩了。

这一段讲见地，如何修持，如何行愿，都有了。

看禅宗的书，语文学识底子要够，否则会看不懂。

第十三讲

我们的课程正讲到中国禅宗部分，禅宗的中心，五家宗派。但是大家要注意啊！我们研究这个课程的时候，不是拿我们自己的思想观念去看禅宗，而是要把所讲的事情，回转到自己的心地修养上，去做修持的工夫，去体会。假使光是听闹热，等于国内外流行的禅学一样，不谈修持，不谈求证，只是把这一套学理故事，作一番客观的评论，那就是一般禅学的路线，但是我们的重点是摆在求证上。

上次提到禅宗以前，我曾告诉大家，不妨走从前古人的路线，用观心法门，观察自己，以现在的观念而言，就是检查自己的心理状态。

我们的心理状态，所有的思想、感觉可以归纳成三个阶段，那三段时间的分类：过去、现在、未来。古人称前际、中际、后际。

这一个法门，不一定要盘腿。静下来时，观察自己的思想，会发现一团纷乱。我们的心理状态，一部分属思想方面；一部分属感觉方面，像背酸、腿痛等等；还有一部分属情绪方面，觉得很闷、很烦。总而言之，这些都归纳到心理状态，叫作一念。

然后，我们再观察自己的念头，前一个思想过去了，没有了，就像话讲过了，我们也听过了，每一句话，每一个字都成为过去，一分一秒都不会停留。我们不要担心，它不会留下来长到心里去的。换言之，念头本身停不住，永远在流动，像一股流水一样，永远不断地在流。它是一个浪头连一个浪头，很紧密地接上来。如果再仔细加以分析，它像是一粒粒水分子，密切连接成一条河流。实际上，前面一个浪头过去了，它早就流走了，后面的还未接上来，这时候，假如我们把它从中截断，不让后面的浪头上来，中间就没有水了，心理状态也像这个一样。

又比如我们看到这个电灯永远在亮，实际上，我们把开关打开后，第一个电子的作用上来，马上放射，很快就没有了，后面电的功能不断地接上来，我们就一直都看到亮光，事实上它是生灭的，所以看到日光灯有闪动，也就是因为这个道理。

我们的心理状态，也是这样在生灭，只是我们自己不觉得，以为自己不停地在想。实际上，我们的思想、感觉，没有一个念头是连着的，每一个念头都是单独跳动的。比如我们在这里做个检查，早晨刚一醒来，第一个念头是——自己在想什么？到现在还是早晨的那个念头吗？绝对不是，它不会一直停留在心中，早跑掉了。所以念头用不着去空它，太费事了，它本来是空的。一般人听了佛学，一上座就求空，用自己的意识去构想一个空，这是头上安头，是多余的。

不过，现在的问题是，念头流走还容易懂，可是后面第二个念头怎么来的？它的来源找不出来，这是一个值得参究的问题。为什么我们并没有想它，而它自己会来？尤其是打坐的人，本来想清净，偏偏念头来了，有些念头平时根本想都不会想的，只要一打坐，几年前的事，都想起来了。

比如有则笑话：一个老太婆打坐，下座以后，告诉别人：嘿！打坐真有用，十几年前，某人向我借一块钱，一直没有还我，打坐时，倒想起来了。这可也不是笑话，它说明了一个事实，心里越宁静，所有的东西都自然在脑中浮现了。怎么来的？

这是很重大的问题。假如前一个念头过了，后面的念头不接上，中间不就空了吗？这个念头怎么来的？那个去找的，又是一个念头。不要去引动它，也不要寻找它，不要怕它来，它虽然来了，但也一定会过去。只是这里头有一个东西，那个知道自己念头跑过去了，知道念头又来了，那个东西没有动过，要找的是那一个。那个就是《心经》上讲的，"观自在菩萨行深般若波罗蜜多时，照见五蕴皆空"的"照"，永远在照。这个照字用得非常好，等于电灯一开，灯光就把我们照住了。

大家因为不明白这个理，所以专门在乱跑的念头上想办法，想把它截断。其实看到念头，照到念头的那个，并没有动，也不需要截断念头。我们明白有一个主人家，看到了这些杂乱念头，这是我们本有的功能，这个功能永远静静地在那里，久而久之，这些连绵不断的妄念不会来了。等于客人来家里，主人并没有说"你出去"，也没说"请进来"，不拒不迎，妄念自然跑了，这是最初步。能够随时在这个里头，慢慢观心，观察烦恼习气。只要一观察，烦恼习气就没有了。只要照住它，它就空了。这个道理要特别注意。

有人问：寂静的心境保持了两三天以后，身心没什么变化。这时问题来了：心里会觉得很无聊、很落寞；有时想，这不是枯禅吧？现在的心境与枯木有何分别？同无记、无念，又有何分别？

这个问题本身就有问题。第一，觉得自己是三际托空，但心境却很无聊，这不是还有一念吗？可见三际没有托空。第二，又觉得是无念，其实念头多得很，岂止三际，至少也有五六际。这是用功吃紧，身心发出了一种无聊的感觉。所以佛说修行要像弹琴一样，你太用心、太吃紧了，就像琴弦绞得太紧，难受了。换句话说，有些学佛学道的人，一下子勇猛精进起来，就想马上有所成就，这时马上量他的血压看看，一定很高，因为神经紧张的缘故。

注意！刚刚有人提出的问题，不是三际托空，真到了三际托空，前念过去了，后念没来，中间当体即空，其实根本没有中间念头。所以《金刚经》上说：

过去心不可得，现在心不可得，未来心不可得。

三际都是不可得，不是说没有，是把握不住。未来还没来，你能够把握明天脑子里想些什么吗？未来心不可得，现在心不可得，我们刚说一个现在，就已经成为过去了。

《金刚经》告诉我们的是不可得，不是告诉我们过去心空，现在心空，未来心空。也没有说：过去心没有，现在心没有，未来心没有。古人的翻译是很慎重的，如真有一个三际托空，也是无法把握住它的。为什么？能把握住三际托空境界的，就是现在心，懂得现在心不可得，就没事了。此其一。

第二，真到了三际托空，身体不存在了，与虚空合一，那真是逍遥自在，不得了的自在。学佛是为了学解脱自在，可惜现在学佛学道的，搞得既不逍遥，又不自在，更不解脱，何其苦哉！结果反而是被那个东西，把自己绑了起来，这个道理要注意，要弄清楚。

上次提到临济禅师的四料简，谈人与境的相互配合。举凡做工夫，不管道家、密宗，或佛教任何宗派，都离不开一个东西，那就是什么构成了生理与心理。做工夫时，不是生理发生感觉，就是心理产生思想问题，这都是妄念。因为做工夫才有它，不做工夫就没有，所以那些都是境。但谁在做工夫呢？是我在做工夫，我就是人。人与境两个问题，教理上称作相，就是现象。那么什么使我这个人坐在这儿？性。性相两门。就是我本身知道坐在这儿，我知道正在用功，所以人境两方面都在转来转去。

因此临济提出四料简，一方面教育人，一方面叫我们做工夫要注意：有时夺人不夺境，有时夺境不夺人，有时人境两俱夺，有时人境俱不夺。这四样需要适当的调配和选择，道家称火候，像煮饭一样。火大了关小一点，不然会烧焦；火太小了，又煮不熟，都得自己做调配，所以称"料简"。这一切别人都帮不上忙，什么明师一概帮不上，就是佛坐在你面前，也没办法，否则佛的公子，以及佛的弟弟阿难，也不需要修行了。人只有自救、自度，任何人救不了你，所以料简是要我们自己调配的意思。

禅宗这个方法是最了不起的，包括了显、密二教的方法。

有三样东西与禅是不可分的：第一是军事，古代的名将都有一点禅的味道。名将天生就是天才，打仗时，四面被敌人围住了，只有死路一条，而在这时，如何动一个脑筋，灵光一现，反败为胜，这是禅。如果说这时想想诸家兵法，都没有用，不论哪一个兵法都救不了。第二个与禅不可分的，是真正的诗人，好句子作出来，连自己都不知道这些好句子是如何写出来。第三是艺术家的好作品，这也近于禅。所以唐末、五代时，禅宗偏重于中国文化，尤其是其文学性，动不动就用诗表达。其实他们不是在作诗，而是自然地从本性中流露。当人的本性达到最空灵、至善、至美的时候，美感自然流露出来了，所以文学境界也就高了。这并不是刻意学的，而是自然的。所以写文章是没有章法的，爱说什么就说什么，慢慢写熟就好了。但临济以下，中国的禅，看它是文学，却处处是工夫，实在是很难看得懂的。

现在回转来讲夹山，他自船子德诚禅师那里悟道了以后，到哪里去了？船子德诚禅师告诉他：藏身处没踪迹，没踪迹处莫藏身。这两句话包括得非常多，做工夫方面，"藏身处没踪迹"，指身体的感觉没有了，心理上的杂念也没有了，三际托空，一点影子都没有了。但是，空的境界不能住久，住久了，人就懒了。

所以，在修证上可以，行愿上则不可，按菩萨戒来说是犯戒的，耽着禅那，不起慈悲，不做救人救世的事，是犯菩萨戒的。所以"没踪迹处莫藏身"，未有久住而不行者，不能永远在山里头做自了汉，要出来做功德，做救苦救难的事。所以船子德诚叫夹山"藏身处没踪迹"，先去住茅棚，隐起来，不要让人知道，等工夫到家以后，"没踪迹处莫藏身"。

后来，夹山禅师开堂说法，《指月录》卷十七：

夹山禅师有一个弟子叫洛浦，原来是临济的弟子，聪明能干，学问也好，佛教的经典都通达，而且戒律守得很严，当初是临济的侍者。临济对这个弟子很得意，常赞叹说："此临济门下一只箭，谁敢当锋？"这一鼓励，洛浦认为自己开悟了，后来临济一与他讨论，他对师父都不服气了，那就无法再教了。洛浦后来向临济告假，走了。临济说："临济门下有个赤梢鲤鱼，摇头摆尾，向南方去，不知向谁家齑瓮里淹杀。"鲤鱼跃过龙门就变龙了，这条鲤鱼还没有变龙，本来要变，结果没变，到南方去了，不知谁家能收服得了他（临济是在河北）。

"师游历罢，直往夹山卓庵，经年不访夹山。山乃修书，令僧驰往，师接得便坐却，再展手索，僧无对，师便打，曰：归去举似和尚。僧回举似，山曰：这僧若开书，三日内必来，若不开书，斯人救不得也。夹山却令人伺师出庵，便与烧却。越三日，师果出庵，来人报曰：庵中火起，师亦不顾。"

那时禅宗鼎盛，"不怕天下荒，只怕头不光"，到处都可以住，到处有大师，洛浦四处游历参访，都看不上眼，一直到了夹山禅师那里，在他的庙附近，搭一个茅棚打坐。这样一个年轻和尚，到了夹山那里，却整年也不去朝拜。夹山写了一封信，叫人带去给他，信的内容如何，没有记载，一定是逗他，叫他到自己的庙子来。结果洛浦把信放在坐垫底下，理也不理，照样打他的坐。夹山对弟子们说：如果他开我的信，三天以内一定来，如果不打开我的信，这个人没救了。

夹山派了一个人，在茅棚外面守着，三天以内，如见洛浦一出茅棚，就放把火，将他的茅棚烧掉。结果第三天，洛浦果然离开茅棚。这里头有个问题，洛浦认为自己已大彻大悟了，经夹山信上考问，他没有办法了，二祖所谓安心，他安不下心来，非出来不可。等洛浦一出茅棚，茅棚就起火了，夹山的徒弟放了火，还在后面嚷：和尚，你的房子起火了！洛浦头都不回，不是故作大方，实在是心里头的疑处让夹山抓住了，急着要下山找夹山。

"直到夹山，不礼拜。乃当面叉手而立。"洛浦到了夹山那里，很傲慢。夹山那时名气很大，年龄也大了。洛浦看到夹山，也不跪下来，叉手而立，夹山说："鸡栖凤巢，非其同类，出去！"给洛浦一个下马威。洛浦说话了："自远趋风，请师一接。"我老远从北方来这里参学，请你接引一下，我还有大事没了。

山曰："目前无阇黎，此间无老僧。"师便喝。夹山说：我这里没有你这个和尚，此地也没有我这个老和尚，我这里的佛法是这样的：目前没有你，也没有我。这时洛浦学临济的办法，对夹山惊人地一喝！夹山的作风与临济不同，临济气宇如王，眼睛看着人，魂都会给他吓掉了。而夹山是斯斯文文地，他这一喝，夹山说："住！住！且莫草草匆匆，云月是同，溪山各异。"同样的月亮，同样的云，照不同的地方，风景就是不同，换句话说，你师父那里嘿呀喝的，这一套到我这里吃不开。"截断天下人舌头，即不无阇黎，争教无舌人解语。"洛浦听了这句话，"师伫思"，一沉思。"山便打"，夹山便打。"因兹服膺"，这下子他服气了，也不去住茅棚了，就跟着夹山。

一日问山：佛魔不到处，如何体会？他的工夫境界到达这个程度，完全空掉了，三际托空，佛也没有，魔也没有，怎么体会？

夹山回答他："烛明千里像，暗室老僧迷。"蜡烛一点起来，大老远的地方都照出来；暗室里的老和尚就是看不见。什么意思？当然灯点了就看得见，不点灯就看不见。可是学佛的人认为这里面有密法，为什么这样的境界是佛魔不到处？佛拿你没办法，魔也拿你没办法。这是什么道理？见地、修证都在里头。

又问："朝阳已升，夜月不现时如何？"这是形容工夫的境界，打起坐来身心都忘了，只是一片光明，等于太阳已经出来。"夜月不现"，到了夜里又不同了，自性光，清凉的，也就是道家《参同契》所说："至阳赫赫，至阴肃肃。"当一个人达到空到什么都没有的境界，要注意，那还是属于"至阴肃肃"，阴极阳生以后，身心内外与天地同根，一片光明，那才是"至阳赫赫"的境界。这时气脉通不通早就过了，讲三脉七轮时，连初步的定都没有到，他这时已超过了这些定境，那就是"朝阳已升，夜月不现时"。

夹山说："龙衔海珠，游鱼不顾。"师于言下大悟。这一下洛浦大彻大悟了，这里头有东西，在内外一片光明境界里头，像一条龙在海里游动，嘴里衔着明珠，这颗明珠就是龙的命根，旁边鱼虾游来游去，龙的眼睛斜都不斜一下，看都不看一眼。

我们修气脉也好，念佛也好，修到只有这一念，也等于龙衔海珠，游鱼不顾。旁边那些妄念，根本就不理。除妄念干吗？最高的道理也可以拿到最初步用，大家做工夫，不管炼气、念佛或其他法门，只要抓住那一念，系心一缘不动，记住"龙衔海珠，游鱼不顾"，慢慢地也会真到达这个境界。这两句话不是光讲理论，还有真实的修证工夫的事相，是实际的工夫境界。前面提过《法华经》龙女献珠，都是真实的事相，确有其事，确有其境界。

人人动辄谈开悟，所谓的开悟，究竟如何？标准是什么？最平实的说法，是永明寿禅师在《宗镜录》中提到的，包括了禅宗的见地、修证、行愿。

宋朝有两部大著作，一是司马光的《资治通鉴》，一是永明寿禅师的《宗镜录》。两者差不多同时。可惜，谈世间学问的《资治通鉴》，流传后世，研究者众。而《宗镜录》几乎被丢到字纸篓里去了，一直到清朝才被雍正提出来，几次下令，特别强调要大家研究这本书。

《宗镜录》告诉我们，什么叫作悟了。书中提出十个问题，悟了的人没有不通经教的，一切佛经教理一望而知，如看小说一样，一看就懂，不须研究。

永明寿禅师《宗镜录》卷一：

"设有坚执己解，不信佛言，起自障心，绝他学路，今有十问以定纪纲。

一、还得了了见性，如昼观色，似文殊等否？

二、还逢缘对境，见色闻声，举足下足，开眼合眼，悉得明宗，与道相应否？

三、还览一代时教，及从上祖师言句，闻深不怖，皆得谛了无疑否？

四、还因差别问难，种种征诘，能具四辩，尽决他疑否？

五、还于一切时一切处智照无滞，念念圆通，不见一法能为障碍，未曾一刹那中暂令间断否？

六、还于一切逆顺好恶境界现前之时，不为间隔，尽识得破否？

七、还于百法明门心境之内，一一得见微细体性根原起处，不为生死根尘之所惑乱否？

八、还向四威仪中行住坐卧，钦承祇对，着衣吃饭，执作施为之时，一一辩得真实否？

九、还闻说有佛无佛，有众生无众生，或赞或毁，或是或非，得一心不动否？

十、还闻差别之智，皆能明达，性相俱通，理事无滞，无有一法不鉴其原，乃至千圣出世，得不疑否？"

一个人到底悟了没有，前面这十个问题，可以做判断标准。

第一问，是明心见性的境界，于一切时、一切处、一切事物上，一切清清楚楚，如同白天看画图的颜色一样，与文殊菩萨等人的境界相同。你能这样吗？

第二问，你碰到了人，碰到了事，或者别人当面妨碍了你，总之，逢缘对境包括很广，见色闻声了不动心，日常生活间，甚至晚上睡觉都能合于道，你做得到吗？

第三问，佛教的经典，《法华经》也好，《楞严经》也好，拿过来一看，都懂了，听到最高明的说法也不怖畏，而且彻底地透彻明了，没有怀疑，你做得到吗？

第四问，所有的学人，拿各种学问问你，你能给予解答辩才无碍吗？

其余还有六问，大家可以自己研究。最后一段：

"若实未得如是，切不可起过头欺诳之心，生自许知足之意，直须广披至教，博问先知，彻祖佛自性之原，到绝学无疑之地，此时方可歇学，灰息游心。或自办则禅观相应，或为他则方便开示。设不能遍参法界，广究群经，但细看《宗镜》之中，自然得入。此是诸法之要，趣道之门，如守母以识子，得本而知末，提纲而孔孔皆正，牵衣而缕缕俱来。"

若这十个问题连一点都做不到，就不可自欺欺人，自以为是。有任何疑问都应到处向善知识请益，一定要到达诸佛祖师们的境界。祖师们所悟到的，你都做到了，才可达到绝学无疑之地，不须再学。"灰息游心"，妄想心都休息了。"或自办则禅观相应，或为他则方便开示"，到达大彻大悟后，或走小乘的路子，再转修四禅八定，证得果位，六通具足，三身具备，神通妙用，一切具足；或走大乘路子，为他人牺牲自我的修持，出来弘法。

"设不能遍参法界，广究群经"，假设你认为三藏十二部太多看不完，"但细看《宗镜》之中，自然得入。此是诸法之要，趣道之门"。永明寿禅师劝你仔细参看他所编的《宗镜录》，因为一切经典的精要，他都集中在此书中。"如守母以识子，得本而知末，提纲而孔孔皆正，牵衣而缕缕俱来。"文字多美，这是永明寿禅师所讲此书的重要。

现在继续讲洛浦开悟以后，继承夹山的法统，他的教育法非常严厉，因为他兼数家之长，工夫高，见地高，气派又大。他有几句名言："末后一句，始到牢关，锁断要津，不通凡圣。"

这是工夫境界，他说末后一句才能到向上一路，才可以修到三身成就。禅宗分三关：初关、重关、末后牢关。什么是牢关？我们这个身体就是牢关，你破不掉，飞不出去，等到死时，这个牢关才破，但那是假破，又变中阴身了，再入轮回之中。"末后一句，始到牢关"，这个时候，"锁断要津，不通凡圣"，不是凡夫，也非圣人，也就是魔佛不到处，才算成功。

洛浦禅师临走前，对徒弟们恳切地开示曰："出家之法，长物不留"，不要贪图东西，本来出家就是丢开一切，万缘放下，"播种之时，切宜减省"，古代丛林都是自己种地，就是告诫弟子们播种之务，不要浪费。换句话说，这四句是双关语，做工夫、做事也一样。"缔搆之务，悉从废停"，你们光办建筑方面的事，这些都应停止，好好用功才行。"流光迅速，大道元深"，光阴很快地过去，但是道业深远得很。"苟或因循，曷由体悟"，如果你们因循且过地一天一天马虎过去，而不努力精勤于道业，那么要到哪一天才能有所成就啊！"虽激励恳切，众以为常，略不相敬。"尽管洛浦禅师以恳切的语气对弟子们开示，但弟子们平常就听惯了师父爱骂人的训示，所以这些话大家也就不在意了。

"至冬示微疾，亦不倦参请，十二月一日告众曰：吾非明即后也。今有一事问汝等，若道者个是，即头上安头；若道不是，即斩头求活。第一座对曰：青山不举足，日下不挑灯。师曰：是什么时节作者个语话。时有彦从上座对曰：离此二途，请和尚不问。师曰：未在，更道。曰：彦从道不尽。师曰：我不管汝尽不尽。曰：彦从无侍者只对和尚。师便休。至夜令侍者唤从，问曰：阇黎今日祇对，甚有道理。汝合体得先师意，先师道曰：目前无法，意在目前，不是目前法，非耳目之所到。且道哪句是宾？哪句是主？若择得出，分付钵袋子。曰：彦从不会。师曰：汝合会。曰：彦从实不会。师喝出，乃曰：苦！苦！"

洛浦禅师这一宗系下来，教育方法非常严肃，教理不但要通，学问又要好，见地、工夫都要求得非常高，所以他到了最后要走时，找不到一个合格的接棒人。洛浦禅师问弟子哪个可接法，没有一个人答出来，只有彦上座答出来，但彦上座不肯当大和尚，所以洛浦禅师一问他，他却说不知道。

"二日午时，别僧举前话问师，师曰：慈舟不棹清波上，剑峡徒劳放木鹅。便告寂。"洛浦禅师说了两句感叹话后就走了，你看他生死来去多么痛快。"慈舟不棹清波上"，这是大乘菩萨的行愿，慈舟渡人一定到浊流中去；下面一句感叹自己，几十年来没有渡上一个人，"剑峡徒劳放木鹅"，就是说他住的地方有个山峡叫剑峡，纵然他把桥架起来要引人过来，却没有一个人肯上来。如同古德两句名言所讲的："慈航本是渡人物，无奈众生不上船。"那有什么办法呢！就是这样感叹！

《指月录》上的小字注解，是唐代以后到清朝以前，有些大师们得道成道后的注解，也很重要。

现在再讲临济所说的三玄门。什么叫三玄三要？这同天台宗的三止三观，可以勉强配合起来讲，但究竟的道理需要自己研究，要做工夫才行。

《指月录》卷十四：

临济曰："有时一喝，如金刚王宝剑。"把你心中的妄想烦恼都喝掉了。"有时一喝如踞地狮子，有时一喝如探竿影草。"有时骂你几句，故意逗你发火，看看你的工夫定力如何，如探竿影草，恐草中有毒蛇，拿根棒子在草里兜几下。"有时一喝不作一喝用，汝作么生会？"这是临济的客气话。"僧拟议，师便喝。"这个喝是骂人的。

临济平常讲："一念缘起无生，超出三乘权学。"这两句话，同"应无所住而生其心"是同是别？大家参一参看。

下面要讲的这段，对学禅的人见地修持上大有关系。

"阿修罗与天帝释战，战败，领八万四千眷属，入藕丝孔中藏。"这是佛经上所记载，你看魔王的神通不是也无边吗？"莫是圣否？"这个不是与圣人的神通一样吗？"如山僧所举，皆是业通、依通。"什么是业通？现在世界上科学的发达，连太空都飞得上去，这是众生共业的业通，也是神通，也是智慧。"依通"，算命、看相、卜卦、灵魂学、神秘学都是依通，依靠一个东西而来的，不是真神通。佛经讲"纳须弥于芥子"，我们知道藏芥子于须弥，那是理所当然，但如何是纳须弥于芥子呢？"夫如佛六通者不然"，到达佛的境界就不是这样，"入色界不被色惑，入声界不被声惑，入香界不被香惑，入味界不被味惑，入触界不被触惑，入法界不被法惑，所以达六种色声香味触法，皆是空相。不能系缚此无依道人，虽是五蕴陋质，便是地行神通"。"道流"就是现代人讲同参道友。"真佛无形，真法无相。"注意啊！"你只么幻化上头，作模作样，设求得者，皆是野狐精魅。"你只要真认为自己有点工夫，有点境界，以为这就是道，那是妖怪，并不是真佛，是外道见解。"夫如真学道人，并不取佛，不取菩萨罗汉，不取三界殊胜，迥然独脱，不与物拘，乾坤倒覆，我更不疑。"

临济将去世时，说了一个偈子：

> 沿流不止问如何　真照无边说似他
>
> 离相离名人不禀　吹毛用了急须磨

临济祖师在世时，他的教育法很古怪，很不平实，到临走时他规规矩矩告诉我们："沿流不止问如何"，念头思想停不掉，像一股流水一样跟着跑，怎么办？"真照无边说似他"，不要去管那些妄想、念头；那个知道自己妄想在来来往往的，那个没有动过，要把握那一个。

真照无边的清净，与真如佛性很接近，只要把握住就行了。但落在这个境界上，就容易犯一个毛病：把真照再加上照一照，那又变成妄念了。不要用心，很自然地清净下来，也不要守住清净。"离相离名人不禀"，这个东西，叫它是心也好，性也好，道也好，我们都不要管。这也就是"一念缘起无生，超过三乘权学"。但是真的什么都不管吗？"吹毛用了急须磨"。

宝刀、宝剑叫作吹毛之剑，锋利的刀怎么测验？拿一根头发放在刀口上，用口一吹，毛就断了，叫作吹毛之剑。可是再锋利的刀，使用过后，还是要保养的。换句话说，临济禅师吩咐我们，没有明心见性以前，随时要反省检查，一念回机修定，不起妄念。

悟了以后的人，工夫用了一下，马上要收回。如果讲世法，《论语》上曾子提的："吾日三省吾身，为人谋而不忠乎？与朋友交而不信乎？传不习乎？"都是同样的道理。

佛法的一个原则：随时随地反省、检查自己，"吹毛用了急须磨"。

临济这一宗，重要大旨略向大家提一点，其他自己去研究。

现在来谈曹洞宗，日本禅宗流行到现在，大多是曹洞的后裔。曹洞宗是唐末、五代的大宗派，弟子称曹山，师父称洞山。

宋朝大理学家周濂溪，提倡太极图，这太极图是一个和尚传给他的，和尚的来源没有讲，此其一。邵康节这一系的《易经》、河洛八卦图，是由曹洞宗出来的。中国的道家修丹道的著作，也大都是来自曹洞宗。所以曹洞的禅，同中国后世的丹道，脱离不了关系，不过丹道是用曹洞的，不是曹洞用丹道的。曹洞宗用《易经》穷理之卦，成为太极图之说，发展到理学家这一系统；《易经》的象数之说，则变成邵康节这一系。两个系统都出于禅，这是我首次公开把这个秘密讲出来。

洞山良价悟本禅师，曾到沩山那里参访，沩山拿洞山没办法，就指定他到云岩道人那里去。他在云岩那里悟了一点，不彻底，当时他要走了。

《指月录》卷十六：

"师辞云岩。岩曰：什么处去？师曰：虽离和尚，未卜所止？岩曰：莫湖南去？师曰：无。曰：莫归乡去？师曰：无。曰：早晚却回？师曰：待和尚有住处即来。曰：自此一别，难得相见。师曰：难得不相见。"自性本来无相，大家都一样，难得不相见。

"临行，又问：百年后，忽有人问，还邈得师真否？如何祇对？岩良久曰：祇这是。师乃沉吟。岩曰：价阇黎，承当个事，大须审细。"

洞山这时候难过了，觉得师父很可怜。云岩骂他：像你这样行吗？学禅要有大丈夫的气派，你还有世俗的感情，牵挂着，放不下，我走了，又怎么样？

"师犹涉疑"，到这里，洞山才起疑情，更怀疑了。

"后因过水睹影，大悟前旨。"有偈曰：

切忌从他觅　迢迢与我疏
我今独自往　处处得逢渠
渠今正是我　我今不是渠
应须恁么会　方得契如如

后来离开师父，过一条溪水，看到水中自己的影子，这一下大悟了，才作了悟道的偈子，"切忌从他觅"，什么是"他"？我们找气脉，找念头，这些都是"他"，越找越远，不行的。

"我今独自往"，灵光独耀，迥脱根尘时，处处都可以找得到他，"处处得逢渠"，这个渠是真的我。

"渠今正是我"，等于我们现在看到这个身体，这个身体是"他"，不是真的我，可是现在活着，渠今正是我。

真正的我在哪里？"我今不是渠"，可不是他，他会改变，十岁跟二十岁不同，现在的我，头发都白了，已与年轻的我不同了，这个会改变的不是真正的我。

"应须恁么会，方得契如如"，要在这个地方去找，找到了，你才懂得真如自性那个道理。

《庄子·齐物论》有一则寓言，"罔两问影"，我们在太阳下走路有几个影子？影子外面还有个圈，称罔两。它问影子：你怎么不规矩，一下坐着，一下躺着，怎么这么乱来？影子告诉罔两：你不知道，我还有一个老板，他坐着，我跟着坐；他躺下，我只好跟着睡。它又说：我的老板也做不了主，他的背后还有一个大老板。"渠今正是我，我今不是渠。"

　　禅宗不过把佛法用功的方法，归纳到文学境界，但与佛经的道理，还是一样的。

第十四讲

座中李文（比利时人）同学提出一个问题，李文过去几年，曾跟一位荷兰籍的大师学过，他自己修证了好几年，这位大师教他"不二法门"，认为一切无我，一切唯心，把所有不是我的都看清楚，好好体会，所以对一切都不加理会。欧美的东西也要注意，欧美有些很高的哲学，也几近于禅，我们不应轻视，不要闭门造车，只认为东方第一。这位荷兰籍老师教他，无论是生理的、心理的问题，当它们来时，都要冷眼观察，不要拒绝它，看它自生自灭，这就是所谓的"不二法门"。

他的不二法门的修持方法，是什么工夫都不做，只是保持一个平静，将心慢慢地打开，等若干年后，这些情绪、思想不跑了，什么都没有了，只剩下一个本来在那里观看的那个东西，那个是不变的，此时，什么都像闪电一样，顿悟了。这位大师教的就是这个路线。

李同学认为，大部分的修持者，一辈子一无所成，就是因为没有做到这一点。但是似乎一味不管也不对，逃避它也不对，调息的工夫是否也是一种逃避呢？又，这位大师教的方法是止而后观呢？还是观而后止？如果方法不对，他愿意放弃错误的路线。

近年来的西方文化，在宗教哲学方面，进步得很多，有意到西方宏法者，要趁早打基础。

这位荷兰大师讲的不离谱，但是也有问题。后来这位大师因病入院开刀，应该觉得很痛苦，可是他无所谓，换句话说，他把身体也看成不是我的，因此很安详，医生们也很奇怪。他不主张打坐，认为打坐是人为意识所造就的，违反"不二法门"的道理。

这一类的大师，世界各地都有。有位大师在德国很轰动，皈依他的科学家、大学教授等都有。这位大师的父母是开悟了的，有神通。这位大师三岁就晓得前生，也开悟了，二十几岁就当大师，现在还不到三十五岁，长得如佛相。这些大师都有相当的修养工夫，反而我们中国人，无论在佛教方面，或做工夫上，儒释道三教的修养，都不如人，所以决不要闭户称王。

那位荷兰大师告诉李文的方法没有错，但也许他讲得不够详细，或许学的人没有搞得很清楚，所以这里面忘了一点：一切唯心没有错，这个身体也是唯心的，如果只认为心理状况属于一切唯心，这个身体还是转不了，这是第一点。真的认为包括身心的一切唯心，此身没有转不了的道理。

第二，中国的西藏，在唐朝以后的密宗，有大手印法门，相传同于禅宗。又传说大手印法门，是达摩祖师离开中国以后，转到西藏所传授的。大手印的修持要点，如"最初令心坦然住，不擒不纵离妄念"。开始入手时，如李文同学所说坦然而住，不做工夫，也不修定，坐在那里就坐着，很坦然，妄念来"不擒"，看住它，但也不放纵，当体空，离开了妄念。这是大手印最初步的方法，不要止观，也不要参话头、做工夫，这是密宗大手印最高的办法之一。

宋朝理学家程明道作《定性书》，讲如何修定："不将迎，无内外。""将"在这时是"送"的意思，也就是"拒"的意思。一个念头来，不欢迎，也不拒绝，既不在外，也不在内。这是佛法的高度修心方法，若说这就是"不二法门"，这是不对的。因为不二法门是真妄不二，真的就是妄的，妄的也就是真的。程明道所说的，只能算是进入不二法门的一个方法。而那位荷兰大师的方法也是如此，接近禅，也接近大手印。

但是有一个问题，就是此身也是唯心中间的重要东西，此身既不能转，这一种修养最后还是靠不住，因为这一种境界纵然高，却落于自然外道，由于它一切顺其自然。顺其自然的人，不能叫作"了"了生死。因任它生自来，任它死自去，生怎么来，何必问！它已经来了嘛！将来怎么死，何必问！到死的时候就死了嘛！这并没有彻底地明心见性。

现在告诉大家，为何需要打坐修定。打坐盘腿修定，与明心见性没有多大关系，真的明心见性，不一定是靠打坐的，但又有绝对的关系。若想回到本来清净面目，进一步转变这个色身，就非靠打坐不可。除此之外，无第二条路可走，而且非经修持工夫不可。为什么？明知那个是自然的东西，但是这个自然的东西，被无始以来的尘埃涂蒙得太多，非清理不可。因此修各种工夫的目的，也就是先清理之后，才能见本来。禅宗、大手印，乃至这位大师所教的都对，先见本来，慢慢再谈清理。但是这样的人，会产生一种毛病，就是往往落于自然外道，只求自然，不做工夫了。

这个问题可参考《楞严经》卷六，文殊菩萨对二十五圆通说的偈子：

觉海性澄圆，圆澄觉元妙。元明照生所，所立照性亡。
迷妄有虚空，依空立世界。想澄成国土，知觉乃众生。

第一句话"觉海性澄圆"，是由形而上的本体，说到我们现在的人生，一切众生觉海的本性，本来清净圆明，这是不二法门。可是怎么找到觉海呢？"圆澄觉元妙"，倒过来，先要把工夫做到圆满、清净，然后悟到了这个本来觉性，原是元明玄妙的。如何达到"圆澄"境界呢?那位荷兰大师所教的方法有点近似,但要修正一下,把它扩大,一切妄念来不要管它,等于大人看小孩一样,不理他,待小孩跑累了,就休息了。可是做不到,你越看住妄念,妄念越来,这是什么道理?因为"元明照生所"的原故。

我们这个元明的功能,有照的力量,照到一切妄念,但照久了以后,它也变成妄念了。这是阳极阴生的道理。这个电力太强了,照得很厉害,功能用完了以后,什么都看不见了。有照有用,妄念就如此产生了。所以"元明照生所",看住那个,就是照。"照生所",就是能照的本身,生出妄念来。等妄念起来了,"所立",就"照性亡"了。大的妄念一起,形成以后,那个能照的就给盖住了,反过来盖住了本觉。所以,我们有时候情绪来、烦恼来,或者是用功过度,妄念也越增加,都是"元明照生所,所立照性亡"的道理。

因此,第二重的世界形成了:"迷妄有虚空,依空立世界,想澄成国土,知觉乃众生。"

采用《楞严经》中这段话的目的,是要李同学注意,走原来的工夫路线,往往产生一个偏差,就是"元明照生所,所立照性亡"。

再看《楞严经》卷五:

> 真性有为空,缘生故如幻。无为无起灭,不实如空华。
> 言妄显诸真,妄真同二妄。犹非真非真,云何见所见?中间无实性,是故若交芦。

自性本空,既然本空,为什么叫作有为空呢?性空缘起,因为空才能缘生万有。如果空不能缘生万有,就是"顽空"了,但有为万法,缘生性空(强名叫它真如)。

"缘生",一切万有起来的时候,就是因缘所生,如梦幻,佛经上说如梦如幻，并不是说绝对没有，有啊！不过这个有是偶然的、暂时的存在，是假有，一切"生"在过了这个"有"的阶段就空了。"缘生故如幻"，我们一看到如梦如幻，就马上把念头放到空里头去了，如梦如幻是假有、妙有。小乘认为是假有；菩萨认为是妙有，"有"也是很妙的。

妄念起，情绪来，是缘起而幻有，因此不要管它，但"无为无起灭，不实如空华"，本体自性本来无为，为而不为。虽然起一个妄念，但它停留不住，因为第二个妄念又起了，所以也不生，也不灭。我们的念头，永远如海浪般，一个浪潮，再接一个浪潮，那是不实在的，好比揉揉眼睛，眼前看到的一些亮光，当时不能说没有，过后自然就没有了。

"言妄显诸真"，现在我们讲一切心理、情绪叫作妄想，为什么称之为妄想？这是一个对立的教育法，要我们认清非妄想那一面的那个是真如。实际上，佛说得很明白，"妄真同二妄"，这个妄念情绪固然是假的，那个真如有个清静、空的世界，也是假的。所以你照住它，看住它的那个，也是大妄念。由大妄念来管小妄念，小妄念睡觉了，那个大妄念坐在那里，大妄念就是"元明照生所，所立照性亡了"。所以，妄也不取，真也不立才行。

"犹非真非真"，工夫达到了空，你觉得这是自性，这是道，但是它并不是真的自性，真的道。所以佛经翻译得非常好，叫真如，意思是差不多像个真的，姑且叫它真如。

"云何见所见"，真有个明心见性，可以用眼见到，或用心意识体会的，都错了。那个见不是眼或意识可见，所以夹山禅师说："目前无法，意在目前，不是目前法，非耳目之所到。"《楞严经》上也告诉我们：

见见之时，见非是见，见犹离见，见不能及。

所以荷兰大师指定的修持方法没有大错，只要扩大到无量无边就对了。因为你现在照他的方法，看住自己的妄念，在看的那个是大妄念，懂不懂？明白了这个理，修持的方法还是要从基础来，转回来先做止息的工夫。止息是我们心在造作，这个造作是为了转这个身体，肉体四大全部转了以后，才能见到那个真正的"觉海性澄圆，圆澄觉元妙"。

所以后世一般禅宗，像刚才说的，用放任自然这个方法，以及密宗大手印的方法，最后充其量只转心理状况。真到要死的时候，身体痛得哎哟哎哟叫，鼻孔上了氧气罩时，空不了啦，那个能照的东西，意识所造的没有了，还是黑茫茫地过去了。

禅宗有个禅师叫天王悟，是马祖的弟子，没有悟道以前，修持工夫、定力都很好。有一次，一个节度使看他号召力非常大，认为他妖言惑众，便把他丢到江里去，结果江里冒出一朵莲花，天王悟禅师在莲花上面打坐。节度使一看，知道他有道，便把他救起，自己皈依做了弟子。这时天王悟还没有悟道，本事就这么大，等到后来悟道了，没有莲花来了，后来临死时，痛得躺在那里叫哎哟，苦啊！当家的和尚请求他说：师父，你轻声点吧！当年你没悟道时，被人丢到江里，莲花浮上来，那个名声多大，现在都说你有道了，你临死还那么痛苦地叫喊，传到外面去，我们不好做人啊！请你轻一点叫。天王悟一听，有道理，便问他：你晓得我现在很痛苦，在这痛当中，有一个不痛的，你知不知道？徒弟说不知道，天王悟就对他说道："哎哟哎哟，这个是不痛的，你懂不懂？"徒弟说不懂，不懂就算了，两腿一盘，死了。

说他有本事，他痛得叫不停；说他没本事，请他不叫就不叫。这又是一个话头。

严格地讲，天王悟禅师只转了第六识与第七识，前五识和第八识没有转。充其量得了法身，而报、化二身并没有转，所以学唯识要知道，六祖也讲过：

> 六、七因上转，五八果上圆。

六、七识容易转，念头一空，三际托空，第六识转成现量的清明境界；工夫再进步，第七识也可以空掉，这容易，是在因位上转的。很多修持的人，充其量到了因位菩萨，果上就难了。前五识眼耳鼻舌身，包括了这个肉体；第八阿赖耶识除了包括肉体外，也包括了整个物质世界。五、八要果上圆，要证到了果位才能转，谈何容易！要修就修个全的，修一半只好来生再来，如果来得及，最好这一生完成了它。

上面答复李文同学的问题，要特别注意。

上次讲到洞山禅师的悟道偈子，再重复讲一次："切忌从他觅，迢迢与我疏。我今独自往，处处得逢渠。渠今正是我，我今不是渠。应须恁么会，方得契如如。"

一般修道的，都是从"他"找。"他"包括了心理、身体。尤其什么任督二脉，什么境界光明，都是"他"，清净境界也是"他"，如果一直在"他"上面下工夫，一直在妄心上追求，越修就越远了。

我们参究洞山祖师悟道的偈子时，不要忘记了一件事，那是当年，他因为过溪水，太阳照着，溪水把他的影子照出来，他看了自己的影子，因而悟了。这个境界要把握住，在这个时候"我今独自往，处处得逢渠"，到处都碰见"他"，"渠今正是我"，"他"现在正是我，我们这个身体是"他"，"他"变成我了。"我今不是渠"，实际上，我们那个本性，虽然并不是这个身心，可也并没有离开身心。要把宾主两个合拢来，"应须恁么会，方得契如如"。并不是说已见道了，是近于道了，可以入道了。

洞山如何参访、行脚，因时间关系，这里不讲了，现在来看洞山说法。

《指月录》卷十六：

洞山上堂问："向时作么生？奉时作么生？功时作么生？共功时作么生？功功时作么生？"

这个叫语录，当时讲话的记录，是白话的。

"向"时，向这个道时，工夫快要到了。"奉"，等于捧着一个东西，抓到了，把握住了。什么是"向"？将开悟未开悟时，等于拿《楞严经》的"色阴区宇"来做比方，色阴区宇快要打破时，天快要亮了，似光明非光明，似明白非明白。"奉"是指正式到了，但是悟了时还要用功，所以"功时作么生"，共功、功功，都是修证的程序。一共有五个程序，由用功、开悟，一直到成功，分五个步骤。

"僧问如何是向？师曰：喫饭时作么生？"

这么一说，这个和尚就懂了，不问第二句。接着问：

"如何是奉？师曰：背时作么生？"

意思是转过来时怎么样？

"如何是功？师曰：放下镢头时作么生？"

做事情做得很累，一旦轻松下来时如何？那真是一切放下了。

"如何是共功？师曰：不得色。"

这并非不好色，四大身体属色，一片光明清净也是色，等等。

"如何是功功？师曰：不共。"

不共法，洞山怕大家不懂，便作了诗偈，这些诗偈是曹洞宗告诉我们，心地法门一步一步的工夫，是用功的方法，如当文学看，就错了。

向：

> 圣主由来法帝尧　御人以礼曲龙腰
>
> 有时闹市头边过　到处文明贺圣朝

这是向，到达这一步，悟了道，动中也是，静中也是，都在这个境界，始终不变，就差不多了，这是向。

奉：

> 净洗浓妆为阿谁　子规声里劝人归
>
> 百花落尽啼无尽　更向乱峰深处啼

功：

> 枯木花开劫外春　倒骑玉象趁麒麟
>
> 而今高隐千峰外　月皎风清好日辰

共功：

> 众生诸佛不相侵　山自高兮水自深
>
> 万别千差明底事　鹧鸪啼处百花新

功功：

> 头角才生已不堪　拟心求佛好羞惭
>
> 迢迢空劫无人识　肯向南询五十三

一步一步都是工夫，都是修行的程序。现代的年轻人看不懂这些谈禅的诗，禅宗是该变个方法了。

曹洞宗的禅，在五代以后，影响宋代的道家、理学，尤其是《易经》的学问。道家所谓坎离交等等，都是曹洞宗来的。

洞山"因曹山辞，遂嘱曰：吾在云岩先师处，亲印宝镜三昧，事穷的要，今付于汝。词曰：如是之法，佛祖密付，汝今得之，宜善保护。银盌盛雪，明月藏鹭，类之弗齐"。

这是洞山对他最得意的弟子曹山讲的，是很重要的传法话。银盘装了雪，都是白的，明月中的鹭鸶也是白的，看来都是白，可是不一样。学禅的要顶门上别具只眼，看清楚啊！

"混则知处，意不在言，来机亦赴，动成窠臼，差落顾伫，背触俱非。"

不一样的东西，把它混合成一样，才晓得一点入门的方法。文字言语不足以代表那个东西，机缘撞到了，就悟了。一有动作，稍稍表达一下，或者讲一句"心即是佛"，反而就变成一个窠臼了。失之毫厘，差之千里，所以凡夫境界当然不是它，顺着这个境界也不是它。

"如大火聚，但行文彩，即属染污。"

"如大火聚"这句话，出自《大般若经》，经中大意说：大智慧的人，如大火聚，一盆大火在那里烧，好的、坏的，一股脑丢进来。外道魔道越丢进来，火愈大，燃料愈多，智慧越高，所以大般若如大火聚。

"但行文彩，即属染污"，一落言语文字，已经同本性不相干了。

"夜半正明，天晓不露。"

这是正式的工夫。黑夜时，这个东西更明白；天亮了，就看不见了。这是什么道理？当年袁老师就是参这个话头，懂了这个，学佛学道就差不多了。现在露一点秘密给你们：六根都不动，什么都不知道，自性显露了。像我们现在坐在这里，眼睛等着看，耳朵等着听秘密，六根多亮啊！被无明障住了。"夜半正明，天晓不露。"无梦无想时主人公何在？自己参参看。

"为物作则，用拔诸苦。"

洞山嘱曹山：你将来出去，要救世、救众生，度一切在苦难中的人。

"虽非有为，不是无语，如临宝镜，形影相睹，汝不是渠，渠正是汝，如世婴儿，五相完具，不去不来，不起不住，婆婆和和，有句无句，终不得物，语未正故，重离六爻。"

用《易经》的方法讲修持、做工夫，特别取用坎离二卦，以离卦为主，这是曹洞宗的五位君臣。

"偏正回互，叠而为三。"

《易经》讲三爻之变，"变尽成五"。《易经》的六爻卦中，以第三爻、第五爻最重要。

"如莛草昧，如金刚杵，正中妙挟，敲唱双举，通宗通途。"

工夫到了，宗也通，一切经教都通达了。

"挟带挟路，错然则吉。"这也是用《易经》的理。

曹洞宗的五位君臣，是配和《易经》的理论，诠释修持用功。

"不可犯忤，天真而妙，不属迷悟，因缘时节，寂然昭著，细入无间，大绝方所，毫忽之差，不应律吕，今有顿渐，缘立宗趣，宗趣分矣，即是规矩，宗通趣极，真常流注，外寂中摇，系驹伏鼠，先圣悲之，为法檀度，随其颠倒，以缁为素，颠倒想灭，肯心自许，要合古辙，请观前古，佛道垂成，十劫观树，如虎之缺，如马之骤，以有下劣，宝几珍御，以有惊异，狸奴白牯，羿以巧力，射中百步，箭锋相直，巧力何预，木人方歌，石女起舞，非情识到，宁容思虑，臣奉于君，子顺于父，不顺非孝，不奉非辅，潜行密用，如愚若鲁，但能相续，名主中主。"

这些都是工夫修持的步骤，以及见地。大家要注意研究。

"末法时代，人多乾慧。"我们现在这个时代，正法没有了，一般人没有真工夫，学理讲得头头是道，自己没有证到，是乾慧，没有用。

"若要辨验真伪，有三种渗漏。"如要辨别悟道与否，有三种毛病，一看就知。

"一曰见渗漏，机不离位，堕在毒海。"见地不透彻的人，所得的范围跳不出来，只在那个范围中，中毒了，中了自己那一点学问、知识上的毒，以及自己那一点见地上的毒。

"二曰情渗漏，滞在向背，见处偏枯。"换句话说，是主观的情感，自己得一点境界，对那一点境界有感情：嗯！我坐起来很舒服嘛！嘿！这就是了。有些人想：老师恐怕还没有到，我这个他都不知道。其实，早堕在情渗漏中了。

这个情不是普通所说的情感，而是指自己得到的那个程度，把自己陷住了。

"滞在向背"，比如落空的人，一动念有，他就不干了。叫他出来为人做事，他不干，这也是情渗漏，有向背，有善恶，也是见地上落在枯禅，偏枯了。

"三曰语渗漏，究妙失宗，机昧终始，浊智流转。"

"语"包括一切佛学、学问。依文解义，在学问思想里打转，真的佛法种子不懂，机用——修持方法的应用，如何成因？如何证果？这个终始窍门，他并不懂。

末法时代五浊恶世中的修行人，就在这三种花样中转。洞山告诉徒弟们，应该知道这三种渗漏。

我们参究每一个祖师的悟道，以及他们的行径，就是十念法中的念僧。看看历代祖师们的行径，自己加紧努力修行，这就是念僧法门。

"师不安，令沙弥传语云居。"洞山快要走了，叫沙弥传话给云居膺。

"乃嘱曰：他或问和尚安乐否？但道云岩路相次绝也。"

云岩是洞山禅师的得法师父。

"汝下此语须远立，恐他打汝，沙弥领旨去。传语声未绝，早被云居打一棒。"

这就是机锋。他要教育这个小和尚，自己老了，看这个小和尚很有希望，所以到师兄那里去指引，希望他教育。他们到了家的人，彼此也不需要通讯，晓得小和尚一到了那里，一定会挨打，所以先教他怎么讲话。当然云居也很清楚，一看这个小和尚很成器，不过笨里笨气的。云居打小和尚是教育法，否则这么打过来打过去，岂不是把人家的孩子不当孩子那么玩。

"将圆寂，谓众曰：吾有闲名在世，谁人为吾除得？"

我活了几十年，外面名气蛮大，这个名气毫不相干，哪个人为我把它刷掉？这时，小和尚站出来说话了。

"时沙弥出曰：请和尚法号。师曰：吾闲名已谢。"

这小和尚不是随便讲的，他说："请问你老和尚法名叫什么？"师父名字叫洞山，他哪里会不知道？洞山高兴了："好！我闲名已谢。"这小和尚已悟道了，他有传人了。

"僧问和尚违和，还有不病者也无？"

师父是悟了道的人，结果还是要生病，所以徒弟们有此一问。

"师曰：有。曰：不病者还看和尚否？师曰：老僧看他有分。"

洞山回答他：我看他跟我差不多，合伙的股东，你懂不懂？

"曰：未审和尚如何看他？"为什么您在这里头还有分呢？这个和尚不懂。

"师曰：老僧看时，不见有病。"我看的时候，并没有病；换句话说，我痛苦得在叫，还有一个没生病的在这里。洞山转过来问他：

"离此壳漏子，向什么处与吾相见？僧无对。"离开了这个皮袋子，指我们身体，也叫漏斗。这个漏斗很大，《西游记》叫无底洞，一天三餐装下去，又漏掉了，第二天又装，再漏掉，漏了几十年，都装不满。离开了这个漏斗，我问你，我们在哪里见面？这个和尚没有大彻大悟，答不出来。

师示颂曰：

> 学者恒沙无一悟　过在寻他舌头路
>
> 欲得忘形泯踪迹　努力殷勤空里步

你想到达，只要向空的路上走就会到的。诗偈写完，命徒弟们替自己剃发、洗澡、披衣，声钟辞众，俨然坐化。

"时大众号恸，移晷不止，师忽开目谓众曰：出家人，心不附物，是真修行，劳生惜死，哀悲何益。"

然后又留了七天才走。说个笑话，这和尚叫别人不要情渗漏，不要有感情，自己给大家鼻涕眼泪一流，舍不得，又回来，陪大家玩了几天，这一次再也不留了，大家不要哭啊！走了。这就是洞山。

洞山最重要的东西是五位君臣，等于临济宾主四料简。

现在再说曹山，《指月录》卷十八：

"抚州曹山本寂禅师，泉州莆田黄氏子。少业儒，年十九，往福州灵石出家。廿五登戒，寻谒洞山，山问阇黎名什么？师曰：本寂。山曰：那个聻！师曰：不名本寂。山深器之。"

真正高明的人，两下子就对了，实在聪明。我们现在的年轻同学，假如问他叫什么名字？本寂！什么？师父，我是本来的本，寂灭的寂。人家可不同的，文字就是道嘛！既然叫本寂，还讲什么呢？这就是伶俐、聪明，第一等人物。

师父也在找第一流的徒弟，这两下，洞山器重他了，他便在洞山那里住了下来，从此可以入室，在方丈房里跑来跑去。

"自此入室，盘桓数载，乃辞去。山遂密授洞上宗旨。复问曰：子向什么处去？师曰：不变异处去。山曰：不变异处，岂有去耶？师曰：去亦不变异。"

这就是禅，等于永嘉禅师见六祖说：分别亦非意。分别也是空嘛，没有错。

"遂造曹溪礼祖塔，自螺川还，止临川。有佳山水，因定居焉，以志慕六祖，乃名山为曹。"后来曹山到了广州拜六祖塔，再回到江西临川，定居建寺院，因崇拜六祖，所以叫曹山。

曹山法统完全传自洞山，其教育法见《指月录》等书，他的说法、见地、修证、行愿都在内。里头的小字是后世曹洞宗门徒加的，更要注意。

"僧问：学人通身是病，请师医。师曰：不医。曰：为甚么不医？师曰：教汝求生不得，求死不得。"

这是教育法，禅的教育法决不替你解答问题，因为你懂了，却害了你，那是老师的，不是你的。有时你有问题，再给你加个问题，等你自己撞出来以后，才是真对了。禅宗要你自肯自悟，若一念慈悲帮了你，就害了你。如果该替你解答，佛经三藏十二部中都已解答，我们看了佛经，也未成佛啊！

这个和尚不问经典，什么《大乘起信论》，真妄不二法门，那些学问都已学到他身上去了，可是他却通身是病，医不好，请师父医。曹山说要他求生不得，求死不得。怎么办？要自己打出来。

"问：沙门岂不是具大慈悲底人？师曰：是。曰：忽遇六贼来时如何？师曰：亦须具大慈大悲。曰：如何具大慈悲？曰：一剑挥尽。曰：尽后如何？曰：始得和同。"

六贼是指自己的六根。始得和同就是天下太平。

最后，曹山临走时，写了一首偈子。唐宋时代大祖师们，开悟和临走时的偈子都是宝贝，千万注意。宋朝以后就要当心了，因为后世有些语录，是请抽鸦片的书生作的，靠不住。后世有些祖师们，希望自己死后，名字也能编进《大藏经》里，所以雇人代写语录。我也亲见这等事。天下好名之甚，有胜于此者几希！

"曹山示学人偈曰：从缘荐得相应疾，就体消停得力迟。瞥起本来无处所，吾师暂说不思议。"

用功修定以后，参话头也好，非等时间因缘到来才能开悟。比如虚云老和尚，在禅堂里打坐参话头时，外面世界看得清清楚楚。到后来，突然端一杯茶，茶杯掉在地上，"啪"一声，打破了，悟了。古人这些例子很多，灵云看到桃花而悟道，一个缘来，"从缘荐得相应疾"，来得快，所以修行只问耕耘，不问收获，不要说我睡了一年，怎么还没开悟？好像很划不来似的。

什么叫"就体消停"？就是我们打坐用功，有些拿着《楞严经》，什么经等，有些则做气功，蛮空的，过了一阵又变了，上午蛮空，下午又掉啦，这些就是"就体消停得力迟"。尤其是懂了佛、懂了禅的理以后去用功的人，都是"就体消停得力迟"。因为空的道理晓得了，所以念头一来就想把它空掉；有时空得很好，有时却空不掉。这也是"元明照生所，所立照性亡"，看住妄念这个法子，有时就是"就体消停得力迟"。

"从缘荐得相应疾"是缘觉、独觉乘。"就体消停得力迟"是声闻乘、罗汉乘，偏空。

如何是如来禅、祖师禅呢？"瞥起本来无处所"，就是上次提过的"一念缘起无生，超出三乘权学"，那也就是"瞥起本来无处所，吾师暂说不思议"。

曹山四禁偈："莫行心处路，不挂本来衣。何须正恁么，切忌未生时。"

拿一个能照的心，看住这些妄念，以心观心，就是心处路，也就是前面李同学的那个问题。这个路是修行之路，但不是最高明的。

什么是"本来衣"？本来面目清净，觉海性澄圆，想守着清净圆明，早挂上了。所以有一些老修行的人，经常想保持一念，一念清净圆明掉了，就拼命找，哪还找得到！那一念都已经不对了，早挂上了，早就染污了。佛经上说：无住无着。你着在清净上已经错了。

"何须正恁么"，这个时候怎么办？"切忌未生时"，任何一个境界，在一念未动以前该怎么样？是让它动起来，还是不让它动起来？自己去参，曹山没讲。

如果守着未生以前，如《中庸》"喜怒哀乐之未发谓之中"，要保持这个，你早挂起本来衣了，错了。"发而皆中节谓之和"，这已经行了心处路了。

这些都不着，然后才能谈祖师禅。"何须正恁么，切忌未生时"，一念未生之前，是什么？既生以后，是什么？要明白这个才行。

现在讲这些资料，等于还在做准备工作，是讲到修持之路前的资料。应该如何修持？要自己晓得把握，以后自己专修碰到问题时，我们这次研究过的，会使你想出点影子来，可找这些东西来参考。我的用心是如此。

现在讲云门宗。

云门宗的兴盛，也在唐末五代一百年间。后来当欧阳修奉命修五代史时，非常感慨五代没有人才，认为整个世纪，在政治及其他各方面，都没有人才。可是王安石等人的意见则相反，认为五代人才太多了，只可惜都出世了，不肯走入世的路子。沩仰、临济、曹洞、云门，尤其是云门，气宇如王，一个个都有帝王才具，看不起世法。所以唐末到五代乱世时期，是禅宗鼎盛时期；南北朝最乱时，是清谈鼎盛时期，也就是文化哲学最发达的时期。过去一般人研究中国哲学史，说是清谈误国，好像清谈对那个时代的学术要负责任似的。其实，倒是时代历史要对学术文化负责任。我在前面已经说过，清谈并未误国，倒是当国者误了文化。

在五代时期的人才，认为当时是一个无可救药的时代，所以靠边站开了，既然他们都是大慈大悲救世之人，为什么非剃了光头，跑到禅宗里面？难道不肯把这个时代弄好吗？为什么不干？诸如此类的问题，在研究五代文化史的时候，应该另予估量，而不可人云亦云。

第十五讲

　　国内外一般讲禅宗的，喜欢研究公案，然后作批评性的理论而已。我们学禅宗，学的是见地、修证、行愿三者。听了课以后，自己要做工夫去求证，否则与一般禅学的路线没有两样。

　　我们修持之所以不能得定，是因为身心没有调整好，尤其是身体的障碍太多，身见是最难去掉的。我们一打坐修定，身见——身体的障碍就有了。因此，不能去掉身见，想进入定境，是绝对不可能的事。

　　如何去掉身见？在修持的方法上，修出入息是比较容易的。西藏密宗特别注重修气、修脉、修明点、修拙火——这是一条固定程序的路，这个路子修持不好，无法证菩提，密宗如此强调，是有它的理由的。

　　修出入息，至少可以祛病延年。虽然祛病延年及返老还童并不是我们修道的目的，但能做到身心健康，求证道业就比较容易了。

　　前几次讲了炼气的方法以后，很多人搞错了，连炼气也成了"水老鹤"，这是一个很严重的问题。

　　其次的问题，假如要求证佛法，修戒定慧是不二法门，求证果位，只有这一条路。

　　谈守戒，第一个要戒淫念，包括性行为、性的冲动、手淫、自慰、遗精等等。大乘与小乘戒律，在这方面有差别，小乘戒律为求证果，第一条戒律是戒淫；大乘戒律第一条戒杀。小乘戒律以性行为犯戒；次之，有性的欲望也是犯戒。佛在世时，有一个比丘尼被土匪强暴，佛说，这比丘尼在被强暴的过程中，念头没有动，所以不犯戒，这是小乘的戒律。其他如梦遗，梦中有对象的，也算犯戒。

学佛修道的人中，遗精的特别多。在大乘菩萨道中，漏失菩提即算犯戒，不管有念也好，无念也好，有梦也好，无梦也好都算犯戒。所以要求得身心定力，这一点是非常困难的，而最难的是心理问题。没有梦的遗精行为，是阿赖耶识种性的习气，很微细。要做到不漏，有一个"鸟飞式"的方法可练，这是对治的一味药，现在介绍给大家。

每天睡觉以前，站着，脚后跟分开，前八后二（两脚后跟距离约二寸）。第一步，臀部肌肉夹紧，不是提缩肛门，肛门收缩久了会成便秘的，小腹收缩。第二步，两手作鸟飞状，自然地、慢慢地举起来，动作要柔和，嘴巴轻轻地笑开，两肩要松开，两手各在身体左右侧，不要向前，也不要向后，很自然地举起来，越慢越好。与手上举同时，把脚跟提起来，配合姿势向上。

第三步，手放下来时，嘴巴轻轻闭起，同时脚跟配合慢慢放下。站着时用脚的大拇指用力，姿势一定要美，要柔和，越柔和越好，重点在手指尖。手一起来，自然有一股气到指尖，到手一转，气拉住了，会自然地下来，白鹤要起飞时，就是这个姿势。

每晚睡觉以前做，开始时做十下，做时两腿肌肉会发痛，以后慢慢就好了，慢慢增加次数。

做了这个姿势以后，如要使身体健康，还精补脑，长生不老，还要加一个动作。每天做这些姿势，近视眼、老花眼都会好的。加的另一个动作是：

一、用大拇指中间骨节，按摩自己后脑的两块骨头，转圆圈，先顺时针转三十六次，再倒转三十六次，不等。视觉神经就在这里头。

二、用食指中间骨节揉两眼间鼻侧，这里有两个小窝窝，是两个道穴。以前我曾经两眼发红肿痛，嘱朋友针灸在这两个穴道上，立刻痊愈。

三、两手不离开，同时揉两眼眶，即眼睛边缘骨节，顺转，越紧越好，再倒转，转数自定。

四、手不离两眼，然后移至太阳穴，压揉。

五、眼、牙齿闭着，手掌抱着脑袋，道家则把两耳用手倒转来蒙住，两手在脑后打鼓，在后脑心用手指弹，学武功者称鸣天鼓。

如此脑子清爽了，头也不会痛，然后慢慢地，可到达还精补脑，长生不死。

这是炼精化气的动作。

鸟飞式对于遗精的毛病有大效果，心理部分则要自己慢慢做工夫去除。

道家的"服气"，如鱼一样，嘴巴一张一合，空气就吃进去了。工夫做到了一个阶段，可以辟谷时，便要服气。

这些工夫都是助道品，有助于修道，也是对治法门。

另外一个问题，我们打坐妄念不易停止，身体不容易健康，所以教大家修出入息。这方法天台宗特别重视，发展成数息、听息、调息。西藏密宗各教派也特别重视，绝对有它的道理。

修气的法门不是菩提道果，可是它可使我们易于证果。天台宗小止观法门的六字"呵嘘呼嘻吹呬"，是调整身体的，许多人都搞错了，现在重新示范一次：

站着，肩膀一挂，两手随便一摆，气就到了，就好像作鸟飞式时，臀部肌肉一夹紧，气就到了，这是个关键。以发"呵"字为例，只要意识，声音不必发出来，小肚子随着气呼出自然瘪进去，待把气呵光了，没有气可呵了，只要把声音停止，嘴巴一闭，鼻子自然会将气吸进来。要多做几次，然后放下，听声音，听至呼吸与心念专一，杂念没有了，自然空了。

为何教我们在打坐前调呼吸？因一般人调息不容易调得好，不如先做粗猛的呼吸。呼吸粗的叫风，细的叫气。当气到达好像不呼不吸时，细微最微细的那个叫息。天台宗的数息、听息、调息是讲息，不是讲风，也不是炼气。息为何分三个阶段？是科学上的问题，在此暂时不谈。

上座以后，先修风，手结亥母手印（密宗称谓），也就是京戏的兰花手。炼气时肩膀要端起来，让手臂伸直，手放在胯骨上（手过长、过短例外），手臂一伸直，肩膀自然端起，里面的五脏也自然都张开了，气就贯通，所以，非用这个姿势不可。

下一步，鼻子吸气时，小腹自然向内缩，气吸满了，不能吸了，就吐气。吸时细、长、慢。放出时粗、短、急。往复这样做，到了气满时，自己会不想做了，此时就不大起妄念了，然后由气转成息，心境自然宁静下来，感觉到鼻子细微的呼吸，意念与息不要分开，吸入知道吸入，呼出知道呼出，吸入暖知道暖，吸入冷知道冷，意念与气息始终相合，不能离开，如果有一念没有感觉到息时，就是已经在打妄念了。慢慢慢慢如此练习，真到了一念之间，心息真的合一了，密宗的修法叫心风合一，"心风合一者，即得神通自在"，至于祛病延年，返老还童，更是不在话下。

觉得心息相依时，慢慢地，到了后来，好像呼吸停止了，念头也空了，纵然有一点游丝杂念，也不相干。此法最容易得定，最容易证果，除此以外，没有第二条路，做有为工夫的话，就是有这样严重。

现在看云门禅师悟道因缘，《指月录》卷二十：

"韶州云门山光奉院文偃禅师，嘉兴人也，姓张氏。幼依空王寺志澄律师出家。"这位师父是律宗的，律宗严持戒律，云门跟这么一个老师出家，开始修持是非常严肃的，这一点须注意。说其个性"敏质生知，慧辩天纵"，他特别地聪明，而且没悟道以前，口才就非常好。

"及长落发，禀具于毗陵坛"，禀受具足戒，就是持受三坛大戒：沙弥戒、比丘戒、菩萨戒。毗陵坛是在南京，受戒后，他二十几岁了，回来跟随本来皈依的师父好几年。"探穷律部"，这时候，他已把律宗的道理、修行，研究得非常深刻。他不仅只在学理上深入，同时也随时在做工夫。真讲律宗的人，并不是光在行住坐卧上守规矩，行住坐卧还是威仪律，真讲戒律就是随时要在定中。为什么走路要规规矩矩？因要随时在定中，不能有一念散乱。所以这时云门已经在用功了，以一个绝顶聪明的人，随时在做工夫，但"以己事未明，往参睦州"，他不以自己的工夫为足，认为自己没有开悟，此事未了，此心不安，便去找睦州参访。

睦州在当时很了不起。睦州和尚悟道以后，没有住庙子，因为他有个老母亲需要奉养。戒律上规定，以出家人的身份，拿庙子上的钱，养自己俗家父母，是犯戒的。因此他不住庙子，也不接受供养，他自己做工，每天编草鞋，卖了，拿钱买米养母亲。

黄巢作乱，到了睦州这个地方，城里的人恐吓万分，大家只好找和尚了，因为知道他有道。睦州和尚叫他们把自己编的草鞋挂在城门口，结果黄巢的部队一到，看到四面城门关闭，城上很多天兵天将守卫，黄巢哪信这一套？命令攻城，结果莫名其妙地被打败了。后来一看城门口有两只草鞋，才知道陈睦州大法师住在这里，他是个有名的大孝子，于是黄巢退兵而去。不过这段事正史上不记载，认为这太神话了。所以睦州在禅宗里头是俗僧，就是佛经上所谓长者。

睦州一看到云门来就关门，理都不理。"师乃扣门。州曰：谁？师曰：某甲。州曰：做什么？师曰：己事未明，乞师指示。州开门一见便闭却。"

这是睦州对云门的教育法，很有意思的。

"如是连三日扣门。至第三日，州开门，师乃拶入，便擒住曰：道！道！师拟议，州便推出曰：秦时镀轹钻。遂掩门。"门一开时，云门的脚便踩进去，睦州也不管，管他是腿也好，手也好，咔哒一声，云门的腿被夹伤了。这是禅宗的教育法，真吃不消，现在的人不到法院告他才怪。

"秦时镀轹钻"，就是秦代的老古董，这么一句话，他悟道了。"损师一足，师从此悟入"，这是云门的悟缘。

不像灵云见桃花而悟道，那多舒服啊！还有一个比丘尼，"归来手把梅花嗅，春在枝头已十分"，那更是幽雅，云门可不然，伤了一只脚，总算开悟了。

我们要注意，虽然上面的资料非常简单，但云门从小出家，做了十几年的工夫，律宗的经论、教理都通达了。当然，佛学是佛学，唯识也好，般若也罢，讲得再高明也没有用，此心还是不能安。等到事情来了，用不上，所以己事不明，云门在追求这个东西。

云门这一段悟缘的记载比较简化，如果把他十几年来的修持经过记下来，足为后人做一番参考，可是古人觉得记载自己的事情，有点像自我宣传，所以不干，今人就不同了。

云门后来抵灵树，这是一个江西的庙子。"冥符知圣接首座之记"，这个庙子前任的住持知圣，曾经预言：将来这里的大方丈，是个得道的人。"初知圣在灵树二十年，不请首座"，丛林的规矩，和尚下面领头的叫首座，知圣下面始终未请首座，他的弟子们就问了："师父，你请个首座嘛!"知圣说："我的首座刚刚出世呢!"过几年，又说："我的首座长大了，现在牧牛。"再过几年又说："我的首座出家了，现在到处行脚参访。"然后，"喔! 悟道了。"有一天，吩咐徒弟们打钟，大开山门："我的首座弟子来了。"大家出来一看，云门行脚刚到，到这个庙子来挂褡，老和尚一看到人就说："奉迟久矣!"我等你很久了。马上请云门当首座。过去大丛林请首座，极为庄重。

这个庙子在江西南部，靠近广东。唐末五代时，地方军阀割据。"广主"，就是两广的军头，是一个有名的暴虐军阀。"广主刘"，不记载他的名字，因为这些人虽然独霸一方，但算不上是什么人物。当时丛林的大和尚都是政府聘的，这个广主刘准备造反，特地来看大和尚，"请树决藏否"，来问知圣和尚造反好不好。在他未到以前，知圣已经知道了，等这位广主一到，知圣两腿一盘，涅槃了，等于答复他，你如果造反，会同我一样，要死的。

这位广主问当家和尚："和尚哪一天有病的?""不曾有病，刚刚大王还没到前，有一封信，叫我送给你看。"广主打开一看，上面写着："人天眼目，堂中上座。"推荐云门接这个庙子。广主完全懂了，"寝兵"，不造反了，同时请云门当大方丈。

现在不管这些热闹事，回转来研究，如何在心地法门上用功。

云门的教育法，开堂问众人说："汝诸人无端走来这里觅什么? 老僧只管吃饭屙屎，别解作什么? 汝诸方行脚，参禅问道，我且问汝，诸方参得底事，作么生试举看。"

这都是当时的白话记录，云门下面有四五百人。"于是不得已，自诵'三平偈'"。三平是大颠和尚的弟子，大颠在广东，是马祖的弟子，也是有名的大禅师。三平和尚是大颠和尚的首座，韩愈被贬到潮州以后，跟大颠是好朋友，每天向大颠和尚问道，大颠始终不对韩愈讲。有一次，韩愈问大颠和尚："弟子军州事繁，佛法省要处，乞师一语。"韩愈向大颠和尚请示佛法，"师良久，公罔措"，韩愈说："师父，我还是不懂。"三平站在旁边就在禅床上敲三下，大颠和尚说："作么？"三平说："这个道理，先以定动，后以智拔。"韩愈说："我懂了，师父怎么不告诉我，倒是小师兄的话我懂了。"老和尚一听，拿起棍子就打三平，为什么打他？因为对韩愈讲道理是害了他，接引韩愈须把一切道理都堵光。有学问、有思想的人不易入道，因为自己很容易拿道理来下注解，三平告诉他这两句话，韩愈自认为懂了，其实还是不对。

三平后来是大祖师，写了一首悟道偈，非常好，所以云门祖师借用。他们两个时代距离约有几十年。

云门祖师借用三平的偈子说："即此见闻非见闻。"念了以后，看看大家都不懂，便接下去："无余声色可呈君。"然后看看这班僧众，又不懂，自己说："唉！有什么口头声色？"又念第三句："个中若了全无事。"看看大家仍不懂，又说："有什么事嘛！"又念三平的第四句："体用何妨分不分。"大家还是不懂，他又下注解："语是体，体是语。举拄杖曰：拄杖是体，灯笼是用，是分不分？"停了一下，大家没有答复他，又说："你们难道不知道，一切智智清净，懂不懂？"——这就是禅宗的教育法。

有一次，我与学生上街时，看到街上年轻男女情人搂着走，同学问我作何感想，我说：

　　即此见闻非见闻　　无余声色可呈君

　　个中若了全无事　　体用何妨分不分

　　同样的道理，不是笑话，大家不易了解的。

　　"师云：光不透脱，有两般病，一切处不明，面前有物，是一。"

　　我们打坐参禅，智慧的光、自性光明没有来，是因为有两种毛病：一是在任何一切处，眼睛前有个东西，把你障碍住了，而不自知，所以无法明心见性。

　　我们打起坐来，是不是面前有物？闭起眼睛，黑洞洞的，看不见，张开眼睛时，一切见闻"皆"见闻，"现前"声色可呈君了。眼睛一张开，就被外界牵走了，做不到"个中若了全无事，体用何妨分不分"。

　　闭起眼睛来，眼皮就障碍住了，黑洞洞的，一片无明。禅宗祖师骂人：黑漆桶一个。我们身体像桶一样，在桶里头黑洞洞的，这怎么行啊！一切处不明，面前有物是第一毛病。

　　能把身体的观念，真空得了，般若的心光才能够出来，那时才能谈得上"体用何妨分不分"。也可以说，内外何妨分不分。这是第一点，很确实，不像他上面说法的作风。

　　又："透得一切法空，隐隐地似有个物相似，亦是光不透脱。"

　　注意这里，有时道理上悟到一点，坐起来也比较空一点，当然还没有完全透得法空，只有一点影子。但是，注意云门的话，坐在那里，空是空，可是隐隐地，好像还有一件事未了，说是妄念，又不是，但是就有个东西在那里。不要认为自己对了，生死不能了的。

　　云门讲得很清楚，透得一切法空，理也到，境界也有，但是定中隐隐地，好像有个东西障碍你一样，这就是般若心光不透脱。透脱就是透出来解脱了。所谓透了，就是无内外、无障碍，解脱了。

云门很确实地告诉我们见地、修证、行愿，都要注意。又说：

"法身亦有两般病"，一念不起，清净无生，这是法身，也有两种病：

"得到法身，为法执不忘，己见犹存，坐在法身边，是一。"

得到空一点境界时，清净了，这只能讲相似于法身，近于法身。但离开这个清净境界，你就没有东西了，因此抓得牢牢的，这就是法执。法执一在，这里头就有我见，就是"己见犹存"。所以不必说"法无我"，连"人无我"也没有达到。毛病是住在法身境，守这个清净，以为究竟，出了大毛病，这就是法身病之一。

第二个法身病，"直饶透得法身去，放过即不可，仔细检点将来，有什么气息，亦是病"。真达到绝对的清净、空的境界，真做到了随时随地都在空境中，还犯了一个毛病，就是如果不守住空的境界，一念不定，就完了。没有法身，那个空的境界就跑掉了。

在座有几位老朋友，都有点心得，勉勉强强，打七用功，逼一下，有点清净，觉得蛮对，理也悟了。"放过即不可"，放松一点，人世一滚，事情一忙，什么都没了。自己仔细反省一下，有什么用？有什么气息？这也是大毛病。

我们看禅宗语录，常常把这些重要的地方，马马虎虎看过去了，其实这些都是宝贝。我们光看扭鼻子啦，看桃花啦，再看也悟不了道，刚才说的这些，才是重要的地方。

"垂语云：人人尽有光明在，看时不见暗昏昏。"你要找道，越找它越看不见，过一阵问大家："作么生是诸人光明？"大家都不明白，答不出来，自己代表大家答："厨库三门。"厨房、库房、三门外。再看看大家仍不响，又说："好事不如无。"下座，进去了。

这是禅宗、禅堂的教育法。

再谈云门对人的教育法，有一次，云门到了江洲，陈尚书请云门大师吃斋，尚书相当于现在的部长，官位很大。他要考考云门，才见面便问："儒书中即不问，三乘十二分教，自有座主，作么生是衲僧行脚事？"

这位陈尚书佛学很通，禅也懂，一见云门便问：儒家的书我不问你，世间的学问，佛经三藏十二分教我也不问，那些是研究佛学的大师们的事，让讲经法师去搞。我只问你，你们参禅的人，要明心见性，到处参学，你对这件事看法怎样？

他是主人家，客人一来，才见面，很不礼貌的样子，就考问起云门来了。

云门问他：你这个问题，问过多少人？陈尚书说：我现在请教你。

云门曰："即今且置，作么生是教意？"

现在你问我这个问题我不答复，我请问你：《大藏经》每个经典里头讲些什么？

这位"部长"答："黄卷赤轴。"没什么，都是些装潢得很好的书。

"这个是文字语言，作么生是教意？"陈尚书给他一步步逼得内行话都出来了："口欲谈而辞丧，心欲缘而虑忘。"

真正的佛法没有语言文字可谈，听起来，这位尚书大人好像开悟了似的。云门一听，便说：

"口欲谈而辞丧，为对有言；心欲缘而虑忘，为对妄想，作么生是教意？"

这是相对的话，研究过唯识的就知道，上一句是对语言文字而讲，下一句是对妄想来讲，也是相对的话。云门说：你还是没有答复我的问题，我问你，什么是教意？佛经究竟讲些什么？"书无语"，这位尚书不讲话了，这一顿素斋颇为难吃的样子。

云门又问：我听说你是研究《法华经》的是不是？是啊！经中道："一切治生产业，皆与实相不相违背。"这是佛说的，在家出家一样可以成道，在家行菩萨道的人，一切治生产业与道体没有两样。

"且道非非想天有几人退位？"云门又接着问。

问题来了，佛法的宇宙观，超过色界有个非非想天，非非想天的天人有几个退位？既然一切世法与佛法不相违背，为什么死死地在那里闭眉闭眼打坐？为什么要求自己不动心？非非想天有几人肯下降人间？到了高位的有谁肯下台来？

这位尚书给他逼得答不出来，云门就训话了："尚书且莫草草。"佛法不是那么简单，你不要认为自己很高明。

"三经五论，师僧抛却，特入丛林，十年二十年尚不奈何，尚书又争得会？"

佛学讲得呱呱叫的，和尚里头多的是，他们认为自己没有悟道，因此不研究佛学，把教理丢掉，跑到丛林禅堂里参禅，参个十年、二十年，连一点影子都没有的，多得很呢！尚书你别以为已开悟了，还差得远呢！

云门老和尚很厉害，这一下骂得那位尚书跪下来，说："某甲罪过。"这才服气。

第十六讲

禅宗讲见地、修证、行愿时，多半用的是隐语，所以不要被美妙的辞句瞒过去了。

云门的宗法非常难，所以云门宗出来的人才，都很了不起，但是很难教出几个人来。云门的眼界高，教育法也严。云门的教育法是顾、鉴、咦，而不直接谈见、修、行。

什么叫顾、鉴、咦？比如学人来见他，他眼睛一瞪，说：你看清楚了吗？学人不懂他是什么意思，他便慨叹一声：咦！

现代人研究禅学，有把顾、鉴、咦当话头来参的，参它就会悟道吗？不一定！

云门的气宇如王，教育方法非常严肃，尤其因为他是律宗出身，对弟子们戒律的要求非常森严，他随时都在提醒学生们用功。也许学生们正在路上走着，碰到云门，他叫："你看！"学生一回头，看着他，不懂，云门曰："咦！"叹一声。咦，可不是《小止观》中的六个字，别把它当气功看，如果当气功看，那就糟了。

现在来谈法眼宗。法眼宗在南宋时代就衰落了，此宗与云门的教育法不同，比较注重文学。这一宗的人才，文学修养都很高，比如永明寿禅师（《宗镜录》的作者），即属法眼宗这一系。法眼注重文字、教理，才产生了永明寿的教理与修持并美。法眼禅师悟道的因缘，大家可以自己研究。

法眼禅师有名的诗：

> 理极忘情谓　　如何有喻齐
>
> 到头霜夜月　　任运落前溪
>
> 果熟兼猿重　　山长似路迷
>
> 举头残照在　　元是住居西

诗作得不算特别好，但却是禅的境界。他主张见地、修证、行愿并重。要穷理，理明到了极点，言语道断，心行处灭，一切妄念都没有了，就是"忘情"。用功的第一个道理是要理透，然后工夫才到。

到了言语道断，心行处灭时，怎么样的比喻都讲不出来了，怎么比喻都是错误的，因为无法相比。

"到头霜夜月，任运落前溪"，这是现前的境界，住在山上的人，经常看到这景象，尤其冬天的月亮最好看，大雪封山，人影没有半个，然后月亮圆圆地挂在天上，下面一片琉璃世界，这个时候，天上天下，唯我独尊，妙不可言。"到头霜夜月"，就是这个境界，一片清明，忘身，忘念；人我世界都空了。第二句话要注意，"任运落前溪"，我们有时瞎猫撞到死老鼠，大境界没有，只有一点点空，偶然有一点禅了，但等一下就掉了，这类人很多，就是不懂"到头霜夜月，任运落前溪"，明极则暗生，这是当然的道理。什么叫掉了？暗极又会生明嘛！这是理没有透。

下面两句"果熟兼猿重，山长似路迷"，好诗，实实在在的境界。果子熟了，猴子来摘水果，抱也抱不动。猴子偷水果很有意思，右手摘了一个，夹在左臂下，再用左手去摘，夹在右臂下，双手不断地摘，水果不断地从臂下掉到地上，看到人来了，赶紧跑，这就是人生。这个钱抓来放银行，那个钱抓来买股票，然后走时，两手空空，什么都没有，同猴子抓水果一模一样。有些猴子心平一点，抓一个两手捧着就把它吃掉了；如果要偷的话，一定一个都没有。

这一段完全讲工夫，阴极阳生、阳极阴生的境界，随时在变动，不要认为清明境界一念不生能一直保持住，如果一念不变去，你就是妖怪了，妖怪就叫外道。我们守住一念，久了以后就落在枯禅，没有生趣。事实上它一定会变的，中国道家称为"九转还丹"，一层层地变化，真到后来得了果位，"果熟兼猿重"，猿代表心意，但这一段工夫是"山长似路迷"，果熟要慢慢修得。我们打坐三天就想证果，没有这回事。要慢慢地，有时连自己都怀疑，好像没有希望了，就是山长似路迷，这些都是讲工夫。

最后两句"举头残照在，元是住居西"，现成的境界，抬头一看，好像在黑暗境界中，光明掉了，不过还有一点残照在，原来那个灵灵明明的还在，就在那个房子西面。"住居西"是双关语，也可说是西方极乐世界，这极乐世界不一定代表西方净土佛国，而是代表自性清净。

法眼宗非常平实，但偏重于文学方面，比较着重于文字。《指月录》记载了这一首，《五灯会元》卷十，则录了另外一首。法眼禅师与李王赏牡丹花谈天，五代的李王，就是唐太宗的后代末路王孙。李王很尊重法眼禅师，是法眼禅师的皈依弟子。有一天，这位小王请法眼禅师同赏牡丹，一方面问佛法。牡丹代表富贵，赏完花后，李王请他作首偈子，他当场就写了一首诗：

> 拥毳对芳丛　由来趣不同
>
> 发从今日白　花是去年红
>
> 艳冶随朝露　馨香逐晚风
>
> 何须待零落　然后始知空

天气凉了，他们披着披风对着牡丹花丛。"由来趣不同"的趣字同趋，走的路不同。

"发从今日白，花是去年红"，这两句真好，但是袭自杜甫"露从今夜白，月是故乡明"，不过偷得很高明。

"艳冶随朝露，馨香逐晚风"，描写花，好诗。

"何须待零落，然后始知空。"他对这个末代的王孙说：你赶快去修道，时代已经结束，不是你的了，何必等到花掉下来，你才知道是空的呢？正此时，恰到好处，你赶快收场，这句子写得多高明。又在《指月录》卷廿二有：

师颂三界唯心曰："三界唯心，万法唯识。唯识唯心，眼声耳色。色不到耳，声何触眼。眼色耳声，万法成办。万法匪缘，岂观如幻。大地山河，谁坚谁变。"

这就是法眼这一系的禅宗，后来法眼一系发展下来，到了宋代，除了永明寿禅师以外，就是浮山远禅师。

如果研究中国文化发展史，要特别注意沩仰宗的九十六圆相。沩山禅师乃百丈禅师的弟子，仰山禅师是沩山禅师这一系来的，跟着下来就是临济、曹洞，时代已到晚唐、五代。云门、法眼则是五代了，浮山远禅师、永明寿禅师已到了宋朝。这中间一差就两三百年，我们几句话就带过去，几百年一刹那而已。

时代愈向后发展，简单的方法也越形繁复，同现在科学一样，分工越来越精细。临济的四料简、三玄三要，到了曹洞就是五位君臣，云门的顾、鉴、咦也过去了。到了浮山远禅师，演变成"九带"，这九带成了东方文化，传到日本，变成工夫方面的术语，黑带、黄带等九条带子。这就是从浮山远禅师的九带演变来的，九带就是九个类别。

现在的禅宗很可怜，一般人以为打坐是禅，参话头是禅，默照也是禅，还有一种把沉思冥想也当作是禅，这就很严重了，宋朝大慧果禅师称这个是"默照邪禅"。

还有一般讲禅学的人，讲得就更容易了，比如说：见桃花而悟道啦；见山不是山，见水不是水，见山又是山，见水又是水；这是大家最喜欢讲的，搞禅学的书上常有。穷人上街，百货店里摆些什么，经常没有看见，见百货不是百货，那不是禅了吗？

还有灵云禅师见桃花而悟道，这个故事很有名。灵云禅师参禅参了二三十年，参不通，这一段谁都不去注意，有一天，他在放松之间抬头一看，看到桃花，噢！原来这个，悟了。他写了一首偈子：

> 三十年来寻剑客　几回落叶又抽枝
>
> 自从一见桃花后　直至如今更不疑

这也等于一个比丘尼悟道时所作：

> 竟日寻春不见春　芒鞋踏破岭头云
>
> 归来手把梅花嗅　春在枝头已十分

灵云禅师参禅参了三十年，"自从一见桃花后，直至如今更不疑"，同迦叶尊者一样，释迦拈花，他就微笑了，他究竟悟个什么？为什么种桃花的人，一辈子也没有悟道呢？这是问题——话头。

如果讲见桃花悟道，那么达赖六世当然也悟了道，他的情诗便有：

> 美人不是母胎生　应是桃花树长成
>
> 已恨桃花容易落　落花比你尚多情

如果在这些文字上凑，一辈子也搞不清楚，人都搞疯了，变成一个疯狂的人。灵云禅师见桃花而悟道，与释迦牟尼佛睹明星而悟道，是同一个道理。同虚云和尚打破茶杯，也是同一个道理。灵云禅师用功三十年一直在找，找不到。至于三脉七轮、奇经八脉，在他则已经不在话下。有一天，忽然放松一下，站起来，要松弛松弛，一看花，花还是花，我还是我，眼睛看到花的时候，心念已经不在花上了，那个视力的功能回转来，视而不见，眼里没有桃花，心里也没有桃花，这时正在用功吃紧之际，心里很紧张，抬头一看这个东西，眼睛对着它，马上一返照，心念顿时一空，如此而已，没什么稀奇。岂止看桃花而悟道！看什么都一样。

我有个方法可以试验，你去跑上几圈，跑完了以后，刚刚站住，气还没有回转来，只要有人拍你一下，对你说：好了，你已经到家了。那时你一定以为你悟了，心里觉得很踏实，有悟了的感觉。这是心理状态，骗人的。

像这样的"禅"，后世太多了，不能乱搞，这不是真的禅。因此，雪窦禅师作了一首诗说：

> 潦倒云门泛铁船　江南江北竞头看
>
> 可怜多少垂钩者　随例茫茫失钓竿

这是指后世参禅的人，连我们在内，现在都在这个境界里，"随例茫茫失钓竿"。江南江北到处的人，都想上这只船，等于我们到处求师，到处钻。但是别说学的人没有学成，连那些教的人，想钓钓看有没有大鱼，结果是"本欲度众生，反被众生度"，连自己的钓竿都弄掉了。

古代人学佛的路子和后世人有何不同？佛并没有说明心见性就是禅。那些认为了生死就是禅，以及明心见性就是禅的想法，是中国宋元以后的禅宗讲的。佛在灵山会上拈花微笑，千古以来很少有人参透，我经常教人参这个公案，佛为什么拈花？迦叶尊者为什么微笑？这里头有见、修、行，三要都在内，不是那么简单。再说佛传禅宗心法时说：

> 吾有正法眼藏，涅槃妙心，实相无相，微妙法门，不立文字，教外别传，付嘱摩诃迦叶。

佛并不是说：我有直指人心、明心见性法门，付嘱摩诃迦叶。这是后世改的，虽然意义差不多，但是文字一改，观念完全不一样了。如果明心见性就是禅，那什么是心呢？有问题，这是第一桩错误，很严重。

第二，自达摩祖师东来，一直到六祖以前，他们的直指人心、见性成佛，是怎么指？决不是六祖以后这一套指法。以二祖那样的学问，那样的修持，最后还是心不能安，要求安心法门。难道他那么没出息？以他的学问、修养，应该早就安心，就像我们看空了人世间一切等等，怎么他还没安心呢？乃至他得法以后，再传给三祖，自己又到花街柳巷去玩了，还说是在调心，这是什么道理？难道他连我们都懂的道理都不懂吗？

第三点，三祖来见二祖时，三祖一身是病，古代讲"风病"，就是现代讲的血压高、神经痛、骨节发炎，浑身是病，求二祖替他忏罪。二祖对他讲："将罪来与汝忏。"要他把罪业找出来，然后为他忏悔。二祖对三祖这么说，过了好一会儿，"良久，曰：觅罪了不可得。祖曰：与汝忏罪竟"。三祖由此悟了，病后来也好了。这个可不是普通心理上有个空的念头而已。病由业生，业由心造。二祖等于告诉他，他心若空了就没病，后来三祖的一身风病就好了。这悟个什么？这是心物一元的心，如果只从意识心上讲：噢！我心好清净，我解脱了。解脱个什么？解脱不了的。他的病从此好了，这里值得注意。

四祖来见三祖时，和二祖见达摩祖师的公案类似。四祖当时年纪很小，才十四岁，"来礼祖曰：愿和尚慈悲，乞与解脱法门"。三祖一听，反过来问他："谁缚汝？"到底谁捆住了你？四祖琢磨了一下说，没有人捆住我呀！于是三祖就说："何更求解脱乎？"那么你又何必求什么解脱呢？小小年纪的四祖，这样就开悟了。

五祖见四祖的事更怪了。达摩祖师传下来的，四祖交不下去。一天，长住山上一个栽松道长，来找四祖求道，四祖说你年纪太大了，如果能转个身来，我等你。这老道人就投胎去了。如说他没悟道，他要来就来了，转个身就来了。虽有这个本事，却还没悟道。四祖还真的等他来，这个公案也要注意。

后世自从一讲心即是佛，处处都拿心来讲，固然中国南方流行这种很普通的方法，但流弊大得很，后世人拼命弄个话头在心里塞，那就更错了。

禅宗的一种教授法，叫作"围起来打"，也就是无门为法门。在学的人本身，八十八结使，随处可以围起来打。脾气大的，把他挑大；贪心重的，就把他挑重。有个大官来见药山禅师，问：佛经上说"黑风飘堕罗刹国土"，这是什么意思？这人学问很好，官位也高，问话时也规规矩矩的。老和尚却一副鄙视相，说：凭你，也配问这一句话？这一下真把他给气死了，年纪那么大，地位那么高，规规矩矩问他，老和尚却那么无礼地回答，恨不得打他一巴掌。老和尚这时轻轻地点他："这就是黑风飘堕罗刹国土。"他悟了，立刻跪下来。

禅宗的教育法就是这么妙，晓得你脾气大，就故意想个办法逗你，等你脾气很大的时候，就来拍马屁了，不要生气了，这就是无明，无明就是你这样。于是这个人悟了，这个时候心是清净的。

贪、瞋、痴、慢、疑等等，用各种方法，围起来打，没固定的方法，准要打得我们，如同灵云见桃花而悟道一样，然后说：对了，对了，这就是了。

但如果认为这就是禅宗，那才是自欺欺人呢！这是第六意识偶然清净的境界，等于用香板点人一样，一下子空了，意识清净了，只认识了这个。如果认为这个是"心"的话，就大错而特错，不是的。

明心见性这个说法的流行，是六祖以后，一代一代演变下来的，越到后来就越没有真禅了。像现在这个情形，不需要搞佛法，任何人可以做到，只要把一念空了就好了。想把心念一下清净下来，方法多得很，如眼睛平视前方，前面摆一个发亮的珠，或佛像、菩萨，眼盯着看，心念就会慢慢清净下来，催眠术也是这样。

密宗的修法，也是围起来打，要发大脾气时，有个清净的房子，把你关起来，给你几天，尽量发，发到累了，气自然也没有了。贪心的人，找个地方给你贪，贪够了，你就没有了，都空了。看光也是同样的道理。

但这一切都离不开这个身体，离不开色阴区宇。不管学哪一种宗教，觉得有个清净境界时，身体还在，气脉还调驯，四大还安适，心意识上偶然清净，都会错认它就是道，其实都离不开生理作用。

大家自己观察一下，这时如果感冒了，或得了重病了，还是会烦恼会痛苦，明知道心是空的，却空不了。有些人本事好一点，躺在医院时，问他："你这个时候清楚吗？""清楚。""痛不痛呢？""难过。"再过几天病重了，你问他："你晓得吗？""不知道了。""还有没有工夫？""没有了。"可见一切都是生理作用，这个唯心悟了有什么用？所谓工夫又何在呢？换句话说，你这个工夫没有身体帮忙不能成功。

至于人人动辄讲气脉，气脉是很自然的，一个人定下来，气脉没有不起反应的，连睡觉时都有气脉，这是地水火风，身体上自然反应而来的。但是一般人静坐时，有个很糟糕的心理，一边在打坐，一边想成佛成道，禅宗叫作"偷心不死"，贪便宜，偷巧。人有很多坏心理，玩聪明，这些就是偷心。

有偷心，就有一个目的在求。生理的种种自然现象，配合心理上的错误观念，便认为它就是清净，这就是道，都是在这里头玩，究竟道是什么？明心见性是什么？也根本没有见到，所以大家学佛没有好好学。

现在看"三界天人表"：三界天人表的秩序，等于我们的身体，下面欲界，中间色界，上面无色界。按照中国道家的说法，下面炼精化气，中间炼气化神，上面炼神还虚，达到空的境界。

所谓气脉是什么呢？佛家讲四大，即地水火风。做工夫有四禅，四种定境。不管般若也好，真如也好，悟了道的人，不能不走禅定的路，道理再高明，没有定力也是不行。定力达到初禅，是离生喜乐，喜是心理的，乐是生理的。如何发乐？乐由精生。精不充满，发不出乐，但凡夫众生精充满之后，男女淫欲之念——无明就跟着来了。如果解脱了无明欲念，转化了它，升华了它，才能炼精化气，才能达到心理上喜的境界。

前天有个同学笔记上写："法喜充满，喜也是妄念，是大妄念，大结使。既然是妄念，佛法为什么提倡喜呢？"因为喜的另一面，是阴的一面，就是烦恼。喜是阳面，有喜则阳气生。善能生阳，所以佛法的道理，取阳面的善念。总算有个同学提得出来这种问题。

喜乐也是妄念，不过喜乐是阳面，是善念之所生，善也是念，所以四禅八定的境界也是念。只有到达彻底的舍念清净——四禅，才算摆脱了念。我们都想死后不再转人身，而升入天道，但是没有禅定就无法升天道。这里特别提出一个问题，大家有没有研究佛经，知不知道这个世界将怎么毁灭？知不知道有三灾八难，三个大劫？现在我们来研究一下这些问题：

《瑜伽师地论》卷二：

> 又此世间二十中劫坏，二十中劫坏已空，二十中劫成，二十中劫成已住。又此中劫复有三种小灾出现。

此时地球还在俭灾、病灾、刀灾。这且不谈，这只是人世间的劫，而宇宙却有三大劫——火劫、水劫、风劫。

我们修十善业，修戒、定、慧，在没有悟道前，因戒定慧的善果修得好，才能升天。但升了天道就没事了吗？等火劫来时，地球中心的火山爆炸，甚或连太阳也爆炸了，烧到二禅天下面。大梵天以下，整个都烧掉了，日、月都没有了。火劫来时，初禅天包括三十三天，一直到二禅天边上。

二禅天以上火劫烧不到，但水劫来时，整个银河系统都毁了，那时二禅天的顶都淹没了，达到三禅天边上。

三禅天水灾毁不掉，可是风劫一来，整个大气层，物理世界崩溃时，三禅天也毁了。

只有到了四禅天以上，无念真空的境界，三劫才达不到，这是佛经大小乘经论上，说得清清楚楚的。宇宙的成住坏空，佛经记载得很详细，大家要好好地去参究。

一般人研究经典，特别爱搞学理上的哲学问题，这些实际的问题，却都不去碰它，都把它丢掉了。

我们身体也是地水火风来的，一切妄念，尤其男女的爱欲，都在火、水两个大灾里面。欲念滋盛了，就有笑、视、交、抱、触，然后就有黏液，身上的液体就起变化，荷尔蒙起了变化，再整个发散，整个禅定也就跟着没有了，垮了。

气脉不调驯，风灾到了，就是到了三禅都靠不住，什么叫悟道？骗谁啊！所以古德言"参要真参，证要实证"，身与心是一个心，是心物一元那个心，要把那个功能见到拿住才行。当你修到妄念不起，只是第六意识一点点境界，那还没跳出第一个火灾的范围，什么妄念不起？逗你一下，瞋心就起来了。"一念瞋心起，八万障门开"，这个人你不喜欢理他，瞋心就起了。儒家善恶是非太分明，属于瞋心，所以善恶是非过分分明就是瞋念重。"不俗即仙骨，多情乃佛心"是贪念重，"落红不是无情物，化作春泥更护花"，这也是贪念重的描写。"唉！什么都可以放得下，就是某一点我放不下"，这是痴念重。然后想："我如果一放下，一修一定成功"，这个想法是慢念重。然后，"唉！可惜，当时我就是没有干好"，这是悔念重，人人都在悔。然后一边修道，一边又在怀疑，自己究竟有没有希望，自己也茫茫然无把握，这是疑。总之，贪瞋痴慢疑，没有一样不重。

我们自我检查，第六意识纵然没有起来，半天也没动过，清清明明，那只是枯禅罢了。第六意识偶然的一个清明的现量呈现出来，也是不算的，因为逗逗你就完了。而且这个清明面还要靠身体好，气脉通。如果风灾一来，来个病痛，气脉堵住了，这一点禅早就跑掉了，这是身上的风灾。所以气脉之说有没有？绝对有。地水火风调和不好，不要谈道。此身都不能转，还转个什么心啊！转不了的，绝对转不了的。

火、水、风三大劫一来，初禅、二禅、三禅诸天都没有了，整个世界毁掉了，太阳、月亮都毁了，何况我们这时。你说那个时候，你还在一念清净、三际托空，看你那时空不空！因为我们现在的三际托空，是靠身体四大偶然的调和而形成，不是真到了明心见性，这点要特别注意。

因此，后世的禅，都把第六意识偶然一点清明的念头，当成道法，现在很多人都认为自己到了，却忘记了这个清净，是发生在身体最健康的时候。实际上，此时测量脑波，脑波还在动，心电波也还在动。脑波也可用心意识控制，我们的心念可以控制自己的思想，可以做到让它停止。但是必须要身体绝对健康，如果身体不健康，再要硬性控制意念，脑神经就会错乱，所以，气脉就有如此重要。在身体尚未健康时打坐，观念一错误就会导致神经问题。许多搞宗教的人，都遭遇这种情形，就是因为生理、心理都不健康。绝对健康的人才能够修道，才能够谈明心见性。至于那个心是怎样明的呢？怎样见的呢？教理与工夫，都要一样样配合，《楞严经》已露了一点消息，你们要用智慧去参啊！

关于《瑜伽师地论》，重要的部分将依次介绍，《瑜伽师地论》的内容，可说是美不胜收。

禅宗是用般若谈法性，唯识则偏重于法相。般若这一派学问，根据一般后世佛学家的说法，是龙树菩萨的系统，我们也顺着这么说。唯识与龙树有关，也是这个系统来的。性相二宗，在这一两千年以来，印度同中国一样，都为这两个问题互相争得厉害。

性宗以般若为宗，认为毕竟空，彻底地空；相宗以唯识为宗，认为胜义有。所谓胜义有就是说：一切万有的现象与作用，都是空的，无自性，但是"那个"东西，形而上的"那个"叫作胜义，是真有的，不过不是世间法的有，而是有这个功能。世上一切万有的功能，都是由它生的，不是没有。胜义有及毕竟空，两派争得很厉害，是学术意见之争。在我看来，般若都是讲有，唯识恰恰讲空，有些人拿着鸡毛当令箭，争来争去，真是无聊。

为什么说般若谈有？《心经》云："舍利子，是诸法空相。"他没有说：舍利子，是诸法空"性"。诸法空相，一切相空了。最后告诉我们："真实不虚。"可见是有。

唯识宗呢？以六经十一论为宗，《解深密经》上佛说：

> 阿陀那识甚深细　一切种子如瀑流
> 我于凡愚不开演　恐彼分别执为我

这明明是讲空嘛！佛不是说得很清楚，还有什么好争的。不过没有关系，读书人不争论还有什么事情可做呢？读了书就是要争，争名嘛！（众笑）

这两个系统后来有一点不同，所以达摩祖师要我们以《楞伽经》为根本。《楞伽经》是性宗、相宗主要的经典，也是禅宗及唯识宗的主要经典。既然谈到《楞伽经》，又非懂得唯识法相不可。再回转来看禅宗，每个祖师，临济、沩仰、曹洞、云门、法眼，没有一个人不通教理，经教全通达了，最后摆脱经教而学禅。现在的人经教半点也没研究，还动辄就说是禅宗。

我们先说明白这些道理，才能再谈用功的方法。

玄奘法师所作的《八识规矩颂》中提到第八识的偈颂，"性唯无覆五遍行"，阿赖耶识无所不在，但如不因意等七个识起作用，非但不自造作善恶两业，而且不与染法相应。所以说它"无覆无记"，把阿赖耶识转为白净识，就可明心见性，也就是回转为如来藏性。没有回转过来之前，无明的这一面，都属于阿赖耶识。

"五遍行"是作意、触、受、想、思。这五遍行千万要记得，打起坐来做工夫时才容易得力，才能够穷理，就是法眼禅师所讲："理极忘情谓。"教理通了，这些了解了，做起工夫来才有用，理不通不行。这五遍行在前五识里有，第六识也离不开它，第七识也有它，第八识也跑不掉，你看这五遍行多厉害，整个都是它，所以称遍行。

大家做工夫时，有没有把五遍行与五阴配合研究？两者的关系要搞清楚，如果这个观念弄不懂而想要参禅做工夫，乃至明心见性，你能见个什么性？五阴：色、受、想、行、识。五遍行里头也有个想，这两个想是否为一个想？或是二想？也要分得清楚。

我们打坐坐不好，是因为妄念空不掉，为什么空不掉呢？因为五遍行到处都在，所以妄念如何空得掉呢！触：身体是否舒服？气脉通不通？一触就受，感受一定知道。想：清净一点时，觉得一点妄想都没有，你自以为没有妄想，那正是思的境界。波浪性的妄念起动谓之想，像心电图慢慢地动，好像看不出有妄想，这就是思。这五遍行的五个东西，在八个识里充满着，从未间断过。当你什么都不知道的时候，正是五十一个心所里头的睡眠，好像人昏过去闷绝了，或累极睡着了。唯识讲这种现象是无心，睡眠与闷绝，第六意识不起现行，但那不叫作空，若叫作空的话，那是冥顽不灵的顽空。

我们今天学禅，要开创新方法，不能再用老法子。不一定见桃花而悟道，世界上什么花都有，现在还有塑胶花呢！科学时代要科学禅，要把心理分析得清清楚楚，注意啊！今天科学愈发达，对我们学佛学道愈有帮助。这个时代的人修道，应该比过去的人容易才对，因为有许多科学的理论，给予事实上的帮助。可是一般人还停留在落伍的过去，真是"几多鳞甲为龙去，虾蟆依然鼓眼睛"。鳞甲都变龙飞上天了，田里的虾蟆还在那里呱呱叫，鼓着眼睛大发牢骚。科学在进步，所以学禅要改个方法了。

阿赖耶识等八个识，在未明心性以前，五遍行一定存在其中的。见道证果，五遍行便转成妙用。《八识规矩颂·阿赖耶识颂二》：

浩浩三藏不可穷，渊深七浪境为风。

下面两句要注意：

受熏持种根身器，去后来先作主公。

人在临死前，昏迷了，前五识逐渐散坏，阿赖耶识最后才走。投胎时，则是阿赖耶识最先来。

现在科学时代，佛学有些问题来了。请问刚刚死的人，眼睛马上挖下来，放冰库里，可移植给别人，那么这眼识死了没有？

同理，肾脏移植时，肾脏的命根死了没有？

还有，佛经上讲投胎的成胎的过程，当然讲心脏。请问：现在心脏可以换上化合物的、铁的，而且人还都可以活着，这又是什么道理？我们做佛弟子的，这些问题不能不补救，不能勉强维持原说。

现在我们来看《瑜伽师地论》卷一：

> 云何发起身业语业？谓由发身语业智前行故，次欲生故，次功用起故，次随顺功用为先，身语业风转故，从此发起身业语业。

"此羯罗蓝识最初托处"，投胎的时候，入胎之时，"即名肉心"，也当然不离心脏的关系，"如是识于此处最初托，即从此处最后舍"，死时最后离开。这里有个问题，那么现在的医学把心脏换了而可活，所以科学进步了，也发现与佛经有许多相冲突的地方，但对佛经的证明以及修行上，却是有莫大的帮助。古人翻译佛经，心与性界限分不清楚，有时把本体叫心，妄心、攀缘心，也是心。有时候性能叫性，明心见性也是性，性质也叫性，人性叫性，男女性欲也叫性，发了脾气也叫急性，究竟此"心"此"性"是哪个心哪个性？搞不清楚。所以连玄奘法师算在内，用肉心这两个字，用得太武断了，是有问题的。但古今字汇不同，他也没法。

人死了，意识先离开身体，第七识也先没有了，在全身还没有完全冷却之前，第八识仍没有离开。趁着眼球这一点暖、寿、识的余力还在时，如果赶快把眼球挖下来，仍可移植。这种余力有个例子，就是把蚯蚓砍成两头，两头都在滚抖，请问它的"心"究竟在哪一头？又如一种灵蛇，把它砍成三段，三段都在跳，如果这条蛇是在山里的话，那段蛇头立即去找药草，相传云南白药就是这样发现的，找到药草回来，马上自己把三截接起来，又变成一条蛇了。请问蛇被砍成三截时，心在哪一截？

古人对这个问题有个答案，就是说当蚯蚓被砍成两段时，不是心不心的问题，这叫"余力未断"，是心的业力所起的作用，称为余力未断。等于我们死了，身体还未完全冷却时，眼睛马上挖下来，这时眼识的余力还在。但医院处理却马上把它冷藏起来，这时不是又把余识冻死了吗？这又是什么道理？

所以现在学佛的人要注意，不要自己关起门来，天上天下唯我独尊，必须把佛学和科学配合起来。我们求道做工夫之所以不能进步，是因为求证的方法都是茫茫然，外加自我陶醉，自欺欺人，这些都是问题。

所以我们这一次，特别要把物理同心理两方面的资料，找出来讨论，要大家特别注意。

第十七讲

我们的课程，照预计时间已过了一半以上，但对于修证课程的内容，似乎还不到皮毛的十分之一。所以深深体会到，佛说法四十九年，却说没有真正说上一个字，就是这种感觉，很着急。

因此，心里想变更一个方法，好让大家得到利益，至于大家能不能受益，就不得而知了。这一两天，想到了很多方法，直到上课前，才决定用禅宗公案。这个公案曾写出来过，是为了一个朋友写的，当时他在医院正处于紧急状态，结果已来不及了。

这个公案，参禅的人要特别注意，乃至于学道家、密宗的人，都要特别注意。这个公案是南北宋时代最有名的禅宗大师圆悟勤（《指月录》卷二十九）。

南北宋时代的圆悟勤禅师，可以说是划时代的人物。严格研究起来，宋代理学家的思想发展，及修养的变化，都与圆悟勤禅师有关系。圆悟勤的大弟子，就是南宋鼎鼎有名的大慧杲禅师。大慧杲以后，禅宗就慢慢没落。到了元明，就更加衰落了。

圆悟勤是一个了不起的禅师，也可以说是由唐以来，禅宗修证即将结束的一个阶段。圆悟勤之好，在于学问好，修持好，样样好，足以作为修证榜样。他是四川人，以前有个朋友说：中国每一个朝代的末期，第一名状元都是四川人。还有一个朋友说：武则天是四川人，王昭君、杨贵妃等美人，也都为四川人；到了朝代更替，大禅师也都是四川人，这就很妙了。

圆悟勤家世儒宗，读四书五经，以孔孟为教，世间的学问研究得很好。据传记上说，他"日记千言"，记忆力之强如此。小时候有一天到了一个庙子去玩，庙里有佛经，他拿起一本佛经看，就傻了，当时，"三复怅然，如获旧物"。第一次看佛经，就自然被吸引住了；再看，舍不得马上丢，看了一段，又回转来看，如此三次。读完了佛经以后，很难过，好像掉了东西一样，非常惆怅。便想，我过去前生一定是个和尚，便要求家庭准许他出家了。

研究高僧传记，发现其中十分之六七，都是儒家的家世，开始完全是中国传统的观念，反对佛教，结果成就的，都是这一类的人。这也是个话头，是个大话头，自己去研究。

圆悟勤出家以后，就跟着一个法师学教理，以他的天资，佛学的道理通透极了。这时，有个机会来了，他生一场大病，病得快死了。据后来他成道得法后，上堂说法所讲的情形是：我那时候的确死了，只觉得前路是黑茫茫的。总算给他一挣，我不能死，还没有成道，给他又蹦回来了。

这里头是个问题，是不是人死了以后，有这个勇气可以蹦回来？如果拿唯识学来研究，圆悟勤不一定是真死了。比方说抗战时军中有位朋友，被炮弹打死了，后来又回生。事后说，死是很痛快的，子弹打过身上冰得无法形容，非常痛苦，痛苦以后，感觉非常舒服，那种舒服只有一刹那，一感觉舒服就完了，死过去了。刚死的时候，先是什么都不知道，茫茫然，空空洞洞的，的确是中国人形容的"黄泉路上"，灰灰黄黄的一片。以后怎么活过来也不知道，只感觉自己好像在跳板上一样，就是那么一翻，就回来了。这不是全死，阿赖耶识还没有离开，这一种现象在中国《礼记》上称作假死。

圆悟勤禅师所讲的死究竟如何，也是一个问题。我们学佛修道是科学的，不是随便讲，该怎么信就怎么信，并不是不信，而是对自己修道应该负责，不能盲目地自欺。

圆悟勤活过来以后，觉得佛学到此时什么用都没有，深深感觉研究学理，不能了脱此事，必须要修持。他对师父表示，要另投明师，走修证的路子。《金刚经》上说："若以色见我，以音声求我，是人行邪道，不能见如来。"而他认为当时念经是声色中求，于是他走了，到当时禅宗很有名的真觉胜禅师那里去求法。真觉胜禅师是悟了道的，名望、道德、修持工夫都很高，圆悟勤去看他时，他正在生病，膀子上生疮，很痛苦，疮烂了，流出血来。圆悟勤一到，向他跪下求道，真觉胜指着疮上流出来的血说："此曹溪一滴法乳。"圆悟勤一听，得了道应该了生死，结果生大疮。这且不说，流出来的脓血，脏兮兮的，还说是曹溪法乳，怎么不怀疑呢？这就是话头。圆悟勤给他说得愣住了，师父！佛法是这样的吗？这个老和尚一句话都不答，这是最高的教育法，禅宗的教育法，决不答复你，把你围起来打。老师的答案，对你没有用，修道学佛，要自己找答案求证。

圆悟勤找不出道理，只好走了。离开四川之后，他参访的都是宋朝第一流的大禅师，那个时候不像现在，真修持真悟道的人很多，圆悟勤参遍了各处，后来找到晦堂禅师。晦堂一看到圆悟勤，就告诉大家，将来临济一派的道法，就在这年轻人身上，等于预先给他授记了。有时候鼓励人也不是好事，这句话使圆悟勤中了毒，他想老前辈都说我了不起，结果就狂傲了起来。后来到了五祖庙，住持是有名的五祖演，比起其他禅师，算是较年轻的一个。圆悟勤把自己平生所学的佛学，用功的境界，统统与五祖演讨论。但五祖演却从未许可过他一句。他气极了，不但大吵，连三字经都骂出来了。五祖演说：克勤，你骂也没用，你必须要再生一场大病，寒热交侵，前路黑茫茫的那个时候，你才会想到我这个老头子的话没错，你去吧！

圆悟勤走了以后，到了江浙一带，至金山寺，大病来了，他把平常的佛法，《金刚经》《楞伽经》《楞严经》的道理都拿出来；然后把平常用功的境界，气脉、玄关等等也都搬上来，但是抵不住病，更抵不住生死。这一下他哭了起来，才发了愿：假如我不死，立刻要回五祖演那里去。总算后来病也好了，立刻回去对五祖演说：师父，我销假回来了。五祖演很高兴，也不问他是否生过病，只叫他去禅堂，一方面当他的侍者，正式用功以外，一方面也可以出入方丈室，侍候五祖演。

这里有个问题：传记记载得相当清楚，他很用功，也有许多境界，平常打坐也放光，也动地，俨然得道的样子。但这是不算数的，一到了死关，六亲不可靠，父母儿女也不能替代你，什么钞票、地位也救不了你，黑茫茫的，阿弥陀佛也救不了你，想念佛都没力气了。当你鼻孔加上了氧气罩，那时，你抵不抵得住？平常佛法讲得天花乱坠，这时却没有用了，这个事实是真的，他到了这时才回转来。圆悟勤一生得力处，就是几场大病。不要以为我们现在还年轻，体力、精神还好，有一点境界，有一点工夫，又会搞佛学，又有一点思想，但这些都没有用的，到了那个时候来不及了，只有哎哟哎哟叫的份。

那时的圆悟勤，起码已有十几年的用功，佛学也通，工夫也不错，自己也认为悟了，结果大病一场，差一点过不去了。还有一个问题，真觉胜老和尚的曹溪法乳，这个话头一直挂在圆悟勤心里，没有解决。再说这个道究竟是唯物的？还是唯心的？说气脉通了你就得定，那是唯物的；没有这个身体的时候，气脉依何而来呢？如果气脉通了就是道，那修个什么道？那是唯物的。如果说一切唯心造，那我们坐在这里，要它任督二脉通就通，结果想它通，它还是不通，这又怎么叫唯心呢？若说工夫要慢慢等待，等生理自然地转化，那不是唯物吗？如果是唯物，那还叫修道？这些都是问题，如果你认为气脉搞通了就是道，那是玩弄生理感觉，与道毫不相干。

有一天，圆悟勤的机会来了，有个提刑（官名，等于现在最高法院的首席检察官）是位居士，来看五祖演，问佛法心要，五祖演禅师对他说：你曾读过香艳体的诗吧？我问你，唐人有两句香艳诗："频呼小玉元无事，只要檀郎认得声。"

古时候小姐想通知情郎，没有机会，故意在房里叫丫头的名字，实际上是叫给心上人听的，表示我在这里。和尚讲禅，讲到这里去了，而且只提这两句，那位提刑就悟了。

我们念《金刚经》也是呼小玉，念《华严经》也是呼小玉，"频呼小玉元无事"，通过经典我们要认识这个，现在讲课也是"频呼小玉元无事"。

这位提刑悟了，当然，悟有深浅，五祖演对他说："达到这里，还要仔细参。"讲这段话时，圆悟勤刚进来，看到师父在接引人，便抓住机会，在旁边听。这时便接上问："这位提刑就这样悟了吗？"五祖演说："他也不过只认得声而已。"换句话说，懂是懂了，不过只有一点，没有彻底。圆悟勤再问："师父，既然'只要檀郎认得声'，他已认得声了，还有什么不对呢？"

说到这里，插进一段话，关于《楞严经》观世音菩萨圆通法门，文殊菩萨赞叹说：

　　　　此方真教体，清净在音闻。欲取三摩提，实以闻中入。
娑婆世界的教体，修道成佛的最好方法，就是以观世音菩萨音声而入道。所以修观世音法门的人，都在听声音，如念南无阿弥陀佛，自己回转来听声音，还有些人放录音带来听，然后再找动静二相了然不生，结果越找越不了然，因为这不是真正的观音法门。

　　翻开《楞严经》来看看，观世音菩萨讲自己"从闻、思、修入三摩地"。什么是闻？佛说法，我们懂了，因声而得入，听到、听懂这个理就是观音，理还要研究就是参，就是思。把理参透了，加以修持，才进入观音法门。谁说光是听声音啊？佛学也告诉你，声是无常，声音本来是生灭法，抓住声音当成道，怎么能证果呢？观音菩萨的法门，都被我们糟踏了，他明明告诉我们"从闻、思、修入三摩地"，结果大家都不用正思惟，光去听，等于圆悟勤这时要怀疑的问题。

　　五祖演眼睛一瞪，问他："如何是祖师西来意？庭前柏树子。聻！"圆悟勤给他这一喝，魂都掉了，然后回转身就跑。这个时候很妙了，用功没有得到这个经验，是不知道的。这时候，真是茫茫然，自己的身体也忘掉了，他回身就跑，一路跑出来，跑到山门外面，看到山门外面一群野鸡停在栏杆上。这个小和尚咚咚咚大步跑出来，野鸡一听到声音，就展翅飞了起来，听到野鸡的鼓翅声，圆悟勤真悟了，便说：这岂不是声吗？不过悟了以后，还有一大段工夫路子要走，悟了以后还是要修的。

　　圆悟勤写了一首悟道偈子，呈给五祖演，也是香艳体的。这也是个话头，他们师徒本来都是戒律森严的，现在都在作香艳体的诗，岂不是犯绮语戒吗？

　　　　金鸭香销锦绣帏　　笙歌丛里醉扶归
　　　　少年一段风流事　　只许佳人独自知

　　五祖演这一下高兴了，说：克勤啊！成佛作祖是一件大事，不是小根器所能谈的，你今天如此，我都替你高兴。从此老和尚遇人便说，我那个小侍者已经参得禅了。到处宣传，圆悟勤的名声从此传出去了。

　　上面是圆悟勤的悟缘，处处都是话头。

人世间的事，有它的理，一定有这件事；有这件事一定也有这个理。比如说，鬼、神究竟有没有？这是一件事，一定有它的理。有时候有这件事，但我们不明其理，因为学识、智慧不够；有时候我们懂这个理，而没有办法达到这件事，那是因为经验不够，实验不到。比如大家学佛，懂了很多佛的理，最后工夫一点都没有做到，不能证到，所以修证事理不能配合是不行的。第三是行愿，更重要。要真正的认识，一切都由于行愿，行愿之所以不到，又是因为见地不够，也就是认识不够。

平常一般走学佛路线的人，一种是宗教性的，认为只要有信仰就行了。这个信仰就是把我们所有怀疑的问题，生命怎么来，怎么去，宇宙的问题等，一概交给一个超越于我们以外的力量，这个力量的名称或形状，都不去管它。但是，这一部分的人，我们想想看，以我们自己来推己及人，我们学佛修道的，自己检查自己，真信了佛吗？不见得！真相信有六道轮回、三世因果吗？不见得！不要自欺了。所谓真相信佛，生起病来，病由业造，业从心生，心即是佛，我就相信佛，要死就死嘛！连医生都不去看，试问你干不干？

比如三祖找二祖，四祖找三祖，如出一辙。三祖一身是病，求二祖忏罪，二祖说："把罪拿来替你忏。"三祖良久说："觅罪了不可得。"二祖就说："好了，已经替你忏罪了。"三祖当下就悟了。

再说四祖向三祖求解脱法门，三祖就问道："谁捆着你了？"四祖回答说："没有人捆我。"三祖则说："那又求个什么解脱？"四祖言下也悟了。

再说我们行不行。不要说一身是病，就是感冒流鼻水，头又痛，问："谁捆你啊？""感冒捆我。"你说一切唯心造，你怎么不解脱呢？如果说这是病，解脱不了，要求忏罪，那就不是唯心了，这是问题，不要自欺啊！当然也有真正信仰非常强的人，他可以把病减轻，甚至可以没有，这是一个方法，但非常难。所以《华严经》第一个提"信"，"信为道源功德母"。不过，信是非常不容易的，所以菩萨五十五位，第一个讲信，皆由于实信非常之难。当然这个信是超一层的，不是迷信的信，要确实的信。老实讲，我们做不到，当然做不到也就是工夫不能到，也就是行愿不能到。

我们之所以做不到，是因为有两个心理毛病：一个是痴，愚痴，没有真正的智慧；一个是我慢，人们不大肯相信他人，还是相信自己，不但对佛菩萨如此，对师长也如此。

另一类的人，就是我们这一类，又打坐，又参禅，个个都有道理，不是这里通了，就是那里通了。不管参禅也好，净土也好，观空也罢，止观、守窍也好，总不外乎两个东西，就是知觉和感觉。在五阴来讲，知觉就是想阴，感觉就是受阴，想阴的后面是识阴，知觉的后面也是唯识所变，这个道理以后会谈。

学佛的人，首先遇到的一个困难，就是觉得思想、妄念不能断。其次觉得自己没有办法真正入定。因此用各种方法，参话头啦、观心啦、守窍啦、调气啦，守得紧紧的，想把妄念澄清下去，一般人都是在这个境界上转。不管怎么转，有一点，只要肯休息，当然气色会好一点，身体也健康起来，然后就认为自己有道。其实错了，这与道不相干，这只是休息状态。生病也是一样的道理，只要能休息，病一定会好的。睡眠、打坐都是不花钱的维他命，这没什么稀奇，与道不可混为一谈。

在这种情况下，许多人学佛学了很久，打坐也很用功，但始终无法入定，原因之一就是对定没有认识。大家以为什么都不知道叫定，觉得自己还清醒，就不是定。什么叫定？有些人学佛学久了，会答复：既不散乱，又不昏沉叫定。那是讲道理，既不散乱又不昏沉到底是什么样子？讲讲看！若说没有样子，那你正昏沉；若说有样子，那你正散乱。若你说觉得自己坐在这儿，像蓝天一样的清明，那是幻想境界。要真做到没有身心的存在，而与天空一样清，无量无边，既不散乱，又不昏沉，若能如此，则可以叫作真如，差不多相像了。

一般人总以为稍微入定，就是什么都不知道。当你疲劳时打坐，而成真正不知道，那个是睡眠，是在昏沉，并不是入定。但是要注意真昏沉、真睡眠也是定，是昏沉定。真的，这不是说笑，为什么？你真知道它是昏沉，这个就是定，那就不叫作昏沉；你不知道这是昏沉，所以它就是昏沉，这里头大有差别。在疲劳时入昏沉定并没有错，何以说呢？佛说百千三昧，有很多定的境界，这个是不是定的境界，问题在于你知不知道。不过这叫作世间定，世间定就是休息，普通的休息状况不能不算。差不多一般人打坐，都是在这种休息状况，真正的定没有。

大家打坐都在那里玩知觉状态，不然就是玩感觉状态，自己在玩弄这两样东西，以为是道。其实都不是，因为这两样东西随时会变走的，是道就不变了。随着环境、时间、昼夜、体能、情绪、营养种种的不同，而非变不可，这不是道，是一种境界。境界不是道，是妄念的一种形态。

那么如何是真正的定呢？这是需要知道的。所以赶着抽印《现观庄严论》《瑜伽师地论》。

现在先说修定。

修的定，不是悟的定，这中间有差别。其次，我们刚才提到的妄念不能断，只因为我们在颠倒因果，把佛说的话，拿来当成自己的，然后想求证佛的境界。却忘了释迦牟尼佛出家以后，苦修了十二年，各种经验都经过了，然后认为那些都不是，最后才找出一个东西来。如同圆悟勤一样，生大病，死都死过了，才晓得不是，再找出一个东西来。

佛曾说：

> 妄念本空，缘起无生。

所以我们上座后，都想把妄念空掉，多笨！如果妄念空得掉就不叫妄念了。因为它本来空，佛已经告诉你那是妄、是假的。既然是假的，还理它干吗！为什么在那里空妄念？纵然你把妄念空了，那个空的境界，也是一个大妄念，那是想阴区宇。况且你那个空的境界，如果不做工夫，不打坐，也就没有了，又变走了，可见它也是妄念。所以晓得妄念本空，上座以后很轻松的，不要设法去除妄念。每一个妄念来时，如果它真不空的话，别的妄念也被它挡住了，不会来了，所以这个妄念本来是会跑走的，佛经形容它像水上泡沫一样，一个个起来就没有了，要空它干吗！它本来是空的，不用我们去空它。所以我们在那里做工夫，都是做了一辈子的冤枉事，在那里空妄念。结果等于小孩子在水中玩皮球一样，把皮球往水中一按，球就从另一边冒出来，一天到晚在那里按皮球，你说我们哪里是在修道啊！只是在按妄念玩游戏罢了。

如果真不去按它，我们就这样坐着就很好了。如果你说妄念还是源源不断地来，对，它没有断，可是也没有停留在那里，你想留也留不住。在这中间，有一个知道妄念来去的，它并没有跟妄念跑。晓得这个，就让妄念随便，不理，只晓得自己"清明在躬"，知道这个就好了，多轻松！不过为什么不能完全清净下来？为什么还是有妄念呢？上次提过了，庵提遮女问文殊：

> 明知生是不生之理，为何却被生死之所流转？

文殊菩萨答：

> 其力未充。

同样道理，为什么不能清净呢？其力未充之故。

又一层问题来了，那么请问这是什么"力"？我们白天坐得好，妄念来了可以不理，清清明明的，但睡着以后，依然糊涂去也，那又怎么说？一个学佛的人是真正学科学的人，任何一点问题都要解决，不能茫然。

那么我们再检查，妄念之所以没有清净下来，有两个原因：一个是生理的影响，身体越不健康，病痛越多，烦恼妄念越大。于是一切唯不了心了，非要调整四大不可。所以气脉之说是大有道理的，而且佛经上面都有，不过一般佛经把这方面的事隐瞒起来，我们看不出来罢了，并不是佛不承认。

比如唯识讲二十四种心不相应行法，像时间，属于心不相应行法之一。有人打坐，坐得好，一弹指间过了三个钟头，但是外界还是一分一秒地过去，你没有办法改变宇宙的时间；空间、势速（如行星的行速）亦然，心改变不了，这是一。

其次，色法不属于心法的范围，色法单独地成立。而且在色法里头，第六意识有"法处所摄色"，又另当别论。

这样一来，不能说是整个唯心了，心不相应行，它永远还是在行，佛的神通也拿它没办法。我们还学佛成道干什么？其实这只是唯识这么分析，不要害怕，二十四种心不相应行法，是讲意识心所的力量所不能到达之处。色法单独成立，与意识的分类，及心所的分类单独成立；但是它整个的功能，都包括在如来藏里面，所以是一切唯心，心物一元，这个理大家要弄清楚。

因此大家学佛修持，如果拿自己所懂得的一点佛经学理来讲修持，变成盲目的唯心了，对于心物一元有关物的方面，一点都不能转。

现在回转来检讨自己，坐起来烦恼思想之所以不能断，一部分是生理影响，而且其影响几乎是绝对的。等到有一天坐得很好，清清净净的时候，气色也好看，精神也愉快，身体也没有病，诸位是不是有这个经验？（众答是）好，问题来了，这个时候为什么不能永远保持下去呢？为什么疲劳时，或者有其他原因时，情绪就会随之低落，烦恼也会来了呢？所以平常纵然得一点清明的境界，好像是空了，是没有念头的境界，那也只是意识的一个状态而已，是第六意识一个清明面而已。纵然是三际托空，也不过是第六意识的清明现量境而已。生理上可一点都没有转，第七识也没有转，第八阿赖耶识的习性种子，就更别谈了，四大一点都转变不了。乃至清明境界住久以后，很容易变成枯槁，情绪上没得喜欢也不会快乐，但也不是闷，就是会没有生机，没有生趣，走入枯禅的境界。而且脾气非常大，一点小事情都受不了，当然理性上会把自己压下去，可是那个境界容易发脾气，等于一点灰尘都沾不得，这也是个大妄念，是意识境界。这是修空的人容易得到的病状。

修有的人更严重，或念咒，或念佛号，或守窍等等，如果身体哪一部分有病，爆发了，一发则不可收拾。同时神经慢慢地变成紧张了，因为它里头有一个东西在忙，忙着守住一个念头，实际上那个念头又守不住，拼命守，忙得很。所以庄子叫它是"坐驰"，外表看起来他在打坐，实际上里头在开运动会，忙得很。这种修行人，比社会上的人还要忙，真正放下的能有几个！都不要自欺了，如果身体不绝对的健康，神经一紧张错乱，就走入精神病的状态去了。有这种现象的人，反应境界就很多，如耳内听到有讲话的声音等。

佛经记载佛的很多弟子，修到了空的境界时，很多都自杀了。他们都是罗汉，他们觉得没有意思，早走迟走都一样，不如早走了吧！所以空也不是究竟，都是心理的变态。修有的变态境界特别多，放光啦！动地啦！当年大陆上有位颇有名气的居士，讲《金刚经》，而且还标榜禅宗，他的本事很大，在大众面前表演神通，大指头一伸出，一道光就出现，一个韦陀菩萨站在上面，嘿！你们看到这种状态不磕头才怪。后来我去看看，对他说：哦！你那个东西也叫禅宗呀！你还是省省吧！你不拿这一套，我还想跟你讨教，况且你还讲《金刚经》，"若以色见我，以音声求我，是人行邪道，不能见如来"。这个东西你若为了吃饭，你尽管去，为了弘扬佛法就免谈了。

修有的路，容易发生这些毛病，但是不要光听这是毛病，我现在问你们，这是什么理由？你说他是魔道，是毛病，可是你试试看，你办得到吗？这其中当然有理由。

不管修空、修有，都是意识境界，并不是道，这些在《瑜伽师地论·意地》中都说了，而且《楞严经》说得更明白。五十种阴魔一定要先研究，五十种阴魔还只是说大原则，没有说差别性，这些与明心见性都不相干，与道果更不相干。

真正想求道，第一先要把学理搞通，尤其是这次讲课所摘录的经典，不管《楞严经》也好，《法华经》也好，乃至现在所摘录的《瑜伽师地论》，都要弄清楚。《瑜伽师地论》是讲修持程序最重要的一本书，这是弥勒菩萨告诉我们的，很恳切地告诉我们一步一步的工夫，及修证方法。另外配合《现观庄严论》研究，讲四加行。这个重点是一句话：心物一元。它的重点以调整四大为第一要务，四大没有调好，而想求得定境，求得性空的境界，都只是第六意识的幻想而已，事实上就有这么严重。

四大调整好了，才能够做到忘身，转化第六意识，初步可证得人我空。拿禅宗来讲，才是破初参，破初关。如果你念头上偶然出现一点清净，那只是意识状态，并未证空，这一点千万要注意。

要调整色身，第一个是戒律的问题，而且偏重于小乘戒律，就是如何去淫欲之念、爱欲之念。要去淫欲念，首先要不漏丹，这些修证程序是散置在佛经里，不构成一个完整的系统。

这条戒律并不易做到，真做到了，又要了解如何炼精化气、炼气化神、炼神还虚。唐末五代以后，中国道家的丹经特别多，就是这个原因。学佛的斥之为外道，看都不看，如以《华严经》的伟大境界来说，你就不会不看。为什么道家的丹经特别多，因为修禅定的经验，而偏向于讲气脉。你懂得了以后，看道家的东西也都没有错。不过有一点，密宗讲的三脉七轮，道家讲的奇经八脉，都是在定境中自然起来的现象。古人把这个经验、现象告诉我们以后，后世人又倒因为果，打坐时，拼命在那里搞气脉，这就完了，精神会分裂的，古人传述是对的，你却错了。

第十八讲

　　同学问：根据佛经的记载，三界天人还受火劫、水劫、风劫这三劫的威胁，那么，水火风三劫与修证的过程上，一定有非常密切的关系，这与唐宋以后道家的炼精化气、炼气化神、炼神还虚，在层次上有无必然的过程和关系？

　　这位同学所提的问题非常重要，我们一般研究佛学的，往往把与修证的关系分开，因此佛学走佛学的路，佛法走佛法的路，佛教走佛教的路。实际上，三位是一体的。

　　佛教讲天人宇宙的关系，至少到今天为止，比世上所有其他的宗教、科学、哲学都来得高明。佛教的宇宙观，尤其讲得非常好。今天科学的求证，等于在给佛教的宇宙观下注解。不过，其中尚有一些小毛病，比如拿世界观来讲，所谓东胜神洲、西牛贺洲、南赡部洲、北俱卢洲四大洲，小乘的说法是以喜马拉雅山为中心，须弥山就是喜马拉雅山，这个说法就有问题。如果以大乘华严世界观来讲，须弥山是个代名词，可以说是银河系统的代名词，这个说法就扩大了。这一点讨论起来很麻烦，但是真要谈佛法见地的话，就一定需要了解。

　　按照佛学的系统来说，宇宙间太阳系中的世界无数，地球是太阳系中很小的一个世界。色界天已超出了我们这个太阳系统的范围。无色界更远，更大了。至于欲界天，它的下层是畜生道，畜生道也包括这个世界上的生物。再下层是饿鬼道，有一类细菌也属于饿鬼道，鬼不一定是中阴身，有些是饿鬼道中的。人以上又有四天王天等等。

欲界的中心是忉利天，又称三十三天。为什么叫三十三天？因为它有三十三个单位，等于联邦组织。有些天则有天主，统率一切天人，有些是民主的，大家平等存在。人死后如要往生天界，非修功德善行不可；严格来讲，善行与禅定有关系。道家的观念认为善能生阳，恶能生阴。单以禅定来说，四禅八定就是由人升到天道的必经之路，三界天人表上已列得很清楚了。修定修到初禅，再配合十善业，可以升到某种天道，二禅以上亦然。

但是，这个宇宙是会毁灭的，地球上有三灾八难，除了水、火、风三劫外，尚有刀兵、瘟疫、俭灾等。

《瑜伽师地论》卷二：

> 俭灾者，所谓人寿三十岁时，方始建立。当尔之时，精妙饮食，不可复得。唯煎煮朽骨，共为谶会，若遇得一粒稻麦粟稗等子，重若末尼，藏置箱箧而守护之。彼诸有情，多无气势，踬僵在地，不复能起。由此饥俭，有情之类亡没殆尽。此之俭灾，经七年七月七日七夜，方乃得过，彼诸有情，复共聚集，起下厌离，由此因缘，寿不退减，俭灾遂息。

> 又若人寿二十岁时，本起厌患，今乃退舍，尔时多有疫气障疠，灾横热恼，相续而生。彼诸有情，遇此诸病，多悉殒没，如是病灾，经七月七日七夜，方乃得过。彼诸有情，复共聚集，起中厌离，由此因缘，寿量无减，病灾乃息。

> 又人寿十岁时，本起厌患，今还退舍。尔时有情辗转相见，各起猛利杀害之心，由此因缘，随执草木及以瓦石，皆成最极锐利刀剑，更相残害，死丧略尽，如是刀灾，极经七日，方乃得过。

这个世间到了刀兵劫末期时，地球上的人类，随时在战争中，整个大地，草木皆可杀人，中子弹一来，辐射线的力量，草木自然可以杀人。

> 尔时有情，辗转聚集，起上厌离，不复退减，又能弃舍损减寿量恶不善法，受行增长寿量善法，由此因缘，寿量色力富乐自在，皆渐增长，乃至寿量经八万岁。

此劫过后，人类又忏悔，又做好事。

火劫来时，地球，以及太阳、月亮都毁了，太阳的热能整个爆炸，直到初禅天上层的大梵天。

火劫后，水灾起来，《瑜伽师地论》卷二云：

> 云何水灾，谓过七火灾已，于第二静虑中，有俱生水界起，坏器世间，如水消盐，此之水界，与器世间一时俱没。

第二个劫来时，宇宙变成冰河，重新变成液体，直到二禅天的最高一层光音天。佛曾比喻由色界天顶到我们人间世，若丢一颗石头下来，经六万五千五百三十五年才到达，距离就有这么远。如果禅定工夫修到三禅天时，不会受水火劫的影响，但却怕最后一大劫——风劫。这时整个宇宙的功能，自然气化了，直到三禅天的最高一层——遍净天。只有四禅天不受影响。四禅天是舍念清净，以天人境界讲，是色界中的人。

以人类本身来说，人的火灾，就是欲，男女的爱欲，贪、瞋痴都是火。你禅定工夫再好，欲的压迫力量一来，就垮了。所以佛经上说：欲念重的人没有禅定，不得解脱，最后自己被欲火烧身，整个毁了。佛在世的时候，也有些弟子结果走上这条路。譬如某些人，血压高或者精神分裂，崩溃了，乃至身体整个发炎，就是禅定不能转欲的后遗症，也就是人身火灾的现象。

工夫炼得越好，修养越高的人，脾气越大。譬如当年的师父老和尚，不发脾气则已，一发就要命。徒弟犯了一点错，曹溪那么大的庙子，前院骂到后院，一路在骂，声音又大。固然这也是他的教育法，可是平时愈讲究修养的人，往往脾气发起来就越大。这也就是"水至清则无鱼"，不能容渣子，也是火灾之一吧！

水灾呢？就是贪爱。爱和欲程度不同，爱水滋生，很严重，非常地严重，二禅都抵不住。换句话说，你禅定工夫再好，那点情丝不能断，灾劫一来，照样垮掉。灾劫怎么来？并不是有个固定的时间，而是外缘一碰，依他起，就爆炸了。很多修持工夫很好的人，一个因缘一来就完了。这也是一个重要的话头，好好参去。

风灾是什么？气。所以道家密宗主张修气，你气脉不能归元，呼吸还有一点往来的话，三禅是靠不住的。有位同学曾问：呼吸停止，身上气脉走动的感觉还在，这是什么道理？而且动到几时才停呢？对，他讲得对，一般人只晓得讲气脉，不知气是气，脉是脉，到气住脉停，身上的气都充满了，才叫气住。所以身上感觉在流动，这是脉，要修到脉住，才能做到彻底的不漏丹。但还只能说是炼精化气，至于是否是四禅的舍念清净，还是个问题。

如果心理方面到达舍念清净，是否已进入般若实相的空性呢？这又是一个问题。不能认为舍念清净就是空，这里面层次的差别很大。意识清净并不是空，好比蚂蚁由蚁洞所见的空，并不是整个天空的空。就像我们站在台北所看的天空，与观音山顶所看的天空是不同的，当然到了太空看太空，那就更加不同了。

我们学佛，理念上知道四大皆空，但你修证上做到了空没有？做不到，对不对？肚子饿了要吃饭，口渴了要喝水，你说口干了，不要喝水，因为四大皆空嘛！这时候你空空看！空不了的。所以讲四大皆空是原理，真要修持到四大皆空，非把四大一步一步修持转化了不可。有些人心念一清净，生理的压迫就来了，再不然就漏丹了，工夫越做得好越如此，因为静属"阴"，静久了，阴极阳生。当阳能生起，生理机能回转，虽是回转，如不能把地水火风都化掉，它就只有顺着自然的力量走。你能够把它转化，你的修持工夫差不多了。如果真要做这方面的修持，佛已在经典里都说了，只是我们看不出来罢了。

在唯识学中，心法与色法对立，物质跟心理对立。实际上，心与物都是阿赖耶识的功能；阿赖耶识不是本性，"受熏持种根身器"，四大色法都是阿赖耶识里同根的，在心所来讲，是把它分开的。比如我们意识上想飞上天去，第六意识可以，可是身体就不可以，所以说在心所是对立的。如果真修持到了，确实是可以转化的。

其次，色法又分三种：

极微色、极迥色、法处所摄色。

如果我们站在佛法唯识的立场来看，物质文明还在极微色阶段；光波可以说是极迥色；法处所摄色则是物质，但它是由精神所变的，这三个是三位一体，属阿赖耶识，就是心的功能所发出来的。

什么叫法处所摄色？就是法处所包含的色法，法的对立是意，精神的境界就是法，也就是说，精神的境界是法的范围。譬如我们做梦时，有一个身体，这个身体也是四大，做梦梦到被人打时，照样会痛，那就是法处所生的色。另有中阴身的色法，也就是法处所摄色，真讲起来，这个法处所摄色，是阿赖耶识的带质境，带质境又分真带质与假带质的差别，修行不可以不知道。所以我们修行打坐，四大色身一点都没有转变，叫什么定力！那是不兑现的定力，那是意境上的幻相。所以做一步工夫，有一步的征验，也有一步的征候。因此，佛告诉他的公子做调息功夫，如果"心风得自在者，即得神通自在"，真的能得定，真是无比的快乐。

有些人打坐得一点清净的境界，就算是空吧！但身体的感觉还是没有去掉，而且有一点点在黑洞洞的桶里，离不开这个黑漆桶，忘记了《楞严经》一开始就告诉我们：

> 不知色身，外泊山河虚空大地，咸是妙明真心中物。

为何守这个空洞的、不相干的四大的身体呢？这里又有个问题，你越能够空得了，那股力量越会回转来，守在自己身体上。什么理由？为什么坐得越好时，身体感受越强？反而一些不修道的人，倒不会有什么身体的感觉。就是因为离心力越大，则向心力越大，物极必反的道理。

修道就是科学，随时都有问题，能解答了一层，修持工夫就进步一层，解答不了，就不能进步。所以佛经不要马虎地看过去，佛法都告诉我们了，只是我们没搞通而已。

"三界天人表"发给大家，等于点了大家，可是没有人注意；"三界天人表"重要得很，而且欲界、色界、无色界，每一层境界的修持，与我们现在的修持，都有绝对的关系。再拿我们人体来讲，人身就是一个小宇宙，身体也可分成三部：欲界、色界、无色界。人身的下段是欲界，欲界的乐由精生，精不下降则乐不生，气脉不会通。但是精一下降，非漏不可，如何下降而不漏，这就是看工夫了，你们可不要听了就自作聪明地乱搞，什么忍精、采阴补阳的，瞎搞一通，果报是很严重的。

人体的中部是色界，气修到充满了，气满不思食，光明一定来，眼睛闭着都是光明；但是魔境也跟着来了，就是光明中的幻相，这时如果认为自己发了眼通，那就完了，如果守住光明，还是落在色界。

眉间以上的是无色界范围，整个色身空了，绝对的无妄念。没有一点妄念是无色界，守住无色界，像无念一样，落在无色界，还是不对。

守无念堕无色界，守光明境堕色界，守快乐则堕欲界。所以密宗提出乐、明、无念，均衡、平等、平等。

真正要学佛证道是专修的事，是绝对的出世法，行愿可以入世与出世，这是属于心行上的事。如果要专求修证，非有一段绝对放下外缘，而去专修的时间不可。一个普通人，只谈变化气质一事，在生理方面，也非要有十几年专修不可，而且在十几年中，还不能碰到一点障碍。唐宋以后道家云："百日筑基，十月怀胎，三年哺乳，九年面壁。"对付色身气质的变化，起码三年的专修是绝对需要的，而且中间还不要碰到逆境。但是据我的经验，几十年来，几乎连打好百日基础的人都没有，可见修行之难。

大家共同的问题是，明知四大皆空，但空不了，碰到了缘，处处都在愚痴中。如同我的袁老师讲的："五蕴明明幻，诸缘处处痴。"人人都犯这个毛病，口口谈空，步步行有。打坐时，气脉一来，马上被感觉牵走了，清净固然清净，实际上都在玩弄这个感觉。王阳明到底高明，他说：这些都在玩弄精神。佛经上说这是"戏弄精魂"，没有真正空得掉，感觉一来，平常的佛学都忘记了。

大乘佛学告诉我们三大原则：无住、无着、无愿。我们一坐起来，统统住在自己的境界，执着于空，想成道，想证果，以有所得之心，求无所得的果，当然都不成功。

《楞严经》告诉我们：

> 性风真空，性空真风。

身上的气脉是风，你一执着它就完了。后世的知识越来越多，什么奇经八脉，什么阴神、阳神，这些追求玄妙的想法，都是有毒的，这些毒药吃下去，又住、又着，搞了半天，一点用都没有。

真正气脉是无住、无着，完全空以后才能到。

说到这里，给大家看一封信，是一位中国老太太由美国寄来的：

老师：

奉事敬悉。所有知觉感觉都属心理状态，《楞伽大义今释》说得很清楚了。不过我觉得，无论任何情况下，只能没有感觉，如何能做到无知觉呢？我现在已找到了"他"，他高高在上，无形无相，只能在意境上有那么一点，甚至于一点都不是，但我信得过。

我在读《楞伽大义今释》，几个问题尚祈老师开示：意生身是否道家所谓的身内身？身外身是否性命双修？功成之后，破顶而出，身内身是所谓真人，不必破顶而出，可以隐显随心，所谓散则成气，聚则成形，意生身是不是这样？

在坐中三际托空时，并没有空的境界，只觉得心宽得和天地一样，甚至能包括天地，这种情形并不能维持下去，念头来时马上破坏了。念起虽然不住，可是不能再恢复平静如初。以此余年作为废物利用，只问耕耘，不问收获，成败听之而已，说实在的，我并不想成仙作佛，只是很怕再入轮回，我正在研究《八识规矩颂》。

专此敬请

道安

这位老太太不讲气脉，有时好像要出问题了，她都能自己晓得解答。她的得力处，就是死死抱住一部《楞严经》。我曾告诉她，因路途遥远，无法适时指导她，有问题向《楞严经》上面找。我们做工夫往往被气脉、境界困住了。《楞严经》上说："性风真空，性空真风。"大家都没有去体会。

总之，要逃过水火风三灾，必须转变色身，要进入禅定的境界，也非要把身上的四大整个转化不可。

一幢房子盖好后，到头来是什么东西毁了它？风吹雨打日晒，人体内部也是一样，四大不调整好，就不能平安，更不能得定，由四大所发生的病态，可真多了，要特别注意。

现在我们来看《瑜伽师地论》卷一《本地分中意地第二之一》。本地就是真如本体，唯识把整个心体分成八个部分表达，所以叫作八识。其实是讲一个心体，所以叫《本地分》中的《意地》。"分"，就是这一部分。为何说"第二"？前面五识是第一个范围，意识是属第二个范围。

　　已说五识身相应地。

五识身就是眼耳鼻舌身五识，与心地相应。

　　云何意地？此亦五相应知。

这中间有五个现象应该知道。

　　谓自性故，彼所依故，彼所缘故，彼助伴故，彼作业故。

唯识学是科学的，我们要把它作为自己求证用功之用。

　　云何意自性？

唯识经常用"自性"两字。至于我们常看到的"无自性"，是说没有独自永恒存在的性质。一般人看到无自性，就以为唯识是反对有一个永恒不变的本体。错了，因为中国文字词汇不够，这个性是性质、性能的性，不是明心见性的性。所以，"云何意自性"的"自性"，是指意的本身的性质。而这句话的意思就是说，第六意识自己的性能如何。弥勒菩萨说："心、意、识"三样，严格讲起来，这三者都属于意识作用，就是意识自己的性能、性质。

什么叫"心"呢？

　　心，谓一切种子所随依止性。

比如一个母亲生下十个子女，每人个性、思想、脾气、健康各不相同。遗传增上缘是因素之一，另外是自己前生的种子带来的。如有人天生特别聪明，是前生这一部分的种性重，一切种子都跟随着在轮回中，始终不断，互相关联，这个功能在唯识中叫心的作用。

　　　所随依附依止性，体能执受，异熟所摄，阿赖耶识。

　　这还是讲心的作用，第一句，这个功能所依止的，跟着发挥了作用。所以有些人天生爱读书，有些人不爱，硬逼也没用，因为他的种性不向这里发展。有人说过"书到今生读已迟"，有点道理。不过这一生还是应该读书，留给来生用，带点种性来。心的体用能够执受，永远抓住这个功能。异熟就是果报，异地而熟，异时而熟。为什么我变成了我，他变成了他，各人种性不同，因果轮回叫异熟。

　　我们推开弥勒菩萨的话不论，只说什么叫心？这里所谓的心，就是子思在《中庸》所讲的"天命之谓性，率性之谓道"，就是与生俱来的本性，每人不同，这个就是心，应该归到第八阿赖耶识的种子作用。

　　什么是"意"呢？

　　　　谓恒行意及六识身无间灭意。

这个属于意。禅宗祖师说参话头时，离心意识参，参出来的才是般若的道理。所谓意识状态，就是一个人的思想，所构成习惯性的现象。意识形态可构成职业病，做官做惯的人动辄打官腔，他的意识已构成了心理行为。又比如学佛的人动不动就阿弥陀佛，这也是意识形态构成的习惯性。

　　这里讲恒行，心理行为经常有依止性，就是意识的作用。六识身就是前五识起意识分别，它无间灭，像流水一样。

　　什么叫"识"？

谓现前了别所缘境界。

任何事一到你面前，不须用心判别，你就很清楚知道了，这是识的作用，弥勒菩萨分析得非常精详。当我们一打坐，腿刚盘起来的一刹那，心念很清净，不久就不安详了，在自己里头做起工夫来，这个做工夫就是心的作用，是阿赖耶识种性的功能，要认清楚。

什么是意的作用呢？觉得妄念清净了，晓得那一念清净的那一点作用，就是意的作用，它是无间灭的，一个个波浪很密切地接上来，自己并不知道，所以做不到能断金刚般若。此时我们的识在哪里呢？腿一盘，一刹那间很清净，心的作用来了，心自然而然会接受这个境界，会认可这个境界，去设法保持着。心和意都来了，然后还有个作用，识也就在这儿；这一下很清净——这就是识。学禅不通教理，"心""意""识"分不清楚，认为静坐好就是工夫，实际上，教理通了以后就知道，静坐得再好，也还是在意识状态。这三点要认清楚，佛经里头宝贝实在太多了。

次随顺功用为先，身语业风转故。

我们讲话，我们的身体作用，就是这股气的作用。这股气是根据道家的说法讲的，以佛家来说叫"业风"。这是业力所生，是四大风力的关系，所以身业、语业就是这个风。儒家讲：学问之道在变化气质，气质是实际的东西，不是空洞的理论。换句话说，学问修养高了，生理都会转变的，一步有一步的效验，一步有一步的征候，这是无法自欺的。

第十九讲

我们的课程现在已进行到第二个纲目：修证的法门，现在还在继续。

看了大家的笔记后，发觉大家仍没有把握到重点。要想以心地法门修证，进而求得菩提正觉的话，最大的障碍是身见。

佛教尽管讲四大皆空，那是对于小乘不了义教而言；在了义教来讲，是心物一元的。我们整个的色身四大，是由一念的业力所构成。首先，修证之所以达不到功效，是因为转不了业力所构成的色身，因此做不到无妄念。纵然有一点点清净，不过是第六意识偶然的、暂时的一种固执所造成的现象，不是究竟。大概到目前为止，重点还在这里转。

《圆觉经》的几句话，对于修持非常重要，是走大乘最好的路线，也是最难的：

居一切时，不起妄念；于诸妄心，亦不息灭；住妄想境，不加了知；于无了知，不辨真实。

在任何时间常不起妄念，如果你能"狂性顿歇，歇即菩提"就成功了。但是怎么叫作不起妄念？如果一个人没有妄念，什么念都不起，完全像木头一样，也并不是佛道。"于诸妄心，亦不息灭"，对于自然来的妄想，并不勉强用个方法加以息灭，如果对于自然来的思想，想个方法加以灭除，这个加以灭除的方法，也是妄念；如果不加息灭的话，自然就清净了。

所以再进一步告诉你，"住妄想境，不加了知"。我们做工夫最易犯的错误，就是对妄想境加以了知，尤其是学佛有一点基础的人，妄念一起就怕，然后拼命想办法除妄念，统统在了知的阶段。其实那个明明了了知道的，也是个大妄念，所以佛告诉我们：住妄想境不加了知，自然而来的，会自然而去。

最后一句话，佛告诉我们："于无了知，不辨真实。"假定我们到了无了知，明明了了都没有了，寂灭了，"于无了知，不辨真实"，到了这样境界，就不必要自寻烦恼，不要再自问这个对不对？或怕大概是顽空吧！最好不要再起分别。

还有一个重点：

> 知幻即离，不作方便。

一切妄念都是幻想，当你知道是幻想，那个幻想已走了，不要另外用个方法，如观想啦、炼气啦等等，去除那个幻想，那些方法也是幻。为什么？因为做工夫才有，不做就没有，所以是靠不住的。

> 离幻即觉，亦无渐次。

知道是妄念，妄念早跑了，这中间再不必加一点，不增不减，那个寂灭清净就同觉性。这里头没有初地、二地，初禅、二禅之分，把这个认识清楚就好办了。

真的认识清楚了这个，或者稍稍有点见地的人，悟后正好起修，才算是真正在修行。所以五祖对六祖说：

> 不见本性，修法无益。

大家做工夫修持不能得定，第一个障碍就是身见；第二个障碍是见地不清楚。四大色身也就是一念，色身不能转化，自然不能成就，这就是讨论的问题。

现在来看《瑜伽师地论》卷二《本地分中意地第二之二》：

> 又羯罗蓝渐增长时，名之与色，平等增长，俱渐广大。
>
> 如是增长，乃至依止圆满。应知此中，由地界故，依止造色，渐渐增广。由水界故，摄持不散。由火界故，成熟坚

鞭。由无润故，由风界故，分别肢节，各安其所。

"羯罗蓝"就是胎儿入胎，在十二因缘就是"名"——胎儿。"色"呢？指地水火风所构成。"平等增长，俱渐广大"，胎儿由地水火风的成分，平衡成长。

"如是增长，乃至依止圆满"，依靠母体的胎儿，九个多月后，圆满了，生下来。

"应知此中，由地界故，依止造色，渐渐增广。由水界故，摄持不散。由火界故，成熟坚鞭。由无润故，由风界故，分别肢节，各安其所。"这是讲四大的构成。

《楞严经》最后有一句话：

生因识有，灭从色除。

生命最初的来源，是一念无明，一有生命以后，就分阴阳，就是心与身。现在要"灭"，要回转来成道，要得寂灭之果，先要除掉四大色身的障碍，才能谈得上。

要如何除色呢？先认识色的成长，从婴儿在胎中的成长说起。物理世界整个都是地大，人的细胞、筋骨等是地大的作用；津液、口水、荷尔蒙等是水大。比如我们靠血液的循环而维持生命，这就是水大。平衡就没病，不平衡就有病。"由火界故"，由于火力、热力维系着、长养着我们的生命功能，"成熟坚鞭"，将胎儿坚固起来，构成了形体。

生命中最重要的是风大，我们能否得定，第一要件是先得轻安，轻安的相反就是粗重。我们做工夫感觉气脉在流动，就是在粗重中，真正气脉通了，就达到全体轻安，也自然忘身了。虽然有四大身体存在，却一点障碍感都没有。关键就在风大，风大最重要。

若有情数，时无决定。

时间没有绝对的，比如显教说凡夫要想成佛，须经三大阿僧祗劫的修行，决不承认有即身成佛之说。而密宗和禅宗，并不管劫数的问题。《楞伽经》说"劫数无定"，十地的程序也无定；《瑜伽师地论》则说"时无决定"。劫数不是固定的，比如我们在受苦受难时，一秒钟觉得像一百年一样；在快乐安详中，一天像一秒般过去了。

> 所以者何？由彼造作种种业故。

时间是唯心的，三千大千世界，每一个地区，每一个星球，每一类众生，根据业力，对时间长短的感受，都是不相同的。

我们学佛修道，都是以世法的心态来处理出世法。首先，打坐离不开时间观念，规定时间打坐，被时间限制得死死的。如果工夫做得好一点，晚上却睡不着，就想：唉！失眠了。脱离不了世间的时间、空间、生活观念，这怎么能修道呢？这些都是业力，业力把我们困死了。

> 或过一劫，或复减少，乃至一岁。

这是讲时间的相对性。

> 又彼坏劫，由三种灾，一者火灾，能坏世间，从无间狱，乃至梵世。

火灾来时，从无间地狱起，一直烧到二禅天的边缘。所以，佛为什么要我们断欲念、去淫心？就是因为这个没有转化，火劫一来，就都毁了。

至于第二个水灾，威力就更强了，直到第二禅天。我们人在有形的精满了以后，欲火发动，随后水灾的障碍来了，乃至得糖尿病，这些都属于人体的水灾。

第三个风灾，能毁到三禅天顶，至四禅天边缘。

佛所讲的三灾，同我们现在地水火风的修持，有密切的关系。这一节因时间关系，只能简单讲述。

> 自此以后，有大风轮，量等三千大千世界，从下而起。

这是讲世界的形成，这一段可以同现在的地质学配合研究，非常有趣。佛说由空劫（没有这个世界以前）以来，有二十个空劫。空并不是没有，空也是个东西，尤其讲器世界的空。比如太空也是物理世界的一部分，所以佛说物理世界有七大：地、水、火、风、空、觉、识。空劫时，地水火风四大形相还没有构成，那时四大的功能蕴涵在空大里。实际上，空大本身也是在动，但因动得太大，我们反觉得是静态。《易经》讲"天行健"，宇宙永远在动，若有一刹那时间不动，乾坤息矣！整个宇宙就毁掉了。

空大经二十劫之久，然后转成气流动起来，这是风大的形成——风轮。大风轮转若干亿年以后，慢慢自然发生液体了，像浓浆一样，风轮与液体慢慢磨荡，就产生了热能。泥浆再聚拢来，突起来的就是高山，陷下去的就是溪谷、江河、海洋等，产生了第三层的地水火风，就是这个世界。修密宗法门的，有些上座后，观想空大，再观想风轮，就是大气层，大气层上观想火轮，火轮上观想水轮，水轮上观想地轮，然后再由地轮涌出一朵大莲花，莲花上坐一个菩萨，这个菩萨就是我，要一刹那间观想成功，这就是密法，观想成功后，可修止观了。

又彼有色，从意所生。

一切有色，地水火风是如何造成的？是意识所生。当然，物理世界为什么是唯心所造的，自己要去研究、去发挥。四大是唯心所造的，第六意识的功能最大。玄奘法师《八识规矩颂》云：

三性三量通三境，三界轮时易可知。

第六意识贯通了三界：欲、色、无色界。三界的轮转，其中心柱子就是第六意识，妄想的力量有这样大，三界轮回整个包括在第六意识的范围。《瑜伽师地论》把三界、九地、二十五有，都包括进去，都属于第六意识地。我们修持，如果这个理见不透，随时想把意识空了，是很不容易的。它的功能大得很，三界都为它所造，所以说："又彼有色，从意所生。"

懂了这个道理，配合修持见到了空性，转过来修意生身，就成功了，原理就在这里。所以那位在美国的老太太，自己摸到了身内身与身外身，证明了佛所说的，没有明师在时，正法一样地存在。

就佛学的分类，众生吃饭分四种：段食、触食、思食、识食。段食是分段吃饭，像人间分早餐、中餐、晚餐。有些经典翻译为抟食，如外国人用刀叉，印度人用手抓，动物用爪，就是抟食。天人看我们吃饭，就像我们看动物吃东西一样的脏。触食，比如我们除了吃东西以外，还吸收空气与光能，这也是维持生命的重点，很重要。思食是精神的，识食是色界、无色界天人的境界。真得定时并不需要吃东西，但工夫没到达不能乱搞，否则会出毛病。

《本地分中意地第二之三》：

> 云何说诸大种能生所造色耶？

四大各有各的种性，风大有风大的种性，地大有地大的种性。四大种性如何造成了色法？这里的色法就是我们的生理。

> 云何造色依彼，彼所建立，彼所任持，彼所长养耶？

玄奘法师的文章翻译得很好，达到信与达的标准，很合逻辑。四大种是造色，为什么我们这个生命，乃至物理世界，生成了以后，还是靠物理的功能使它永远存在，不但存在，又使它发挥，这个道理在哪里呢？

答：

> 由一切内外大种，及所造色种子，皆悉依附内相续心。

心物一元的重点在这里，理论的原则也在这里。是由于一切内外大种。

什么是内的四大种？我们身体内部，不断新陈代谢的地水火风，为内四大。打坐修道是发挥内四大种的功能，再把它转换。

还有外四大种的地水火风，譬如阳光、空气等，这两个是一体，可是当它形成现象时，界限分开，功能一样，现象却不同。

内外四大种的元素，以及它们所蕴涵的造色种子，都必须依附着"内相续心"，才能发挥一切的功能。心理学家做过试验，假使一个普通人，不管年纪多大，如果绝对灰心了，灰心到了极点，硬想死，大概半个钟头左右，人就虚脱了。因为内相续心没有了，接不上了。换句话说，生命力强的人，生命力绝对坚固，信得过，心力坚强的人，即使断气以后，还是可以回转，一切要看内在这个相续心坚不坚固。

乃至诸大种子未生诸大以来，造色种子终不能生造色。

要由彼生，造色方从自种子生，是故说彼能生造色。

这个地方很严重，不要看《金刚经》里头空呀空的，"无人相，无我相"，那容易懂，这里也是无人相、无我相，不过是分析给我们听，乃至扩而充之，甚至到达诸大种子，也就是物理的元素，当它没有构成四大的形态时，造色种子终不能造色。比方面粉、水，掺合起来，才变成馒头，只摆在那里，不加水掺合，就造不出来。

玄奘法师翻译这些时，一定头痛极了，科学的东西没有办法文学化，可是不文学化实在看不下去。很多人一看唯识就头痛，对不住，是你们的心不够细，也就是你没有得定，所以种子始终不能造色，要由彼生。什么是彼？好比临济祖师的宾主句一样。彼就是靠心力，内、外各种物理因素，再配合精神作用，才造出这个生命。

我们懂了这个原理，现在回转来，把我们这个业力，现有这个生命打破了，回到那个原来的地方去，就成佛了。"生因识有，灭从色除"就是这样，所以修持不是一件简单的事。

我们的身体像一个小宇宙，这是唐宋以后道家的说法，有其道理。我们前面说过，身体可分成三部分，由心窝以下为欲界，心窝至眼为色界，由眉以上为无色界。与此配合，就是所谓的炼精化气、炼气化神、炼神还虚。

有人问：精与气已讲过，至于神的炼法及其情形如何？与四禅八定如何配合？

精气神三样是中国道家的分类，这三位是一体的。有一点要注意，唐宋以后的道家，偏重于修证经验，同密宗一样，所以气脉、明点确有其事。但后世学道学密犯一个毛病，就是倒因为果。为什么呢？因为奇经八脉、三脉七轮是禅定到了以后，自然的转化，他们把转化的经过记录下来，才变成丹经、道书，变成密法。可是后世人拿着这个当令箭，拼命在那里制造精气神，搞奇经八脉，那就完了。所以祖师爷们没有错，错在我们。如同禅宗讲明心见性，大家就在那里找心找性，都搞错了，也都是同样的道理。

所以，炼精气神是经验谈，人的生命究竟怎么来的？精气神是什么东西？拿现在名称来比方，就是光、热、力。精就是热，神就是光，气就是力，缺一不可。假如宇宙没有太阳能就完了，神等于太阳光，神能生"气"，太阳光照射到地球，地球有吸力，自然吸到地心，重新冲上来，化成云气，这些同炼神化气是一样的道理，气再化精。

普通人是神化气，气化精，精就漏。漏也没有错。是顺其自然，不过却永陷轮回了。

反其道而行之，就是使精不漏，回转来，再配合气，再配合神，就成功了，原理如此。

说到"拈花微笑"，可以公开一点奥秘。我们看看花，看看植物，花是怎么开的？花开了又会结果，怎么成长的？几乎同人体一样，植物吸收养分，也有它精气神的层面。然后慢慢生长，生长以后开花，花一开，到了一个生命的巅峰状态，另一个生命来了——结果。另一个生命又蕴涵了它的诸大种，这些种性又要配合其他的因缘，然后又开花、结果，永远生生不已。

我们的生命，道家张三丰比喻为"无根树"。可是事实上，我们的生命是有限的，虚空就是我们的土，头部是我们的根。凡夫脑部荷尔蒙分泌，下来影响性腺，性腺荷尔蒙分泌了，精力就旺得很，就要放射，一放射就完了。

所以不但道家，一般走修行路子的人，也都知道还精补脑，长生不老。密宗称头脑这一部脉轮为大乐轮，丹田部分叫变化轮，心窝部分叫法轮，喉咙部分叫受用轮。脑部的脉轮不打开，得不到轻安，不会发乐，打坐永远在愁眉苦脸中，根本空不了。当脉轮要打开时，会无比地痛苦。我曾亲自经历过，到了眼睛，眼睛开刀；到了牙齿，牙齿也拔了；到了耳朵，耳朵也出毛病。二祖当年见达摩祖师以前，头痛欲裂，受不了，也想死，空中有个声音告诉他："你忍一下，正在换头骨。"过后，头不痛了，却长出五个包包，像五岳一样。

头部脉轮要打开时痛苦极了，走火入磨（魔）还是有的。到眼睛，眼睛瞎了；到耳朵，耳朵聋了；到哪里，哪里出毛病。如果再加上一点点妄念做工夫，非完蛋不可。只要心理不受影响，任运自然地用功下去，气脉通过，一切都好了。

当一个人真打开了头脑脉轮以后，才晓得何谓大乐轮，才可以谈炼气化神。这时意生身也出来了，身外有身，身内有身都做到了，一念动就出去，神通妙用也自然有了。但是与圆满菩提有关吗？没有，这只是业报身的一种，但也有关系。这是业报身的一部分，这里头确有阴神、阳神之分。阴神是自己的境界里头有，外人看不见。阳神修成了，要变两三个我给别人看，别人就看见了，也可以谈话，也可以接触，这就是化身成就。

达到这种成就时，是不是证得了菩提呢？还是没有。不过，随念一动，有百千万亿化身；不动时，清净圆明，了无一物。当然，见地方面，很可能也大彻大悟了。但是炼精化气这些讲的是工夫，和见地是两回事。

学佛修持，要修就要修成三身圆满，讲课的目的也是为了这个，并不是一般人口中的禅，学佛学道要讲实证、证据，理论讲得好是没有用的。

炼气化神这个气，不是呼吸的气，密宗的分类很对，先修气，再修脉。开始时叫息，十念中念出入息的息，是后天呼吸之气停止后，可是血液还在循环，脉还没停止。到脉都止了，才是"精化气"的阶段，这个时候才可以修身外有身。

至于怎么配合四禅八定这个问题，四禅是四个禅定程序，八定则并不一定是四禅以后的次序，初禅也可以到达"空无边处定"。比如，灵云禅师忽然看到一朵桃花，以及洞山的"迢迢与我疏"，忘掉我了，都是空无边处境界。大家都有这个经验，有时瞎猫撞到死耗子，碰到过。这时想把这个境界定住，还是定不住，空的境界有，可是初禅的定力没有，所以定不住。

"空无边处定"是空的境界，可以达到无量无边，如果没有初禅的基础，还是定不住。八定与四禅没有程序关系，如八卦一样，互相穿梭，说不定一个得了初禅的人，一下证到"非想非非想定"。所以云门禅师说："你想非非想天有几个人退位？"这是真话。悟了的人，有时上座后是在凡夫定的境界，有时是在"非想非非想定"的境界，有时也可能在"空无边处定"，反正是到处穿梭，是不一定的。

关于四禅同炼精化气、炼气化神、炼神还虚如何配合，重点是：初禅一定要做到不漏丹，才能炼精化气，二禅一定要做到炼气化神，三禅要做到炼神还虚，四禅舍念清净，一切皆空。原则

271

大概如此，中间的修持细节和过程，不知道要经过多少苦头。比如气到眼睛，眼睛看不见了，要能做到不理它，充其量让它瞎，一念空，气脉自然通过了。如果一害怕，唉呀！不得了，眼睛看不见了，配合了这个妄念，那就麻烦了。所以修行不是那么简单的。总之，搞这件事非专修不可，要把修道变成生活的全部。而大家学佛，是把它当成生活的花边，点缀点缀而已，那还能成功吗？世上没有这么便宜的事。

凡夫及外道，除了真正禅天的中心无法进去以外，严格讲起来，三界之中凡夫都能去得，都能往生。升天不一定靠禅定，升到天界的外围边区，是靠善心与德行。所以善人必定升天，不过很可能升在天的外围，外道也一样。因为一切外道与正道，都有一个共同点，就是劝人向善，如果劝人为恶，那叫魔道，就不谈了。

这里讲四禅，为何只拿禅定来标榜，不拿善事做标榜呢？因为凡是人真心为善的，多半就有凡夫禅，心境上一定是比较清净。照中国文化来讲，善心生阳；邪念是阴的，所以烦恼就来了。天人境界只拿禅定来比方，包括了善，而有些经典讲善道升天时，就不提禅定。

这里头附带有一个问题要注意，修到四禅八定境界，拿大乘佛法来讲，还是一个"大凡夫"，不过很伟大而已。同样的道理，有些阿罗汉，虽修到四禅八定，但是并没有证得阿耨多罗三藐三菩提。在修法上，关于这方面，密法讲得很好：精不降，乐不生，气脉不通，妄念也不会断，身体也不会好；如果精一降，凡夫非漏不可。精降不漏而生乐，那真是舒服无比。但如贪图乐的境界，就堕落在欲界。如果贪图身上阴阳交合之乐，久了以后，堕落在鸳鸯、猴子、鹿等这一类欲念特别重的畜生道中去了，修了半天，还向畜生道那边跑。

气不转，光明不起；气定了以后，光明才生起，就是内在四大的自性光。神由无念而清明，但是偏重于无念、空的境界，落在无色界，等到无色界天的福报受完了，依旧再重入轮回。当然，无色界天的时间很长，世上一百多万年，在那里不过是几天而已。不过这也是比较的，在他们自身感受来说，也不觉得长。

偏在乐的境界上，就堕欲界；偏在光明境上，就堕色界；偏于空境，则堕无色界。要跳出三界外，不在五行中，三界都不能偏，非证得阿耨多罗三藐三菩提不可，否则跳不出来。四禅八定、九次第定是佛法及一切内道、外道的修持基本，不走这条路不能证果。但是达到四禅八定而不得菩提，且般若不通透，不悟彻底，则依然是一个"大凡夫"。阿罗汉也不过是一个伟大的凡夫而已。大阿罗汉就不同了，可以跳出三界外。

欲界中的男女，广义的欲是色、声、香、味、触；狭义的欲是笑、视、交、抱、触。这五欲在四大中偏重于水火。拿中国文化配合来说，水、火就是心、肾两经，心是火，肾是水。五行这一套都要懂，因此道家教人坎离交，是有道理的。研究人的生理就会知道，当欲念一来时，四大都在动，四大都受损害。佛经上以灾难称之，是指那个作用而言。实际上任何一念一动，四大都会动，都不归位。人的身体为什么不能得定？因为都不归位，都不均衡的原故。

《瑜伽师地论》卷第三《本地分中意地第二之三》：

> 复次，于诸色聚中，略有十四种事，谓地水火风色声香味触及眼等五根，除唯意所行色。

色法就是地水火风，包括了生理。弥勒菩萨说，简单地讲，有十四种现象，换句话说，就是有十四种功用。像地、水、火、风、色、声、香、味、触及眼等五根，都属于色法的聚，凝结起来构成物质的形状叫色聚（大种、四大、色聚，每个名词都有它的范围，研究唯识是非常逻辑的，一点都不能错）。但是"意所行色"除外。譬如"法处所摄色",也就是"意所行色"。我们梦中的身体,梦到自己被火烫了,也会觉得烫;吃了冰淇淋,也觉得很冰。地水火风、色声香味触照样有,那个是法触意境上所呈现的色。懂了这个,才晓得人死了以后,灵魂一样有世界,下地狱一样也觉得痛苦,地狱是假的,可是照样会痛苦。还有一个试验,把你的眼睛蒙起来,拿个假火假装烫你,你一定会叫:烫呀!皮肤都红了,这就是意所行色,是属于心所的一种。

《瑜伽师地论》卷第十三《本地分中非三摩呬多地第七》:

禅宗常说的一句话,本地风光。真如自性就是本地。这些都是从本性起用方面来讲,懂了用,就晓得体。"三摩呬多"就是等引的意思,过去古老的翻译称三昧,也就是正受。但玄奘法师觉得不可翻译,因此用译音。就是到达我们所要达到的那个境界,简单地讲,就是得定。这里告诉我们,什么叫作不是定,这个很重要。

弥勒菩萨把不是定的境界归纳出来,有十二种:

> 或有自性不定故,名非定地,谓五识身。

这里讲自性不定,不是指明心见性的自性,是说它的性质不定,是在变动,所以不叫作得定。五识身,眼耳鼻舌身五根后面的功能,就是五识。五识所呈现的状态,我们错认为是得定,那个状态不是定,不要搞错了。比如有人念咒子,以为得定了,事实上,一句接一句地念,一直在变动不定中,并不是定,这是其一。

再有就是我们听声音,觉得得定了,那是耳识身不定性,那是偶然的清净,不是定。如果认为自己得定了,"非魔即狂"。为什么?因为五识和自性不定故。

又比如眼睛看光,有一种觉受境界,好像得定了,不是真的,因为它本身是生灭法,当然不得定,以生灭法来修它,这是一种非定。要认清楚。

或有阙轻安故，名非定地，谓欲界系诸心心法。彼心心法，虽复亦有心一境性，然无轻安含润转故，不名为定。

定有一个条件：就是轻安。如果还觉得有腿在，有脑袋，还觉肩膀发酸，就是不轻安、不安乐，整个身体粗重，就不是得定。真得定了，坐着觉似腾空，就是那么轻安，这只是比方。三脉七轮都通透了，身体才会发生轻安。我们搞了半天，还跟着感受在那边开运动会，哦！气到了这里，想把气弄过来，越弄越闭住了。若能真的放空，把感觉一忘，它就过去，就通了。拼命在那里管它，就是一万年也通不了。弥勒菩萨说，这是被欲界的习惯困住了。欲界的习惯很多：色声香味触法，贪瞋痴慢疑，财色名食睡都是。

诸心心法是整体的，八个识都在这里头。下面的心法是讲心所，意识的部分。什么是欲界的心法？你觉得气脉通了，就可以成道，这就是利害观念，这些也把我们困死了。"心"所有的心理状态，包括第八识，都是"心法"的范围，乃至于第六意识中，心所起的状态。有时我们虽然可以达到很定的样子，但却不是真的定。

"心一境性"是基本的定境界，但是不一定达到轻安。比如喜欢听音乐的人，一曲好的音乐都听醉了就是定；又喜欢掏耳朵的人，掏的那个时候也是定；甚至喜欢捏脚的，搔到痒处时，也绝没有妄念，那也是一种定，就是心一境性。假如你造五百罗汉塑像，有一个就是脱了鞋子，歪着嘴在捏香港脚，表示在那个境界入定了。

所以，欲界中，心一境性可以做得到，可是没有轻安来滋润它的话，身体僵硬在那里。弥勒菩萨说，这不是真正的定境。

第二十讲

今天接着上次讲的，《瑜伽师地论·卷第十三·本地分中非三摩呬多地第七》。

先认识什么不是定境，然后我们才晓得什么是定境。上次讲到"无轻安含润转故，不名为定"。什么境界得轻安呢？宗喀巴大师说：头顶上发清凉是轻安的前奏。自头顶一直灌下来，到全身，都属于轻安的前奏。不管修哪一宗派，这个是必然的现象。不过，由上而下的轻安容易退失，有时候会全垮了。如果是由脚心发起的一股力量，由下至上，也就是道家所谓通任督二脉，或者密宗所谓左右脉通了，就不易退失。

如何是轻安呢？身体的感受没有了，身体的粗重障碍没有了，轻灵到极点。好似婴儿躺在那里，自己不晓得有身体。轻安的境界，包括了道家、密宗所有的气脉之学。

> 或有不发趣故，名非定地。谓爱欲者，于诸欲中深生染着，而常受用。

还有，不得定的原因，是因为根本没有发起真正的想修道证果的决心，没有这趋向的人，不会到达定的境界。因为我们只把修道当作生活的一小部分来玩玩而已。真修行人是把修行当生活的全部，所有平常生活，不过是修行的一点点调剂。但是我们正好相反，人世间的功名富贵一概都要，最后也要成佛，贪心非常大，放下来专修都做不到。

为什么没有发起成道的决心就不会证道？有个理由："谓爱欲者，于诸欲中深生染着，而常受用。"就是爱欲心没有摆脱，没有出离心。"爱欲"狭义指男女之爱欲，广义包括好名、好利、好恭维，一切都爱好。我们平常的生活习惯，一点都解脱不了，放不下来，转不了。爱清净、爱干净等等也都是，多得很。我们做工夫修行要自己反省检查，才会发现"深生染着"不是普通的染着，那是很不容易查出来的。一个人如随时随地把自己的毛病检查得出来，就是第一等人。什么叫修行人？就是一辈子在找自己、管理自己、检查自己的人。人是不肯检查自己的，而且，谈何容易啊！人容易原谅自己，不会严格要求自己。

于诸爱欲中，"深生"二字要注意，深深地生起染着，而且认为这是对的。大乘境界中，贪爱清净，好干净也是欲，好道亦然，"好"字即是爱欲之一种。

> 或有极散乱故，名非定地，谓初修定者，于妙五欲，心随流散。

还有一种，绝对落于散乱当中。"初修定者"是指初禅的工夫没有到达者。"妙五欲"分二种：一种是世间的妙五欲，色、声、香、味、触的染着，引起了贪、瞋、痴、慢、疑等等。也就是眼睛要看好的，耳朵要听好的等等。另一种是内在的，就是你工夫到达了，在工夫的境界上自然有好玩的、好看的。只要心贪着了任何一种，就跟着流转，那不是得定。等于有些人打坐，坐好一点时，看到光了，或看到什么，就开始贪图那个东西，玩那个东西，而不能得定。

> 或有太略聚故，名非定地。谓初修定者，于内略心，惛睡所蔽。

还有一种人喜欢简单，尤其中国人的个性，喜欢简化，所以唯识学在中国，始终不大流行得开，因为看了就头大。唯识是科学的、逻辑的，分析得很精详，所以我们不大喜欢。我们最喜欢的是禅宗，什么文字语言都不要，看到桃花而悟道，中国人最喜欢简略，不喜欢复杂。这一种人不肯分析、研究，易入昏沉的路子，喜欢睡眠。换句话说，我们打坐时，往往把细昏沉当成定境，这也是很糟糕的事。

　　或有未证得故，名非定地。谓初修定者，虽无散乱，及以略聚，娆恼其心，然犹未得诸作意故，诸心心所，不名为定。

这个要注意了，还有一种人，没有实际证到定境，什么是定，他一点都没有实验到，所以他不能得定，见地，也没有搞清楚。这怎么说呢？开始修定的人，虽然坐起来不散乱，也没有昏沉，也不简略，也不打马虎眼，不大而略之，不昏头昏脑的，但是作意方面没有一点成就。

什么是"作意"呢？先讲普通的作意，那是"五遍行"之一，它普遍存在于八个识里。除非阿赖耶识转成清净光明大圆镜智，否则总是存在着作意。前面七个识就是第八识的作意。换句话说，八个识都是心在作意。所以真正的意，除了第六意识的范围以外，这个"意"字，也包括了前面五识、第六识、第七识，乃至包括了第八识，都在"意"的范围里，这是普通的作意。

第二个作意，就是悟道以后的"意生身"作意。所以达摩祖师以《楞伽经》印心，并再三交代，真悟了以后，必得意生身方能证果。

什么叫意生身呢？《瑜伽师地论》里头都讲过。首先，凡夫的这个身体也是意生身，前面讲过，我们心理一灰心，一崩溃，这一条命就自然干瘪了。现在活着的一个主要因素，是有精神生命在支持，这个精神生命就是意生身，是凡夫的意生身。懂了这个道理，再进而言之，悟了道的人，可以造成圣人的意生身，身外有身，甚至于成就了百千万亿的化身，这些都是意的作用。

修定的人第一步要作意，比如念"南无阿弥陀佛"这一句，就是我们的意去造作出来的，这个意不是单指第六意识。即使第六意识没有杂念，禅宗所讲的三际托空，当前那个空掉的境界，就是作意出来的。但是，那个空的境界是不是能够永远存在呢？不会，因为马上就玩起那个空来了。再不然，后面几个遍行马上来了，触、受、想、思。觉得身上气动了，那正是"想"，所以五遍行俱在。哪里谈得上空呢！唯识的道理分析得非常清楚，光以为空了，过于笼统，将来生死到来，或者想求证果时，一点也不得力。

现在的年轻人，玩得最厉害的就是密宗啊，气脉啊，这套玩了半天，都在玩弄精神，玩弄大妄想，真气脉不是那么一回事。佛早已预言，末法时代，两个法门最流行——净土与密宗。聪明的人一听到佛这几句话，就马上会警觉到这个不是玩笑，确实是有它的道理，可是并不是现在一般人玩的这个道理。

比如我们打起坐来，只能坐半个钟头，硬是作意坐上三个钟头，行不行？做不到，因为作意不能坚固。

我们看了上面"非三摩呬多地"的时候，自己检查一下，不落在散乱，即落在昏沉，再不然落在简略，做不到作意的专一。比方不管是学道家、净土或密宗，要观想一个白衣观音，在前面永远不动，这个作意做得到做不到？不行就是心在散乱。可是，一个学催眠术的，或一个画家，他们却都能做到。作意就是注意，修止修定的初步，非要作意不可。因此有人主张禅净双修，把一念专注在阿弥陀佛这一念上，心心念念不乱，做不做得到？

禅宗过去用参话头，把没有道理的问题参透，也就是把五遍行的"想"与"思"捆起来。然后，话头又打不开，要抱住这个话头，不能忘记它，这就是自然修止嘛！触与受也捆起来了，一边怀疑，一边在定境中，等于是定慧双修的法门。所以古代教人用话头参，就是作意，把所有的色受想行识都捆拢来，作意坚定了才能得止。不过现代人要放下来，现代生活太紧张了，放下，蛮舒服的，认为这个舒服是道，非也。这也不过是作意的一种方法，对付现在这个时代蛮好用，如此而已。但永远保持那个空灵、轻松，是不是有作意在呢？没有的话，就不算定。

"诸心心所"就是你所有的心——妄想、五十一种心所、贪瞋痴等心理行为。如果它们一点都没有转化了，怎么会得定呢？换句话说，打起坐来，表面看来俨然修道的样子，实际上心里头的贪瞋痴等心所牢固得很，根本烦恼、随烦恼，都来了。修定的第一步，要作意才能得止。道家的守窍，密宗的观想，净土的念佛，禅宗的参禅等，都是作意的道理。第六意识没有坚固形成某一个境界以前，是不能得止的。

这一节很重要，《现观庄严论》讲，修四加行作意，心境没有专一，不能得定。如果你是修空定，一切妄念不管，能看住这个妄念，把这个作意毕竟专一，也算是得定。可是它会变去的，这是专讲定的修持，见地又是另外一回事。

> 或有未圆满故，名非定地。谓虽有作意，然未证得加行
> 究竟及彼果故，不名为定。

再进一步，更加严重。虽然作意了，比如念佛，差不多到达一心不乱，但还没有证得四加行。换句话说，色身气脉统统没有改变，一切都没有转化，四加行的功效一点都不能达到，病也照常病。当然这同你的心地法门没有关系，但是此身四大也是心的一部分，既然能转心，为何不能转四大呢？《楞严经》上说："不知色身，外洎山河虚空大地，咸是妙明真心中物。"连身都没转，你说得了定，那不是自欺之谈吗？加行的究竟：暖、顶、

忍、世第一法，没有证得，气脉四大没转变到究竟位，所以不名为定。

很多悟了的大禅师，在最后临走时，都死在很痛苦的病症上。元朝大禅师高峰妙，最后还是胃病难过而死。当然，病痛、生来死去、坐脱立亡，对他来说都没有关系，很多大师们都是如此。以教理来讲，就是他们"未证得加行究竟及彼果故"，所以不算究竟得定，不是证得圆满之法，只是悟得法身而已，这些人，只好等到中阴身时再去成就。但中阴身的悟成就，理论上是有，事实上如何，我们无法看到。

> 或有杂染污故，名非定地。谓虽证得加行究竟果作意，然为种种爱味等惑染污其心。

这些都是批驳不是定境的道理。这里再进一步告诉我们，虽然证得加行究竟，气脉转变了，工夫可放光、动地，加行究竟果作意也到了，阴神乃至阳神也成就了，这样的人一定被普通人视为活佛。这时还有一部分的爱欲，染污本心的清净光明，比如爱染清净、爱染有道者，到这种程度还是非究竟的，杂染善法也非究竟。

> 或有不自在故，名非定地。谓虽已得加行究竟果作意，其心亦无烦恼染污，然于入住出诸定相中未得自在，未随所欲，梗涩艰难。

虽然已经得了加行究竟果作意，乃至身心可以出离，可以分化，心里也没什么烦恼，但工夫境界与烦恼完全是两回事，心理的烦恼染污太不容易解脱了，不要以为打打坐，有点工夫，懂一点佛法道理就是学佛了，那是自我陶醉，不行的。

但是于入定、住定、出定诸究竟的定相中，不能自己做主，有时是瞎猫撞到死老鼠，那种入定并不算究竟。究竟定相是自己完全能够做主，操纵自如，要入定就入定，要出定就出定。如果未得自在，不能随心所欲，有时候工夫对了，有时候又不对了，梗涩艰难，也是不算数的。活着健康的时候还不能做主，到生死来临时，一点做主的办法都没有。这点随时要留意，尤其是年纪大的修行人。

> 或有不清净故，名非定地。谓虽自在随其所欲，无涩无难，然唯修得世间定故，未能永害烦恼随眠，诸心心法，未名为定。

还有一种，因为定境不清净，所以不叫作"定"。虽然可以做到自由自在，随心所欲，可是有些人做的是世间定，不是出世间定。这里要特别注意，大家做工夫修气脉、观明点，这些都是世间定，即使修到祛病延年，也是世间定。世间定包括文学家、艺术家、练武功者等的定境。出世间定的差别在般若、在见地。世间定是工夫，不包括见地在内。

这一章讲什么是"非定"，其实虽然是非定境界，我们仍然做不到。如果能做到了一点，死后起码能生到六欲天，比我们活在这世界，可舒服得多了。能到达这样的工夫已经很不错了，因为我们现在是讲非正三昧而说的，关键要搞清楚。能做到这十二种非定境当中的任何一种，已经很了不起了，到今天还没有看到一个人能做到。这里所讲的非定境界，并不是说它错，而是说它不是佛法的正受，不是菩提的正定，区别就在这里。

因为修的是世间定，所以永远没有办法除去根本烦恼。有一点修养工夫的世间人，可以到达一个烦恼比较少的程度，而烦恼之根并没有拔掉，只是不大起作用而已，随眠烦恼照样还有。随眠的意思就是这些烦恼跟随着你，跟着迷糊你，让你走入莫名其妙的糊涂境中。五十一种心所里，有二十种随眠烦恼，修行是检查这些心所，不是打坐做工夫。大家动辄谈工夫，工夫有什么稀奇！心里的检查做不好，随眠烦恼都找不出来，过后方知，我说："事于过后方知梦，浪在波心翻觉平。"事情过去了，才晓得那件事像梦一样过去了，心里头明明像波浪在滚，根本烦恼仍在，自己还觉得清净得很呢！觉得只有自己在道中，只看到别人的烦恼，以为自己是没有烦恼的；只看到别人不对，觉得自己很对。我们要把五十一种心所好好地搞清楚，修行是在这里着手，然后再把五蕴解脱（五蕴就是一念）一步一步搞清楚，那才谈得到修定。

随眠烦恼没有除掉的定，就叫世间定。"诸心心法"，还有一切心所所生的这些烦恼，如果统统没有断，就不叫作定。

> 或有起故，名非定地。谓所得定虽不退失，然出定故，不名为定。

什么叫作"起"呢？所得的定固然感觉没有退，事实上已出了定位；换句话说，虽然觉得自己待人接物，都还能够应付自如，心境空空的，但那不是得定，那只是第六意识一点点作意的清净而已。诸心心所的随眠烦恼、根本烦恼，一概都"起"来了，都在轮回。

> 或有退故，名非定地。谓退失所得三摩地故，不名为定。

最后的一个，连最根本的三摩地都退失了。所以修大乘菩萨道，到了第八不动地菩萨时，才不会退转。换句话说，四禅八定，你都修成功了，还是有退转的时候，可以退到六道轮回，如何才到第八不动地呢！般若、见地、行愿。福德圆满则智慧圆满，最重要的还是福德圆满。福德这件事情，真不敢讲，因为讲了以后，可能门前草深八丈，没人来了。

以上是强调非佛法的三摩地。

下面讲有心、无心地的问题。

学禅的人经常说无心，随时做到无心。同安察禅师有一句偈颂："莫谓无心便是道，无心犹隔一重关。"无心还差得远，况且我们还做不到无心。但什么叫作真正的无心？比如我们走路，把别人碰了一下，会说："对不起，我无心的。"那个无心，可不是道的无心，而是无记，大昏头。健忘的人也是无记，有些人做工夫，一天到晚心里头空空洞洞的，很舒服、很清净。小心！不要认为这个是无念、无心，往往这是大昏沉，昏沉久了以后，所得的果报是下堕——落入畜类。宗喀巴大师在《菩提道次第广论》中，讲得很清楚，他大大地批驳那些认为无念就是道者，更叫人千万不要落入无念定，以免来生堕入畜生道。所以这一点关于有心、无心，一定要认识清楚。

《瑜伽师地论》是一部大论，学唯识的人，如对这一部论著没有搞通是不行的。

现在讲《瑜伽师地论·卷第十三·本地分中有心无心二地第八第九》。

> 云何有心地，云何无心地。谓此二地俱由五门，应知其相。

有心地及无心地有五种分类法，要知道其界限、定义，才能开始学佛。

> 一、地施设建立门，二、心乱不乱建立门，三、生不生建立门，四、分位建立门，五、第一义建立门。

现在介绍第一种区分"有心""无心"的分类法则：

> 地施设建立者，谓五识身相应地、意地、有寻有伺地、无寻唯伺地，此四一向是有心地。

什么叫有心地？包括了"五识身相应地"。例如普通人眼睛看东西，耳朵听声音，这五根的后面有五识。根与识很难分别，玄奘法师在《八识规矩颂》中，说了一句很重要的话："愚者难分识与根。"没有大智慧的人，分别不出来，什么是眼睛的生理官能，什么是眼识等等。

又比如上次讲过，人刚断了气，眼睛还没坏，马上挖出来时，眼睛的余命未断，眼识是不是失去了作用？眼识已退回到阿赖耶识去了，第六意识也退回去了，可是这个眼睛移植给别人还是有用。五识身已不是五识身了，这是第八阿赖耶识的眼根，眼根的余命未断，不是识的问题。眼识已经走了，医生把这双眼睛接上去，神经接起来，给另外一个人，神经没有障碍了，接受这一双眼睛的人，他自己的眼识起作用，配上别人给他的眼根，眼睛可以看了。

再比如我们的眼睛（眼球是官能，佛学称眼根），眼睛看前面，我们的眼识配合第六意识注意前面，我们所看到的是黑板，是茶杯，这是第六意识。如果这时眼睛注意看着前面，但旁边的人、物，同时映入眼帘，那是眼识的作用，不是意识，因为意识正全心配合着眼睛，注意着，旁边随时来的一切也是知道的，那就是眼识。但一晓得旁边有人过来，当一晓得时，马上起了分辨的作用，眼识已经交给第六识了。在最初刹那之间起明了作用的，就是眼识。

至于身识，就很难体会了。大家学道做工夫，如果能把身识认得清，就可以起步了。修证，乃至修报身、修化身，要先认得身识，才能谈得上起步。

怎么样是身识？十来岁的时候，春天睡觉，早上醒来无事，懒洋洋的，那正是曾子说快要死的那个味道："启予足，启予手。"手脚在哪里都不知道，睡得甜得很，醒是醒了，身子可以动，也动得了，可是不想动，那个时候才可以体会到什么是身识。但并不是这个身体，等于这个身体还是外壳，这个身体内在还有一层朦胧的内胎，那才是身识的作用，抓到那个来修，就快了，如果再一动念，第六意识一配上，身识就交给第六意识了。第六意识这个分别一来就坏了，一切烦恼就来了：要起床了，应该去上班了……这些都是第六意识的事。

所以说，什么是有心地？第一种就是"五识身相应地"，是前面五识配合意识妄心而起的境界。第二种是"意地"，单单第六意识妄心所起的作用。

第三是"有寻有伺地"，就是罗睺罗尊者修出入息，到达初禅"有觉有观"的境界。"有觉有观"是旧的翻译，玄奘法师不同意这样翻译，他用"寻""伺"二字。打坐找道，找定境就是有寻，再高明一点就不找了，只守住在那里，就是伺。一般人常把伺境当成定境，呆呆定定地在那里，也知道，有等待、裁定的味道，这都属于有心地的范围。

再进一步第四，"无寻唯伺地"。等于初、二禅中间的境界，上座心里头没有杂念，不去寻找工夫，也不去找一个境界，只有伺，就是一味呆住，清净在那里。若把那个境界当成定就错了，那正是意识状态、妄心状态。这四个方向都叫作"有心地"，有心地就是普通人，我们的心理状况就属于这个范围。

　　无寻无伺地中，除无想定，并无想生，及灭尽定，所余一向是有心地。

《瑜伽师地论》讲，从第二静虑到无色界，全名无寻无伺地。这里所论的，除了这三个定境以外，其余的都是有心地。

至于"无寻无伺地"中，又有程度之别了。唯识分析得很清楚，一步一步，详尽得很。"无寻"，坐起来清净得很，念头没有乱跑，也没有乱找时，只有一个很平稳的境界摆在那里，就是无寻唯伺。这里头有没有东西呢？还是有。知道这么一个境界，是在五遍行的想与思中。至于无寻无伺的境界，则超越了想的心理状态，可达"无想生"。

严格来讲，无想生的最初步，也只能摸到《金刚经》的"应无所住而生其心"的边缘。所以笼统来说，般若很容易讲，本来无所住而生其心嘛！这仍非究竟，太笼统了。

若无想定，若无想生，及灭尽定，是无心地。

这三个定境到达了，才可以说定境达到了无心地。这一段都是讲修证做工夫，不讲见地。不过这却是修证工夫的见地，如果这点认识不清，工夫就做得迷迷糊糊的，像土包子进城，那是不行的，所以一定要搞清楚才行。

下面要介绍第二种"有心""无心"的分类标准。

心乱不乱建立者，谓四颠倒，颠倒其心，名为乱心，若四颠倒不颠倒心，名不乱心。此中乱心，亦名无心，性失坏故。

普通人的散乱心也叫作无心，因为把心掉了，自性散坏了。所以我们应该注意，做工夫修持时，觉得自己随时随地都在空空洞洞里头，好像清净得很，就以为到达了无心地。实际上这正是掉了心，是这个无心正在颠倒中，自己不知道罢了，很可怕。以我几十年经验看来，做修养工夫的人，最后走上这条路的人太多太多了，都是这样糊里糊涂去了。正如雪窦禅师的诗句："可怜多少垂钩者，随例茫茫失钓竿。"几位老同学要特别注意，钓鱼竿子已经被我收回来了，你们已经无心了，因为你们迷失了修持的本心。

如世间见心狂乱者，便言此人是无心人，由狂乱心失本性故。

等于看到一个疯子，我们也叫他是无心人，因为他错乱了，迷失了本性。有人修到后来，很容易走上这条路，一定要注意。所以有位禅师说："万古碧潭空界月，再三捞摝始应知。"不是那么简单的，福德不够，所以慧不能到。

于此门中，诸倒乱心，名无心地。若不乱心，名有
心地。

"无心地"的反面，就是"有心地"。在佛法而言，一般凡
夫成道以前，烦恼错乱心都算是无心地，没有证得本性的缘故。
真正修证佛法，得了定、慧的，叫作有心地。这是第二门解释。

生不生建立者，八因缘故。其心或生，或复不生，谓根
破坏故。

第三门，就心"生"或"不生"来区别"有心""无心"。
比如我们学佛最难的一项，就是慈悲心很难生起，也就是说真正
发起行愿心很难。我们口口声声要想帮助人家，慈悲人家，度人
家，嘴里虽这么讲，实际上，很难办到。所以我们修行，单说一
个功德心，在行愿上根本就很难建立，也可以说，根本没有建立
过。行门很难讲，历代祖师都只讲见地，行门不敢多谈，真正谈
了行门，徒弟都跑光了，因为要求太严了。但教不严，师之过，
宁可要求严格，门前草长三尺，岂止三尺，十丈都无所谓，没有
人都可以，一个人在里头蛮舒服的。老实说，行门很难，太
难了。

有些"心不生"是因根，是因为生理机能破坏了，比如脑
神经坏了，这个心理生不起来，尽管佛法讲四大皆空，四大还是
很重要。佛说暇满之身难得，生为人，闲暇的时间难得，四肢体
健、五根具全也很难得的。尤其是这个工商业时代，空闲的时间
谈何容易，能有闲暇坐在那里高谈阔论，妄言修道，这是多大的
福报。

境不现前故。

有时候你拼命用功，那个境界就是不来。从前有一个修道的
老先生，有一些功力，既不吃饭，也不睡觉，不过到夜里十二点
时，再跟他说话，他也不理，靠在椅子上，闭着眼，大约有半个

钟头。然后眼睛睁开，再谈话，可以谈到第二天晚上十二点。到了十二点他又不说话了，闭眼休息了。问他为什么？他说是工夫来找他了，这就是境现前。《孟子·尽心下》说："有诸己之谓信。"消息来就要定去了，这就是境现前。有些人工夫做了半天，境界不现前，这就要严格检查自己了：心理的障碍，或是生理的障碍呢？若问另外有个方法没有？这是爱欲之心、贪求之念这些结使在作怪。连这个都不能检查出来，还怎么能够修证菩提呢！

> 阙作意故。

作意没有造成，至于是什么根器，该如何作意，也是大有关系的。

> 未得故，相违故，已断故，已灭故，已生故，心不得生。

以上种种缘故，所以心不能生起。密宗的修法生起次第，就是由这里来的。密宗所有的理论，都是唯识法相的基本理论，所以修法要修到生起次第，没有的要建立，等于从平地上建立生起十二层高楼。所以密宗是无中把它生有，生有了以后，把它打空，又回到清净光明，把建立起来的空掉，那就叫圆满次第。

> 由此相违诸因缘故，心乃得生。

不受上面八种现象范围所限制，道心才可能生起。

> 此中若具生因缘故，心便得生，名有心地。若遇不生心因缘故，心则不生，名无心地。

若具备了生的境缘而生心，是有心地。相反的因缘而心不生，则是无心地。第四门：

> 分位建立者，谓除六位，当知所余名有心地。

什么是分位建立呢？又包括了六位，除了这六位外，都是有心地。

何等为六？谓无心睡眠位、无心闷绝位、无想定位、无想生位、灭尽定位及无余依涅槃界位，如是六位，名无心地。

这六个部分，有些是凡夫果，有些是大乘极果。这些分位建立，同样地达到无心地，程度还有差别。《金刚经》云："一切贤圣皆以无为法而有差别。"所得的道是不错的，但程度、造诣、层次上却是有差别的。六位中，"无心睡眠位"是凡夫的无心，睡着了，什么都忘记了，这也是一种无心。修道人犯了这个毛病，不能原谅自己，工夫不够，因为大昏沉之故。

"无心闷绝位"，是好似昏过去了，或者跌倒、打伤了，或者受了脑震荡失去记忆了，这都属于闷绝位，是病态的，不对的。以佛法来讲，如果一个人受了脑震荡，过去的都忘了，熟人也认不得了，这时，他本性在哪里？是不是治好了又回转来？不能治好，但他的本性又怎么恢复呢？这是科学的大问题，学佛要追究这些地方，佛法是绝对的科学，不是那么简单的。不要贸然地相信，贸然地搞，严格讲，这里头都是问题。

"无想定位"，也属于无心地，无想定位不是证道。释迦牟尼佛学无想定三年，然后认为不是道，知非即舍，不干了。无想定是外道位，但是无想定有无想天，虽是外道位，比我们的位置却高得多了，虽然还是在色界中，却超过了欲界天。一个人能到了无想，虽不行善，也绝对不做恶事，既然不做恶事，依善果也可以生天。何况无想还是一种定的境界。不要看不起它，我们还做不到呢！

有些人打坐怕落顽空，其实，若能真正到了顽空也要恭喜你了，恐怕只是在玩弄那个空而已，顽空做不到的。"无想生位"生到无想天。"灭尽定位"不同，是罗汉果位，超过四禅八定。九次第定的灭尽定，身、心皆灭，等于向轮回请了长假，但是，最后还是要来的，非回心向大不可，灭尽定可以躲在偏空的境界里头，空的功能灭了身心的作用，"无余依涅槃界位"是大菩萨位、独觉菩萨位。这六位叫无心地。

第五门，也就是最后一种区分法：

> 第一义建立者，谓唯无余依涅槃界中，是无心地。

禅宗所讲明心见性，直透牢关，在破三关之后，就要破这个有余依，证无余依涅槃。什么是有余依？就是大阿罗汉，同独觉佛达到涅槃的果位，但是烦恼的根还是没有断，就是《维摩经》上所形容的"余习未断"。维摩居士的房间里，诸大菩萨、诸大阿罗汉都进了他的方丈（寺庙中称方丈就是根据《维摩经》，维摩房间一丈见方，可是百万天龙、天人进来都坐得下）。结果天女散花的时候，罗汉们闭眉闭眼的，因为要做到不动心，可是天花沾在阿罗汉的身上，掉不下去；菩萨身就沾不上，都掉了。因为罗汉余习未断，所以天花着身。罗汉们对声色是不要了，可是有时候对声色还瞄一眼，这一瞄并不动心，可是天花却着身了，就是余习未断的缘故。所以他们虽然也得了涅槃，可是那叫有余依涅槃。因为只要把根一挑，就又挑起来了。

到达"无余依涅槃"才是佛境界，真正的第一义心，即禅宗洛浦禅师说的："末后一句，始到牢关，锁断要津，不通凡圣。"这是第一义。

> 何以故，于此界中，阿赖耶识亦永灭故。

到达了透末后牢关，得第一义，才把阿赖耶识转成大圆镜智，阿赖耶识才永灭，才是无余依涅槃，达到自性清净。

> 所余诸位，转识灭故，名无心地。

前五识转成"成所作智"，第六识转成"妙观察智"，第七识转成"平等性智"，第八识转成"大圆镜智"。转八识成为四智，修证到达三身，法身、报身、化身的成就，三身四智平等平等。四智圆净，不着不住，六通妙用，不住无着，达到无余依涅槃，这才真正到达无心地，佛的境界。

阿赖耶识未永灭尽，于第一义非无心地。

第八识又译为藏识，阿赖耶识是梵音。如果单单译成一个藏字，所表达的不够完整，因为它包括有能藏、所藏、执藏的作用。它能藏过去、现在、未来一切的种子；执藏抓得很牢，所以它起的作用是异熟——各种因缘，异时、异地而熟。这是指轮回果报，这个异熟的账，电脑都算不清，它实在太错综复杂了。

第二十一讲

佛法在世间，不离世间觉，离世觅菩提，恰如求兔角。

六祖的这几句话是指"行"，行为的部分。佛法就在世间，佛也这样说过。在经典中，有人问佛，世尊为何在娑婆世界这个脏地方成佛？佛说：你看到娑婆世界脏，只是看到了一面，它还有另外一面，与西方极乐世界及一切净土一样地光明清净。所以佛立刻就现了神通，以足指按地，当时就现出了这个世界的光明面。这里是个话头，这个世界有很清净的光明面，同极乐世界一样，以及其他佛世界一样的清净光明。

其次，佛说一切佛在成佛以前，必须要到这里成佛，在其他世界不容易成佛。例如天人很难成佛，北俱卢洲的人很难成佛，因为福报太好了，纯乐无苦。就因为没有痛苦的刺激，那里的人就不会有厌离心，所以一切众生要想成佛的话，就必须要到这个世界来。这个娑婆世界是善恶参半，苦乐参半，一切参半，而且痛苦的多。因为痛苦，所以才容易修道，没有众生何必成佛呢？没有众生也不需要有佛了，因为个个都是佛嘛！何必另外来个佛呢！因为有众生，有苦恼，才有菩提，才能成佛。

"佛法在世间"是见地，也是行愿。因为世间是五浊恶世，所以需要布施，需要守戒；因为世间是很痛苦、很坏的，所以在这里自度、度人，才能圆满功德。这是以第二义来讲的，在形而上道而言，并没有什么世间与不世间的分别。

《六祖坛经》中告诉我们："佛法在世间，不离世间觉。"离开世间，无法求得觉悟；若没有痛苦，则不知快乐的舒服；若没有烦恼，亦不知清净的安详。所以烦恼即是菩提，也可以从这个层面来发挥。"离世觅菩提"，真跳出世界、三界外，本身就是佛了，已经在菩提中，不须再求菩提，没有成两个佛的道理。所以大乘佛法说佛法在世间，是指"行门"而言。

打坐修道不过是行门的万分之一而已，其他做人做事，统统是佛法的行门，所以讲佛法不离世间，就是这个道理。千万不要以为佛法不离世间，你一方面修道，一方面就想，一切功名富贵，酒色财气样样都要，如这样想，那就错了。

《维摩经》上讲，莲花在干净的泥巴上，以及高山顶上清净的地方是不会长成的，要在最脏、最浊、最低下的地方，莲花才会生长得越茂盛、越清香、越纯净，花也越大，而且纤尘不染。莲花就是学佛的精神，所以以莲花代表佛教，是在五浊恶世中，最脏、最难的地方成就，佛法在世间就是这个道理。不要认为佛法既然在世间，不一定要出世，没有这回事，还是要出世。不过出世与出家是有分别的，世俗上出家只是离开了此家，而到了彼家。出世是离开了这一世，而到了另一世。没有到达跳出三界外，仍然还在此世间之内。跳出三界外，不在五行中，才是真正的出世，这个基本的道理要搞清楚。

有一本书叫《禅宗直指·大事因缘》，作者石成金，是清朝的进士，他曾做官，晚年学禅。这本书的前面，是他个人学佛的心得与见地，是理学家的学禅路线，也很好，依此修行，人天之果，决不堕落。下面的"大事因缘"一节，关系太大，太好了。李文同学说，欧美的学者，认为中国的禅宗根本反对佛学，这个观念错得太厉害，而现在欧美搞禅学就是走上这个路线。其实正好相反，禅宗处处谈佛法。禅宗是在元朝开始衰落的，这本书有些公案收录的资料太好了，别的书没有收录得如此完全。在这几则大事因缘中，搜罗了圆悟勤、大慧杲、高峰妙、雪岩钦等公案，都是顶好的公案。关于这本书，有几点要认识：

一、中国大陆上真正的禅堂，正如书中那个样子。

二、看那些人如何修行用功，就是真正禅堂的榜样。

三、也看到了禅宗的衰落。

四、我们可以参考，作为个人用功的借镜。

五、有许多人修不倒褡，不睡觉，以为这个是学禅，自己看看这本书就明白了。

现在我们先研究一下雪岩钦禅师公案。

雪岩钦的名字，在《续指月录》上是仰山钦。雪岩、仰山都是庙子的名字。

这段文字很浅显，有些人从浅显的文字得到好处，有些人从高深的文字得到好处，因为程度不同之故。普通讲时，不能单为某人讲，已看懂的人不妨在这里学学耐心，也是行门之一。由高明回到谦下是功德，不过，高明的人离不开浅显，千万不要有一个观念，认为自己高明，要把这个观念拿掉了，才好成道。

"师普说云，山僧五岁出家，在上人侍下（上人指师父），听与宾客交谈，便知有遮（这）事，便信得及。"书中的小字乃石成金批语。

"便学坐禅。一生愚钝，吃尽万千辛苦，十六岁为僧。"受戒以后才正式为僧。受戒是指受了比丘戒。

"十八岁行脚，锐志要出来究明此事，在双林铁橛远和尚会下，打十方（严格的打七），从朝至暮，只在僧堂中（一天到晚，只有打坐、行香），不出户庭，纵入众寮至后架（即厕所），袖手当胸，徐来徐往，更不左右顾（随时都守戒），目前所视，不过三尺，洞下尊宿（曹洞宗下面的老前辈），要教人看狗子无佛性话（元朝当时的曹洞宗），只于杂识杂念起时，向鼻尖上轻轻举一个无字，才见念息，又却一时放下着，只么默默而坐，待他纯熟，久久自契。"

曹洞宗到了元朝时候，参这个话头为法门。当时早在七八十年前，大慧果就骂这是默照邪禅，后世走这种错误路子的很多。

"洞下门户工夫绵密困人，动是十年、二十年不得到手，所以难于嗣续。"

曹洞宗就是这样做的，门下工夫绵绵密密，只要有妄念来，用话头给他一裹，裹到没有话头时，一下放下，空的境界，一定就定很久。学曹洞宗的人往往十年、二十年，一点影子都没有，工夫是有，但没有开悟，所以后来曹洞宗的法门就断了，真的懂曹洞修法的人很少。

"我当时忽于念头起处，打一个返观，于返观处遮一念子，当下冰冷，直是澄澄湛湛，不动不摇。"

雪岩钦当时用功的方法是，念头一起，马上回转来找念头，一返观，当下这一念就空了，没有念头了，心境中清清楚楚，干干净净，一点杂念也不动，也不摇。

"坐一日只如弹指顷，都不闻钟鼓之声，过了午斋放参，都不知得。"以前的人都是这样用功，现在人难了。

"长老闻我坐得好，下僧堂来看，曾在法座上赞扬。"这时只十八岁。"十九去灵隐挂褡"，到杭州灵隐寺去挂褡。"见善妙峰，妙峰死，石田继席。"石田继承当方丈。"颖东叟在客司"，很有名的禅宗颖东叟和尚，当时他在做知客。"我在知客寮，见处州来书记"，处州来了一个和尚当书记，就是现在的秘书长，说："道钦兄，你遮工夫是死水，不济得事，动静二相未免打作两橛。"光是盘腿打坐叫作禅，动就不行，那动与静就分成两头了。

古人经同参道友这么一提，一身是汗。我当年参禅，也认为自己了不起。有一回道友问：人家都说你悟了，你是不是做到醒梦一如？我不做声，自己心里有数，不一样的，于是自己再来，等醒与梦一如时，又碰到一个年轻和尚问我：无梦无想时，主人公何在，你知道吗？又被问住了。又重新来过。所以人家一提，良马见鞭影而驰，哪像大家被善知识打一棒都不知道。雪岩钦这时被善知识打了一棒，他知道严重。

"我被他说得着，真个是才于坐处便有遮境界现前，才下地行与拈匙放箸处又都不见了。"

他说，对呀！我打坐就很清净，这个境界才有，只要两腿一放下来，或者拿着汤匙喝汤，拿着筷子吃饭的时候，这个境界就没了。不对呀！处州年轻和尚是比他高明，又接着对他说了：

"参禅须是起疑情，大疑大悟，小疑小悟，不疑不悟，须是疑公案始得，他虽不甚做工夫，他自不庵会下来（不庵和尚），不庵是松源之子（不庵和尚是禅宗中很有名的，又是临济宗松源老和尚的子孙），说话终是端正。"他说的一定是正路，不会错。他就信了。照现在的人，一定想，我打坐比你好，你还不打坐，算老几！"我当下便改话头，提个干屎橛，一味东疑西疑，横看竖看，因改遮话头，前面生涯都打乱了也。"这些都是元、明的口语、白话，"虽是封了被，胁不沾席，从朝至暮，行处坐处，只是昏沉散乱，胶胶扰扰，要一霎时净洁也不能得"。

有些人以为不倒褡，光打坐不睡觉就是道了。元明开始，这些怪花样多得很，一天到晚都在打坐、参话头、用工夫，可是人搞得昏头昏脑的，要不然就是散乱、烦恼得很。

"闻天目和尚久侍松源，是松源嫡子，必得松源说话，移单过净慈挂褡。"天目和尚是有名的大禅师，正好住持净慈寺，于是雪岩钦就跑到净慈去挂褡。"怀香诣方丈请益",禅宗规矩,拿三根香请侍者通报见老和尚。"大展九拜",这里头有规矩的,话听得对了,点撚三根香叩头;听得不合意,光拿着香,不叩头,表示不同意。"他问我:如何做工夫。遂与从头直说一遍。他道:你岂不见临济三度问黄檗佛法的大意,三遭痛棒,末后向大愚肋下筑三拳。道:元来黄檗佛法无多子。汝但怎么看。"他向天目老和尚报告了自己做工夫经过,老和尚说了临济求道、悟道经过。又云:"混源住此山时,我做饐到,入室他举话云,现成公案,未入门来,与你三十棒了也。但怎么看。"他说混源老和尚到这里做住持时,我刚刚到,有人进他房间问佛法时,他说:现成公案,你来问什么?该打,还没进门来,就该给你三十棒,你要在这些地方看。

"天目和尚遮个说话,自是向上提持"第一等的方法,"我之病痛,自在昏沉散乱处,他发药不投,我不欢喜"。天目讲的是第一等法,可是我的毛病是打起坐来,不是昏沉,就是散乱。"心中未免道,你不曾做工夫,只是伶俐禅。"他心里的想法,也同我们去看善知识一样,如果人家的答复不对我的胃口,就觉得人家没有工夫,没有道,如要都合我的胃口,那也不叫道。"寻常请益,末上有一炷香,礼三拜,谓之谢因缘,我遮一炷香不烧了也。"禅堂规矩,一般人来请教,手中拿三支香,如果对了,点三支香,跪下来三拜,谢和尚接引,这是出家人的规矩。雪岩钦光拿着香,又拿了香回来。"依旧自依我每常坐禅",他照样地打坐参禅,不睡觉,席子都不靠一下。"是时漳泉二州有七个兄弟与我结甲坐禅,两年在净慈,不展被,胁不沾席。"这七个人都不倒褡,当然,大家赌了咒的,你看我,我看你,大家都不敢躺下来。

"外有个脩上座,也是漳州人,不在此数,只是独行独坐,他每日在蒲团上，如一个铁橛子相似，在地上行时，挺起脊梁，垂两只臂，开了两眼，如个铁橛子相似，朝朝如是，日日一般。我每日要去亲近他，与他说话些子，才见我东边来，他便西边去；才见我西边来，他便东边去。如是两年间要亲近些子，更不可得。我二年间因不到头，捱得昏了困了，日里也似夜里，夜里也似日里，行时也似坐时，坐时也似行时，只是一个昏沉散乱辊作一团，如一块烂泥相似，要一须臾净洁不可得。"可怜得很，这一般人，不得高血压，还算好呢！整天昏天黑地的，想得一点清净境界都做不到。表面上看起来，不晓得让人多恭敬，他自己心里有数，像一团烂泥一样。"一日忽自思量：我办道又不得入手（修道没有修成），衣裳又破碎也（专在禅堂用功，没有供养），皮肉又消烁也。不觉泪流，顿起乡念，且请假归乡，自此一放，都放了也（这一下回家舒服了，把所有工夫都丢开了）。两月后再来参假（后世叫销假），又却从头整顿，又却到得遮一放，十倍精神。"

这是个关键，回家妈妈给他好吃的东西了，这一次回来，打起坐来精神百倍，舒服了，所以要注意营养。"元来欲究明此事，不睡也不得。你须到中夜烂睡一觉，方有精神。"学道要营养好，休息得够，才能用功，人家问我闭关做啥！睡觉。一进关房先睡七八天，以后不要睡了，一坐就用功了。尤其是夜里十一点以后一定要睡觉，烂睡一卧，那才会有精神。

"一日我自在廊庑中东行西行，忽然撞着脩兄，远看他但觉闲闲地，怡怡然有自得之貌，我方近前去，他却与我说话，就知其有所得，我却问他去年要与你说话些个，你只管回避我，如何？他道：尊兄，真正办道人无剪爪之工，更与你说话在（真修行，连剪指甲的时间都不肯浪费，哪有时间与你说话。所以你找我，我就躲开了）。他遂问我做处如何？与他从头说一遍了，末后道：我如今只是被个昏沉散乱打并不去（向他诉苦）。他云：有什么难！自是你不猛烈，须是高着蒲团，竖起脊梁，教他节节相拄，尽三百六十骨节，八万四千毛窍，并作一个无字，与么提起，更讨什么昏沉散乱来。"他骂我一顿，是我不下决心，下了决心，把蒲团弄好，挺起背骨，浑身三百六十个骨节，拼了这一条命算了，充其量死掉嘛！要求道，以身殉道嘛！一身上下坐好了以后，万缘放下，只提一个无字，这样下去，管它什么昏沉，什么散乱，都不管，你一直这样下去。

"我便依他说，寻一个厚蒲团，放在单位上，竖起脊梁，教他节节相拄，透顶透底，尽三百六十骨节，一提提起，正是一个与万人敌相似，提得转力，转见又散，到此尽命一提，忽见身心俱忘（来了，身心都不知道了），但见目前如一片银山铁壁相似（眼睛前面一片空，解开了，就是达摩祖师云："心如墙壁"，空空洞洞，一片白）。自此行也如是，坐也如是，清清三昼夜，两眼不交睫（三天三夜不睡觉）。到第三日午后，自在三门下，如坐而行，忽然又撞见脩兄，他问我：在这里做什么？对他道：办道。他云：你唤什么作道？遂不能对（这一问，答不出来了），转加迷闷，即欲归堂坐禅，到后门了，又不觉至后堂寮中（这个福建同乡的这一棒，把他打得很惨），首座问我云：钦兄，你办道如何？与他说道，我不合问人多了，划地做不得（糟糕，我越听得多，工夫越用不上路，懂得太多了）。他又云：你但大开了眼，看是什么道理（这里说眼睛，当然不是指他的两只眼睛，他的眼睛已经可以三天三夜不交睫）。我被提遮一句，又便抽身只要归堂中坐，方才翻上蒲团，面前豁然一开，如地陷一般，当时呈似人不得，说似人不得，非世间一切相可以喻之。"

这一下，东一棒，西一棒，两个给他一打，发了狠，跑上禅堂，两腿一盘，一上座，一刹那间空了，前面如大地平沉，虚空大地都没有了，那个境界，不是世间任何现象可以比喻的。

参禅修道，没有经过这些苦头，工夫是靠不住的。

"我当时无着欢喜处，便下地来寻脩兄，他在经案上（在读经，不是在打坐），才见我来，便合掌道：且喜，且喜（内行人一到了那个境界就知道，没有到时，自然言不压众，貌不惊人，一到时，气象都变了）。我便与他握手，到门前柳堤上行一转，俯仰天地间，森罗万象，眼见耳闻，向来所厌所弃之物，与无明烦恼昏沉散乱，元来尽是自妙明真性中流出。"

这时就知道《楞严经》上所说："不知色身，外洎山河虚空大地，咸是妙明真心中物。"一切都是妙明真心中自然所流出。菩提、烦恼平等平等，一定要到这时，才谈得上"烦恼即菩提"，平常烦恼就是烦恼，说烦恼是菩提是骗人的。

这是雪岩钦禅师自己向弟子所说，当年的修行经过。这一段老老实实的，太好了，所以赶印出来，以法供养大众，这就是行愿，大家自应珍惜。

"自此目前露倮倮地，静悄悄地，半月余日动相不生。"半个月都在这个境界中不动。等于明朝憨山大师因参《肇论》中所言的"物不迁论"，旋岚偃岳之旨，然后开悟的。一天夜里自己小便急了，起来屙尿，一屙小便，凄一声，那当儿，他悟了，悟到什么呢？《肇论》中肇法师讲：

> 旋岚偃岳而常静，江河竞注而不流。

旋岚即是台风，同这个道理一样，这就是已经到达动相不生的境界。注意要在这里参，动相不生，难道是静相吗？这中间还有问题的。

"可惜许不遇大眼目大手段尊宿为我打并（真可惜，当时没有遇到大善知识，在这个境界上给我'啪'一下，打破了，就大悟了，只好说自己运气不好）。不合向这里一坐坐住（不应该在这境界上，一定就定下去了)。谓之见地不脱（到了这里是有点消息，善知识在这当儿一点就透了，谁叫他逃避善知识，善知识对他又奈何？自以为这时是道，把死老鼠当宝贝用，那有什么办法呢！自己把自己害了，一坐坐住了，见地不脱），碍正知见（这里要注意，以后没有善知识在旁边，这本书就是善知识，这个时候，只守着静相，就是《法华经》上说的：'大通智胜佛，十劫坐道场，佛法不现前，不能成佛道。'就是这个道理。学密宗、学道家、学禅的，很多人到达这个境界，活活在这里埋掉，况且我们还达不到这里。道钦禅师这时候才后悔，可是他到底是一代大师，了不起）。每于中夜睡着，无梦无想无闻无见之地，又却打作两橛（这个境界是好，睡着了就没有了，醒来一用功，又有了，这不是两橛吗？无梦无想主人公又何在？这个境界怎么没有了呢），古人有寤寐一如之语，又却透不得（他说古人醒与睡都一样，我却做不到，睡是睡，醒来就有这境界），眼若不睡，诸梦自除，心若不异，万法一如之说（这是禅宗三祖《信心铭》上的四句话），又都错会了也（他说，我把这四句话的道理，拿来做工夫，硬撑着不睡觉，又把古人祖师的话解释错了）。凡古人公案有义路可以咬嚼者，则理会得下（对于古人公案，有道理解释得通的，我统统懂）。无义路如银山铁壁者，又却都会不得（《指月录》《景德传灯录》等翻开来看，没有道理的那些公案话，一点都不懂，怎么叫作悟道呢！他这是大智慧，所以自己先警觉到了。他说：悟了道应该无所不通，怎么这些又不懂呢）。虽在无准先师会下许多年，每遇他开示，举主人公，便可以打个踔跳，莫教举起衲僧巴鼻，佛祖爪牙，更无你下口处。有时在法座，东说西说，又并无一语打着我心下事（他说，我当时在无准会下参禅很多年，每遇到他举主人公公案时，好像懂得。老和尚说：你懂得这个便是越进一步——打个踔跳。你虽然懂了这个理，可是祖师（衲僧）们、佛祖的真正厉害处，你还是懂不了，悟不了。有时老和尚在法座上东说西说，没有一句话可以打到我的心里头去）。又将佛经与古语从头检寻（没有办法，只好来找法本、佛经），亦无一句可以解我此病（都解决不了自己的问题，无梦无想时主人公何在？现在有些人很会答，无梦无想那个时候就在无梦无想中，哪有那么简单！那时主人公找不到就不行，不算悟），如是碍在胸中者仅十年（这一个问题参在心中，解决不了，人家还是专修的，专在那里参这个事，又过了十年，一直哽在心中）。"

"后来因与忠石梁过浙东，天目两山作住（两人在天目山住下来）。一日佛殿前行间，自东思西忖，忽然抬眸见一株古柏，触着向来所得境界，和底一时飚下，碍膺之物，扑然而散，如暗室中出在白日之下，走一转相似。"这一下，他是悟了。这个问题参了十年，跟一个同参道友到天目山挂褡，一天，在佛殿前走着，忽然眼睛抬起一看，看到一株柏树，一下悟了，从前在心中解决不了的，一时放下，胸口中闷闷地突然打开了，好像在黑暗的房间中闷了十年，忽然开了门，看到天空一样，这个就是他的悟境。

"自此不疑生，不疑死，不疑佛不疑祖，方始得见径山老人立地处（才看到杭州径山的这位师父，真悟了道的，回转来看径山老人才知道）。正好三十拄杖何也，若是大力量大根器底人，哪里有许多曲折（他说，他太笨了，参了三十年才悟道，假如是大根器的人，哪有这样的苦头吃）。德山见龙潭于吹灭纸烛处（德山和尚见龙潭，龙潭和尚晚上拿一根蜡烛，口一吹，他就悟了，多快），便道：穷诸玄辨，若一毫置于太虚；竭世枢机，似一滴投于巨壑（德山悟道讲的话）。自此拈一条白棒，掀天掀地，哪里有你近傍处（德山悟了以后，拿一根棒子打人，哪里有你近身处）！水潦和尚被马祖一踏，便道：百千法门，无量妙义，尽向一毛头上识得根源。高亭见德山招手，便乃横趋，你辈后生晚进若欲咨参个事，步趋个事，须是有这个标格，具遮个气概始得。"

这些都是古人的公案，高亭和尚来见德山问道，德山正站在门口，快要天黑了，看到老远一个和尚走过来，便用手一招，高亭和尚回头就跑了，德山一招手之间，他就悟了，就走了。古人伶俐如此，你们这些后辈年轻人，要想学道，要有古人这样的气派，这样的根器才行。

"若是我说底都不得记一个元字脚，记着则误你平生（我说的话，如果听了再记住会中毒的，会误你们一辈子的，不过我把我的出家修道经过，整个讲给你们听听）。所以诸大尊宿，多不说做处与悟门见地，谓之以实法系缀人土也消不得（为什么古人圣贤不愿讲自己的修行经过呢？像我今天对你们讲了，以后你们都照我那个方法来修就不对了，我只报告我的笨路子给你们听，你们不要照着走哇）。是则固是，也有大力量有宿种，不从做处来，无蹊径可以说者。也有全不曾下工夫说不得者，也有半青半黄，开口自信不及者（人的根器不同，有人上上根器，平时没有学佛，一听就悟了；也有人完全没做工夫，但懂得是懂得，不能够宏扬；也有半吊子的，开口自己还信不过的）。诚谓刀刀相似，鱼鲁参差，若论履践个事，如人行路一般，行得一里二里，只说得一里二里话，行得千里万里，方说得千里万里话。汝等须是各具明眼，拣择青黄始得，若或不然，便从佛祖肚里过来，也是无益。"

从这一段可以看到元明以后，禅宗做工夫的公案，石成金所选的公案很值得看，不算高明，但很平实。

下一段讲高峰妙禅师公案，那时是元朝了，喇嘛教进入中国，禅宗的时代结束了。高峰妙晓得元朝皇帝会请他出来，他早溜了，到杭州天目山，宣布"闭死关"，除了死，不下山。他也学不倒褡，尽管不倒褡，最后死时还是因胃的毛病而死。禅宗的最高处是认识了法身，但报、化二身是否成就，大有问题。可是不经过法身成就，见地就不清，亦不能谈修持。所以五祖对六祖说："不见本性，修法无益。"因为他们都是见了本性之故。雪岩钦的一段，是见法身的道理，透透彻彻，下死工夫的用功道理，也讲得彻彻底底，但报、化二身，则不包括在内。

高峰妙禅师公案：

"师二十更衣入净慈立三年死限学禅，一日父兄寻访，巍然不顾（二十岁出家学禅努力，父兄来了都不顾）。二十二请益断桥伦，令参生从何来，死从何去话。于是胁不至席，口体俱忘，或如厕惟中单而出，或发函忘扃镐而去（二十二岁参访断桥伦禅师，叫他参话头，即日夜不懈，不眠不休）。时同参僧显慨然曰：吾己事弗克办，曷若辅之有成，朝夕护持惟谨（时同参道友被他精进用功的精神所感动，志愿对他护持）。时雪岩钦寓北硐塔，欣然怀香往扣之，方问讯即打出闭却门，一再往始得亲近，令看无字话，自此参扣无虚日（参访雪岩钦，一开口就被打出去，好几次以后，才教他看无字话头）。钦忽问：阿谁与你拖个死尸来？声未绝即打，如是者不知其几，师扣愈虔（钦禅师忽问他：拖死尸的是谁，未及回答就打他，每每如此，他却更诚心）。值钦赴处之南明，师即上双径参堂半月（到禅堂坐禅半月）。偶梦中忽忆断桥室中所举'万法归一，一归何处'话。疑情顿发，三昼夜目不交睫。一日少林忌（达摩祖师诞辰），随众诣三塔讽经次，抬头忽睹五祖演和尚真赞云：百年三万六千朝，反复元来是遮汉（反反复复原来是这个家伙）。蓦然打破拖死尸之疑（悟了）。其年廿四矣！解夏诣南明（去见雪岩钦和尚）。

钦一见便问：阿谁与你拖个死尸到遮里？师便喝，钦拈棒（老和尚见他一喝，手里抓住棒子，要打过去了），师把住云：今日打某甲不得（今天可不能打我，你会打错人哦）。钦曰：为甚打不得？师拂袖便出（就是这样答复雪岩钦，换句话说，表示他悟了）。翌日，钦问：万法归一，一归何处？师云：狗舐热油铛（这个问题等于狗舐热油铛一般，舌头伸出来，口水在滴，舐嘛，太烫！不舐嘛，实在香！舍不得走）。钦曰：你哪里学这虚头来？师云：正要和尚疑着（骂师父，我正要你对我起疑情）。钦休去（老和尚不理他了），自是机锋不让。"

"次年，江心度夏（到江心寺）。""一日，钦问：日间浩浩时，还做得主么？师云：做得主。又问：睡梦中做得主么？师云：做得主。又问：正睡着时，无梦无想无见无闻，主在甚么处？师无语（完了，闷住了，是做不了主，白天清醒时，晓得起心动念处。该发脾气时，唉！不对，瞋心，去掉。虽然压得很痛苦，总算做得了主。做梦时，也做得了主，了不起了。但是无梦无想时如何？师父这一问问住了。高峰妙自认为悟了的，所以师父拿棒子打他，他抓着师父的棒子，翘头翘脑的，那么有自信，现在无话可说了）。钦嘱曰：从今日去，也不要汝学佛学法，也不要汝穷古穷今，但只饥来吃饭，困来眠，才眠，觉来却抖擞精神，我遮一觉，主人公毕竟在甚么处安身立命（老和尚慈悲，晓得以前对他那一套没有用，现在换个轻言细语对他讲）。丙寅冬遂奋志，入临安龙须，自誓曰：拼一生做个痴呆汉，决要遮一着子明白。"

这地方你没有悟到，好了，当你到了荣民总医院，氧气一拿掉，最后一口气不上来时，你在哪里安身立命？还有你没有？这个地方没有悟到，白学！白天念阿弥陀佛，碰你一下，阿弥陀佛，还好；推你一下，也阿弥陀佛，还没发脾气；到了夜里做梦时，讨厌！没有阿弥陀佛了，梦里照样发脾气，贪嗔痴都来。就算梦里做得了主，无梦无想时，你在哪里？做不了主了，佛白学了。老和尚的一段话，轻言细语，何等地慈悲，他自己也是过来人，我们要研究：我怎么睡着的？怎么醒来的？你说，我晓得怎么睡着，那时你一定没有睡。你说你晓得怎么醒来的，那时你早醒了嘛！这是科学的问题。这一段搞清楚了，才可以了"生从何处来，死向何处去"，然后六道轮回可随意来往自如，三界六道任意出入，地狱也可以去玩玩，没有关系，只要你有这个本事。因此，高峰妙发了志，狠下心来，决定要明白此事。

"因同宿友推枕堕地作声，廓然大彻。"枕头掉到地上，"砰"一声，他大彻大悟了，才晓得无梦无想时主人公何在。主人公在枕头里头吗？你们回去参参看。

"自谓如泗州见大圣，远客还故乡，原来只是旧时人，不是旧时行履处（我还是我，可是不是从前的我，完全不同，起心动念，做人处事，都不同了）。在龙须九年，缚柴为庵（搭个茅棚），风穿日炙，冬夏一衲，不扇不炉，日捣松和糜，延息而已，尝积雪没庵，旬余路梗绝烟火，咸谓死矣，及霁可入，师正宴坐俨伽。"宴坐俨伽就是入定了。

这是高峰妙禅师的几段公案。学禅做工夫的人，注意前面所提五个重点，与学禅做工夫都有关系，是很重要的，尤其现在很多人喜欢谈禅，禅宗不是谈的，禅是讲修的，个个都从这里过来的。马祖固然于言下顿悟，但还是从他南岳衡山打坐多年的基础而来的。现在的人两条腿都降伏不了，还谈什么降伏其心呢！这就是参禅、做工夫修定的真正榜样。但我坦白地下结论：就算能了法身，报、化二身还有问题。所以，中国有些学者讲，禅宗容易走入小乘的路线，这个小乘并不是说"行"上之小，连见地、修证、行门，都容易走上小乘路子。报、化二身要想圆满成就，可不容易。像高峰妙这种苦行、这种坚贞，尤其了不起的是同明朝许多高僧一样，都是在国破家亡之后，替中华民族保留了正气。他晓得以他当时的名气，元朝一定会来请他的，他赶快就跑。他的徒弟，很有名的中峰禅师，也听他的命令，不准出来做元朝的国师，皇帝来请都不去，连中峰禅师也躲掉了。到了明朝以后，这个系统的大师才出来，这又是历史、文化、佛教史上的另一段公案。但看其精神，视其品格，都是不得了的人，我们现在望尘莫及。他们住破茅棚，平日捣点糜粉，能不死就算了。乃至大雪天，被雪封龛，十来天，路既不通，也不能举炊，人人以为他死了，结果过了十多天，雪停了，跑去一看，他还在入定，坐得正好呢！所以说，言下顿悟，那是古人，不是我们。

现在让我们继续《瑜伽师地论·卷第十三·本地分中三摩呬多地第六之三》。讲修定：

> 复次，如世尊言，修静虑者，或有等持善巧，非等至善巧。

这是弥勒菩萨说的话，当然是无著菩萨的记录。

修定的人，定慧等持双修，以现在人的修法来讲，如禅密双修，或禅净双修，或止观、念佛双修等，是等持善巧。非等至善巧，是走专门一点的路子。

> 广说如经，喠柂南颂：云何等持善巧？谓于空等三三摩地，得善巧故。

所谓等持，就是真正证到空，证到真正的性空境界。有些是真空，有些是假空。如道钦禅师所云，硬把念头压下去，看起来也觉得空，但那是假空，第六意识硬压下去，不是真的。

> 云何非等至善巧？谓于胜处，遍处，灭尽等至不善巧故。

胜处，指最好的境界；如果空的境界有偏，不圆满；善巧是方便的意思。这里说，要进入那个境界就立刻进入，不似我们瞎猫撞到死老鼠，是碰上的。

云何等至善巧？非等持善巧？谓于十种遍处等至，及无想等至。

云何为住？谓善取能入诸三摩地，诸行状相！善取彼故，随其所欲，能住于定。于三摩地无复退失，如是若住于定，若不退失，二俱名住。

什么叫住的境界？什么叫入定、住定、出定？前一段讲如何进入定的境界，进入定境后，如何能住在定的境界中。这要靠我们在知识理论上认识清楚，进入定的行（心理行为）状（定境的现状）。

"善取彼故"，入定、住定不是不着相，硬是有点着相，可是不是凡夫的着相，是住在那个定上的着相。你一定，当然是住相了。这个住相要"善取彼故，随其所欲，能住于定"。看你对哪一种定境喜欢，就住在哪个定境上，这个喜欢不是烦恼妄想的，喜欢，是看我们现在的需要。

比方，如果今天上座，妄想杂念特别多，像道钦禅师讲的，又散乱，又昏沉，这个时候就要懂得用什么善巧，用什么方法，才能去掉散乱、昏沉。这里头，以中国文化讲，就有三种了，精、气、神三样不同，要检查出来。晓得今天散乱多、烦恼大，是否由生理来的？比如女人都有周期性的现象，要用什么方法才能使自己除去烦恼，进入安详的境界。其实男人同样有周期，可是不容易知道。

又比如吃了某一种东西，肠胃吃坏了，或是今天气脉引导不好，会烦躁得不得了，火大得很，恨不得连自己都杀掉。所以有人打坐会走火入魔，像这种情形也差不多了。

用一种方法善巧调治，使能住进定境，就叫作对治法门。所以修行不是一味药，不是像八卦丹、万金油之类，样样毛病都可以用的，这是讲生理部分。有时候，是"精"的问题，也包括生理上的营养过多或不足所引发的毛病。有时候是"气"的问题，所谓气脉对与不对，中行气、上行气、下行气、左右行气，种种等等，因调节不好，影响到心肝脾肺肾，发生了问题。有时候是心理问题，就是"神"，因为受了打击，心境非常低沉，低沉是大烦恼。这一切都要晓得调剂，如果不知道调剂，每天做工夫，步步都是荆棘，都没有用，都是开倒车。

第二十二讲

答复同学问题：

明心见性是见到法身；修至六通具足，三身四智，三十二相，八十种好，是报身圆满。至于千百万亿化身，就是化身成就。

许多禅宗的师父们，见到了法身，不见得有报身成就。在印度过去的二十八位祖师，及在中国的五、六祖以前，三身成就者有之，六祖以后，三身成就的非常少。以前提到窥基法师的前生，那个与法、报、化三身都没有关系。普通得定的人都可以出阴神，阴神不是法身，那还是在妄念境界中，还是业力境界。四禅可以做得到出阴神，初禅定也可以得到。

阿罗汉可以从钥匙孔里出入，这是神通，与法、报、化身没有关系。密勒日巴尊者得三身成就否？（师置答）比如济公活佛，还是大阿罗汉境界，是独觉乘，还不是大菩萨境界。

明心见性而悟道的人，所得的是根本智，但不一定有差别智。能够见到自性，自性又能够起用，能够圆满了一切功德而成就，那才真不容易。

欲得健康长寿，要留意研究吕纯阳的《百字铭》。

吕纯阳是由禅宗开悟的，以后奉黄龙祖师之命，生生世世永远为佛教的外护。吕纯阳因考不取功名，后来做了黄粱一梦，醒来以后就出家去了。他修的是道家，在唐末到五代之间非常有名。他炼就很高的气功，可以在空中飞行，他有名的两句诗："丹田有宝休寻道，对境无心莫问禅。"一般人能做到这样，健康长寿已不在话下，祛病延年、长生不老也可以做到。当然这两句诗当中的修持方法，是有很多意义的。

有一次，他御着宝剑飞行，经过江西庐山，当地有个大庙子，就是禅宗的黄龙寺。吕纯阳在高空飞过时，看到此山气象不同，必有高人。他降下来一看是黄龙寺，有人正在讲经，就是临济宗大德黄龙禅师。他站在旁边看了半天，觉得很奇怪，这禅师又没放光，又没动地，更没有像他一样的本事，是个普通和尚嘛！怎么那么多人听他的呢？越看越奇怪，就站在那旁边。黄龙禅师不说法了，云："座中有人窃法。"认为有人在偷听。吕纯阳不吃这一套，就站起来了，黄龙问他是谁，他报了自己名字，黄龙说：哦！原来是你啊，我以为你了不起，原来只是个守尸鬼（这个身体可以长生不老，把它守得牢牢的）。吕纯阳一听，生气了，真人有长生不老之药，你这凡夫肉胎算什么！黄龙说："饶君八万劫，终是落空亡。"吕纯阳恼了，袖子一扬，飞剑击出去了，故意吓吓老和尚，岂知飞剑到了老和尚面前停住了，反而倒转向自己这边杀过来。他奇怪了，这老和尚是普通人嘛，又没有工夫，怎么我的剑不听我的指挥呢？后来有人专参这个话头，是韦陀护法呢？还是黄龙般若之力？或是其他原因？到底是什么道理呢？黄龙笑道：你不要摆这一套，你刚才说你有真本事，我问你，你见个什么道理？吕纯阳说："一粒粟中藏世界，半铛锅内煮山川。"这是道上的话，也是讲自己见道的道理。黄龙说："我不问你怎么煮山川，请问一粒粟中如何藏世界？"就这样，东搞几下，西搞几下，吕纯阳开悟了，作了一首诗：

　　弃却瓢囊摵碎琴　如今不恋汞中金
　　自从一见黄龙后　始觉从前错用心

那个时候，道家出了吕纯阳，等于禅宗出了一个六祖。如何炼得健康长寿，可参考吕纯阳的《百字铭》，这是释、道、儒三家最好的东西，也是学佛最好的东西。《百字铭》：

养气忘言守，降心为不为，动静知宗祖，无事更寻谁，真常须应物，应物要不迷，不迷性自住，性住气自回，气回丹自结，壶中配坎离，阴阳生反复，普化一声雷，白云朝顶上，甘露洒须弥，自饮长生酒，逍遥谁得知，坐听无弦曲，明通造化机，都来二十句，端的上天梯。

养气也是十念法中，修出入息的真正工夫。"降心"出自《金刚经》"降伏其心"，为而不为，有意降心就着相了，自性本空，所以为而不为，见地、工夫都告诉我们了。动静二句，把观世音菩萨圆通法门放进去了，"动静二相，了然不生"，可是不昏沉，也不散乱，自己能够做得了主，空得了，不要另外找个方法。对人处事，自己要能不违背本性，这里都是讲工夫。不要做什么工夫，心气合一，心物是一元的，真正念头空了，"气自回"，自然会气住脉停，达到二、三禅。

这里讲丹，并非肚子里真有个东西，古代道家形容，丹就是像月亮一样，圆圈中间一点，代表圆满自觉灵明的一点觉性。壶代表身体，自己的气脉起变化作用。只要做到气住脉停，它自然会起变化，自然地定久了以后，"普化一声雷"，"轰"的一下，身体所有气脉都打开了。这时候，正如庄子所讲的"与天地精神相往来"，与宇宙一体，这时中脉真正打开了。"白云朝顶上"，这才是密宗真正的灌顶，诸佛菩萨智慧光明灌顶。须弥是讲头部，头部的大乐轮震开了。这时候，长生不老绝对有，此乃世第一法。"无弦曲"就是观世音菩萨"以闻、思、修入三摩地"。

这二十句话，一句五个字，共有一百字，所以叫《百字铭》。这二十句由普通人开始，修到长生不老，乃至超凡入圣，都说完了。每一句都是工夫，都是见地。

比如开始大家都想得定，为什么做不到呢？就是第一句话做不到，"养气忘言守"，养气工夫做到一点都没有妄念，谁做到了？念头多得很，守也守不住。"降心为不为"更做不到，这个做不到，下面的话更谈不上了。静中打打坐还有一点影子，下了座什么都没有，根本不能知宗祖。动静知宗祖很重要，心中一天到晚都在静中，没有事，谁做到了？灵明觉性经常在，气自然回，并不是叫我们做工夫。丹"自"结，那是自然的，是我们生命中本来就有的。

大家不要用宗教界限观念来看这首《百字铭》，他本来也是禅宗的大护法，是黄龙真正得法弟子之一。如想健康长寿，照他的话去做，绝对够了。

现在继续讲《瑜伽师地论》，有关修定部分，上次讲到：

> 云何为住？谓善取能入诸三摩地，诸行状相，善取彼故，随其所欲，能住于定。于三摩地，无复退失。如是若住于定，若不退失，二俱名住。

什么叫住？先要选择一个方法，是自己根器所适用的。同样的方法，因根器业力不同，适应力也不同。换句话说，选择自己身心所适合的方法，容易进入定的境界。因"善取彼故"，善于抓到一个法子，随其所欲，自己要入哪一种境界，就入哪一种境界。而且可以保持不退，这才叫作入定。入于定的境界不退转了，叫"住定"。

> 云何为出？谓如有一于能入定诸行状相，不复思惟。于不定地分别体相，所摄定地不同类法，作意思惟，出三摩地。或随所作因故，或定所作因故，或期所作因故，而出于定。随所作者，谓修治衣钵等诸所作业。定所作者，谓饮食

便利，承事师长等诸所作业。期所作者，谓如有一先立期契，或许为他当有所作。或复为欲转入余定，由此因缘，出三摩地。

什么叫作出定呢？到了住定的状况里，不起任何分别思想，可是，忽然一念来了，这一念哪里来？自己都找不出来，突然起一念，同定的境界相反。换句话说，这一念来了，把定破坏了，这一念就是"作意思惟"。这力量很大，在五遍行中就叫作意，就引发了你的思想。

为什么念头会来？这里面包括了几个原因："或随所作因故"，这点要注意，真正修行是注重行门，就是心理的行为，平常待人做事、讲话，种种的行为。因为种的因不同，不一定能得定的果；种的因不同，定都定不下。有时我们身心有烦恼，所以定不下去。业力没有消除，也不能够得定。这就是"随所作因故"。

"或定所作因故"，定的方法、目的不对。比如今天感冒了，刚开始坐时，想把感冒去掉，这个动机观念，就是定的因，虽然是这么微细的一点差别，但是它在效果上差别却很大。

"或期所作因故"，期就是希望。比如有些人打坐，下意识里希望，我只要打坐，身体就可以健康了。还有些人想得眼通；又有些人盘起腿来故作打坐状，在幻想里头舒服一下。所以因地不同，果就不同。

"而出于定"，这些任何一个因素，都能够使你出定。

"修治衣钵等诸所作业"，就是弥勒菩萨举的例子。有些人在定中，好好的，忽然一个念头来了，有一件衣服破了，下座缝两针吧！或忘了某件事情，突然想起来了，然后又后悔不对，坐在那里思想乱搞起来了，这是出定相，破坏了那个境界。弥勒菩萨的这句"修治衣钵等诸所作业"，包括了一切。下面"饮食便利，承事师长"，也是使你不能得定或出定的原因。

"先立期契"，等于有些人睡觉不需要闹钟，明天有事情，自己会在几点钟醒来，这是心念业力的作用。

　　何等为行？谓如所缘，作种种行，而入于定。

所缘如念佛号，道家的守窍，密宗的观想等等皆是。以唯识观点来讲，所缘就是作意，意识上所特别造成的。个人所缘的方法不同，而入于定。

　　谓粗行、静行、病行、痈行、箭行、无常行等。

"谓粗行"，如感觉在世上的负担太重，挑不下这个担子，很想离开。"静行"，尤其在工商业时代，生活一天到晚忙碌，很想静一静，休息休息。"病行"，生老病死等。"痈行"，看到世上一切都是脏的，好似生了毒疮一般。"箭行"，像毒箭一样无情。"无常行"，感觉一切无常等。

因为这一些观念，促使我们努力去修道。

　　若于彼彼三摩地中所有诸行，何等为状？谓于诸定临欲入时，便有此定相状先起。由此状故，彼自了知，我于如是如是相定，不久当入，或复正入。

由前面的种种心理观念而修定。"彼彼三摩地"，所有定的境界个个不同。这些定的情形如何，要认清楚。

这就是所谓教理。教下与宗下不同，宗下取一法，一门深入，进去了再说。教下等于从小学、中学而大学，学科学一样，先把理论研究清楚，然后再到实验室做实验。教下告诉我们："于彼彼三摩地中所有诸行，何等为状"，理论上先要搞通，什么叫现状？理论清楚了，一放下来，修行做工夫就可以清清楚楚，晓得自己现在这个情况可以进入三昧。有时觉得今天的身心情况，与念佛法门不相应，就要知时知量，或作观想等等。所以学佛要学八万四千法门。有时觉得身心不对，用十念法中念息，就对了。我平常也教了很多法门给大家，要晓得适时而用之。理论研究透了，自己要晓得什么时候可以进入哪一种定境，就可以用自己知道的方法。"彼自了知"，理研究透了的人，两腿一盘，或不盘腿，只要一站，就晓得自己这时可以进入某一种定境。

所以并非光做工夫就对，光做工夫往往是盲修瞎炼，自己到了哪一种定境也不晓得，这叫啥名堂！有些人光学佛学也不对，没有配合工夫，那变成思想学术有什么用！

　　彼教授师，由此状故，亦了知彼不久当入如是如是相定。

因为有明师指导，有时候只要他一看你的情况，就知道可以进入哪种定境，便教导你修哪种法门，可以马上进入。所以教授师接引人，除了要有他心通，知道别人的根器以外，还要看个人的身心状况，而教授他最适当的方法。

这一段，弥勒菩萨告诉我们怎么入定、住定、出定。

　　何等为相？

什么叫相？现代观念叫现象、状况，也可以说是境界。

　　谓二种相：一所缘相，二因缘相。

比如念佛、止观、观想、修气、修脉等等，是所缘相。第二因缘相，比如雪岩钦禅师，那么用功，还是开悟不了，有次忽然到了一棵松树下，一看前面松树，悟了，这是因缘相。

　　所缘相者，谓分别体，由缘此故，能入诸定。

开始修法时，是用分别心，但都是用意识，不用意识怎么修呢！你说：我什么念头都不要，修无念。那也是意识在修无念啊！所以吕纯阳说"降心为不为"，由有为证到无为，就是这个道理。

　　因缘相者，谓定资粮，由此因缘，能入诸定。

修定做工夫是要资本的，佛法叫资粮。学佛要具备两种资粮：智慧资粮、福德资粮。尤其学密宗，资粮特别重要。菩萨五十五位、十信十住十回向等等，都属资粮。资本粮食不具备，你拿什么去修啊！

没有智慧，教理没有搞通，智慧资粮就不够。福德资粮就是福报，福报不够，等你刚刚要打坐，电话来了，家里什么人病了，你连打坐休息的福报都没有。刚刚想上轨道，空下时间来用功，东边冒火，西边冒烟，屡试屡验。不做工夫，什么事都没有；一做工夫，什么事都来，修行是要大福报的。

世间功名富贵是很难得的，可是另有个福报更难求，就是清福，非多生累劫好好修行是不能得来的。我一天能享有一秒钟的清福，心里就觉得无限的恭敬，也有无限的恐惧，因为这是诸佛菩萨的保佑。

修定先要求得资粮，在座中就有几个人，学佛修道也很多年，讲理论都是第一等；讲工夫，有一点点；讲福德资粮嘛！一点都没有，没有时间打坐，自己想想看，是不是福德资粮不够？

> 谓随顺定教诫教授，积集诸定所行资粮，修俱行欲厌患有心，于乱不乱审谛了知。

弥勒菩萨说定的资粮——福德与智慧，学佛第一步先求圆满这个，这个不具备，你别想修道成功，连打坐都没资格。为什么说没有资格呢？第一个，想修清净于乱不乱，自己很清楚，可是福报不够，你不扰乱人，人家可来扰乱你修行。

> 及不为他之所逼恼。

你的功德不够，他就来恼乱你。

> 或人所作，或非人所作，或音声所作，或功用所作。

其实外魔也好，内魔也好，都是唯心所造。工夫求得太切了，自己造成魔境，这是功用所作。换句话说，没有魔，一切都是自己的心魔所造。

云何谓善？谓若三摩地，犹为有行之所拘执，如水被持，或为法性之所拘执，不静不妙，非安隐道，亦非证得心一趣性，此三摩地，不名调善。

这一段要注意，什么叫善？就是曾子在《大学》中所讲："大学之道，在明明德，在亲民，在止于至善。"这是对至善下的一个最好的注解。在定的境界里，心里头仍有"有行之所拘执"，比如心里头还有修道的一念，这个念已经把你心理拴起来了，心理的状况，已经沾在某一个境界上，已经执着了，被这个观念拘束起来了。等于"如水被持"，水倒在一个茶杯里，它的范围境界，就是只有茶杯那么一点点大，假如我们把一杯水倒在大海里头，你看看这个水性的境界有多大！

什么叫"法性之所拘执"？禅宗的书，密宗的书，这些佛学的书看多了，那些理论就把你抓住了，满脑子佛学，满口佛话，一身的佛油气，佛魔，就是弥勒菩萨的这句话，"法性之所拘执"。结果心念专一做不到，静不下来，根本达不到心一境性，这些不属于善，不能调和心境。诸如此类等等，必须自己做研究。

讲义发了那么多，为什么讲解东一下，西一下呢？为的是不让你们有依赖心，只能挑重点讲，其余的要自己去看，继续研究才行。

复次，如分别静虑经言，有静虑者，即于兴等谓之为衰，乃至广说，此中四转，当知二时颠倒。

初禅到四禅的境界，有两种颠倒会发生。佛也做过这个比方：有人问佛，为什么初学的时候反而有效果，后来越来越难了？佛说：你没有看过人家挖井？开始挖的时候，很容易看到效果，泥巴一挖出来就挑走了，好快，等到挖了十丈深时，两三天还挖不上一篓泥巴来，效果就显得很慢了，实际上效果是一样的，只是它深了。许多人做工夫，也有这种感觉，做到后来反而觉得没有进步了，这只能说自己没有智慧，观察不清楚，教理没有研究清楚。事实上你在进步，进步转到另一个状态中，自己观察不到，所以学佛修道，随处都要智慧。

什么叫学佛修道？一辈子研究自己，检查自己，就是这么简单。英雄可以征服天下，不能征服自己；圣人只要征服自己，不想去征服天下。征服天下容易，征服自己难，所以说圣人难学。圣人是一辈子检查自己，反省自己，研究自己的人。如果有人学圣人，却一天到晚研究他人，观察他人，那就免学了，那是"剩人"。修行就要在这些地方检查自己。

由初禅定达到二禅定之间，虽是也在进步，但在进步之间，好像有一种退化现象，等于天亮之前，有一段更黑暗的时刻。同样的，当你要转清明的时候，可能有一段细昏沉要来，事实上绝对会来。当你过了这个昏沉阶段后，清明就出来了。在理论上来讲，清明是它，昏沉也是它，因为认不清楚理，只取清明，不取昏沉，自己认为退步了，落在魔障。你认为落在魔障，魔就来了。

现在所要讲的，是定境中的退位。普通讲工夫退步了，实际上是没有什么退步的，尤其是照中国文化的说法，学了《易经》就懂这个道理，感觉退步只是爻变而已。天下事没有不变的，一定变。人与事、宇宙万物、物理与心理，都随时在变，随地在变，不变就不叫宇宙现象了。所以没有一个境界是会永存而不变的。一般人不明白这个理，想把一个境界守住不变，那就叫作愚痴。中国《易经》叫"变"，佛法叫作"无常"，意思是一样的。无常是对它的结论现状而言，世界上一切现状没有永恒存在的，所以叫无常。中国的《易经》不走这个路线，而称其为"变"，变不是指现象，是原则，天下事有个原则，那就是非变不可。懂得这个道理，第一等人领导了变，晓得下一步怎么变，因天下事有必变之理在，所以做工夫修持，也要把这个认清楚。换句话说，做工夫修持的人，晓得这个境界非变不可，一个智慧般若高明的人，就会先知道下一步怎么变。

《瑜伽师地论》大概摘要到这里为止，现在我们来说《现观庄严论》。

《现观庄严论》这本书，也在弥勒菩萨的学问系统里面，是弥勒菩萨的五大论之一。学法相、唯识，尤其学密宗、禅宗的人，非研究不可。早期这本经典没有翻译过来，玄奘法师去印度取经时，带回了梵文本，还来不及翻译就圆寂了，梵文本也失落了，只有西藏还有此书，民国初年由法尊法师翻译成中文。

在做工夫方面来说，"现观"就是现量境的止观法门。现量境是唯识学的名词，唯识分现量、比量、非量。现是呈现出来；量是境界，是现状。这个量字译得实在高明，我们整个宇宙山河大地，都是阿赖耶识的现量。现量就是呈现出来，中间没有加分别作用，是直接地呈现那个现量。比如说，我们意识的现量，就是禅宗六祖经常讲的"无念"境界，也就是第六意识现量最重要的一个初步现象。所以三际托空，是意识现量的明了意识清明的这一念，没有杂念，也没有妄想。比如当我们早晨睡醒，眼睛还没有张开时，心里头也没有思想，既没有生气，也没有高兴，刚刚睡醒的那一刹那，那个就是意识的现量。一下子，我醒了，现在几点、要上班了等等，意识分别就起来了，这分别意识叫作比量。凡是妄想、思考、分别都是比量。非量则是幻想境界、精神状态境界。

另外还有一个圣教量，就是大家学佛修道，在脑子里想的。比如怎么样达到三昧啊！怎么开悟、明心见性啊！般若啊！这些观念都是圣教量。是圣人教化下来的，你接受了，就有这个思想。所以你懂得佛学，理论讲得再好，也不过是圣教量。这个理是佛的理，不是你的，你不是佛。

现观呢？禅宗的一句话："前念不生，后念不起，当念即空"，这是"现观"。现观般若，现观清净，但这现观只是观空的一面，真空所起的妙有，又另当别论。真空妙有的道理，在《现观庄严论》的修法中，都包括进去了，不过它非常注重四加行。

第二十三讲

有同学问关于吃肉的事。

每逢有虔诚的信仰，又真诚恳切地用功时，稍稍一上路，自然就有这个现象，就是一吃到肉马上受不了；或一闻到肉味，一看到肉也会受不了。照佛教的道理，这是善根发起，功德的成就。久而久之，如果修持一松懈下来，就又想吃肉了，这是心不坚、不用功的关系。

宜兰山上有一首神仙题的诗：

> 三十三天天重天　　白云里面有神仙
> 神仙本是凡人做　　只怕凡人心不坚

修仙修道能否成功，只看用心坚固不坚固，这是基本问题。

又有人问，眼睛一闭，前面有许多幻境，久久不能超越这个境界，如何解决？

当气脉通过后脑玉枕关时，有些人因为营养不良，就会发生种种问题。有人眼睛发红，有人产生类似白内障的情形，只要有信心，一通过了就好了，而且眼睛比以前还要好。气脉到了玉枕关，将通未通之际，就发生很多现象，只看到幻境还算是普通的，有些人连墙壁都看透了，发起天眼通。在这种情形之下，神通跟神经是两兄弟，当各种幻境都来时，不是去不掉，而是我们在玩弄它，连自己也不知道。如有很想去掉它的这个心，不是被它转了吗？执着了嘛！只要一切不理，慢慢连脑袋都忘掉，就好了。然后又转入另一个新境界，不会再看到幻相，而是看到身体内外一片亮光。久而久之，自己心脏血液流动的情形，也都看得很清楚，不用去照 X 光了。可是不要把它当成眼通，当眼通就着魔，不当眼通就差不多要通了。所以不要想办法去除掉它，如果道理不清楚，还要执着这个境界，幻境就会越来越多。主要原因是眼睛机能衰退或疲劳，这时吃点补眼的药物会有好处的。

现在继续上次所讲的。

《现观庄严论》与《瑜伽师地论》有密切关系，尤其它偏重于修持和四加行方面。密宗黄教宗喀巴大师的《菩提道次第广论》及《菩提道次第略论》，也都是根据这个系统而来的修持方法。所以修密宗黄教，乃至其他密宗各教派，不论是基本的理，或者修证，都是依此。事实上，这几部论都是显密各派修证的宝典，都非要搞通不可。

《现观庄严论略释》卷一《一切相智品第二》对四加行的方法加以解释：

> 如是四加行道中，由是见道智火之前相，故名曰暖。

四加行的修法，由于先要求见道，就是禅宗所说见地，真见到性空。但这个见不是眼睛看见的见，是"见见之时，见非是见，见犹离见，见不能及"。《楞严经》告诉我们，"能见"见到"所见"时，见道的那个时候，那个见道的"见"，不是眼睛看到的那个见。能见、所见的都离开了，不是我们现在想象的眼睛看到了道，或者是理上所能了解的情况。

"见道智火之前相"，就是快要见道以前，将要见道那一刹那间，发起了暖地。这也是做学术教理的解释，换句话说，真见道时，如禅宗一些大德们的自述，在刹那之间，"轰"的一悟！出了一身大汗，这就是四加行的初步暖相来了。

> 由诸善根不被邪见所动，故曰顶。

这时再进一步，配合行。禅宗百丈禅师有一句话：见道的人"不异旧时人，只异旧时行履处"。表面上看起来，悟了道的人还是原来那个人，可是他的心理思想行为，做人处事的道德标准，跟过去完全不一样了。他们变得不刻意求善，而自然合于善。为求善而行善是痛苦的行为，那是"戒行"，是难行而且是勉为其难的行，所以守戒有功德，值得赞叹！见道的人不谈守戒，但是一切自然在戒行之中，诸善根不被邪见所动，这是顶相。

> 由灭恶业所感生之恶趣，及于真空性远离怖畏，故曰忍。

自然地灭掉一切恶业所感应而生的恶趣。这句话严格地讲起来，问题大得很。换句话说，由于过去恶业所造、所感应，在这一生会有恶趣现象。这个"趣"，就是向六道轮回的趣向，仔细观察可以发现，许多人因恶业所感，他的现生，或衰老时，或临死前，已呈现了将去那一道的现象。还有些人的恶趣向，在梦中呈现，各种各样多得很，佛经里头都曾讲到。

见道到暖地、顶地的人，定力仍是不够。因为定力不够之故，有时正在定中，恶趣现前，会产生恐惧。比如大魔境现前，平常你们不会怕，但在那个时候会怕起来。忍就是定力很坚固，有坚忍、截断的意思。第二句话讲真空性的恐怖，我们学道就是想见空，为什么见空又恐怖呢？很多人会这样，所以《金刚经》教你福德要够，如果福德不够，你见到自己的空性会害怕。大家天天想修道，修道人第一个要守得住寂寞。人生的最高修养是守得住寂寞，能欣赏得了凄凉，修道人面对凄凉的境界，会觉得很舒服。如果忍不住寂寞，守不住凄凉，什么事都做得出来。尤其修道，根本就是修寂灭，寂灭来了，你守不住了，这不是背道而驰吗？这个地方非要"忍"，远离空的恐怖，这是真"忍"。

由是见道之亲因，一切世间法中最为第一，故名世第一法也。

这才是真正的见道，弥勒菩萨用文字，从学术性的观点告诉我们。事相上，暖是真得暖，而且暖寿识三个是一体的。所以转识成智，如果意识真转了，转成妙观察智时，没有不发暖的。密宗的修气、修脉、修明点、修拙火，不过是暖相的初步，并没什么了不起。可是念头、妄念、意识不能转，就不能发起暖相。一得暖相就是得三昧真火，这时道家的祛病延年一定办得到，因为暖、寿、识连着，物理世界也是如此。我们这个欲界的物理世界，凡是死亡的东西，一定是会冷却的，活的东西一定是暖的。所谓暖、顶、忍，不光是道理，还有真实。

此处别说三宝教授中之僧宝，谓如第三品所说，道相智所摄大乘见道十六刹那中。安住八忍之圣位菩萨，名预流向有钝根随信行，利根随法行之二。

第二品里头介绍过道相智。什么叫见道？弥勒菩萨都对我们说了。不过，见道的道相中间，有十六刹那的情况变化出来，这时候，"安住八忍之圣位菩萨"，进入菩萨境界。圣位菩萨也叫作预流向，同小乘的果位相等，是预备菩萨的后补者，不过有"钝根随信行，利根随法行之二"。

钝根的人只是有信仰，由信仰慢慢培养工夫和见地。利根的人因信就进入了，证进去，马上起用。这两种是不同的。因此说，四加行法也有两种人，他们的修持境界、经过与成就，也各自不同。

钝根者名信解，利根者名见至。

钝根的人就是学理上相信，见地上没有开发。利根的人理到了，工夫、行愿都随着一起来。

《现观庄严论略释》卷二《道相智品第三》：

> 了知圣声闻道之道相智因，有四顺决择分，谓色等胜义空故，通达空性与色等无分别慧所摄持之加行道即暖位。

这是四加行道，工夫与事都包括在内。这里讲的是声闻的四加行道。大、小乘，罗汉，菩萨，各有各的四加行，乃至外道修定做工夫，也有四加行，成就则有深浅之别。

现在讲声闻道的加行道相。这句话是说，声闻乘证了圣果的人，他的道相智，就是见道以后的智慧境界，有四个条件可以测验出来。

首先，悟了道的人一定证到"色即是空"，这不是理论，要到这个"色等胜义空"的境界，是色的第一义空，不是色的现象，这是声闻乘的境界。

若说把山河大地看空了，一切色随意而转，是菩萨境界。学过唯识就知道，菩萨境界的前五识也转了，五八果上圆。前五识真转了的人，要变年轻就变年轻，身体不好便转好。前五根都转不了，算见个什么呢！

这里告诉我们的是"胜义空"，形而上的，透彻证到了"色即是空"。慢慢进一步智慧到了，晓得"空即是色"。通达了色与空无分别，才算到达声闻果的暖位。

> 通达色等胜义无所得慧，所摄持之加行道即顶位。

再进一步了解了色法，即物质世界的四大是无所得，毕竟了无所得，本空，也就是"色不异空"。这个所得的智慧，所包含的境界都做到了，才是声闻乘的顶位。到达了顶位，一定是三脉七轮通了，完全打开了，顶相即可达到与宇宙合一。

> 通达色等于胜义中，破除安住常无常等理，此慧所摄持之加行道即忍位。

再进一步，在见地上通达色等四大在第一义上已经破除了那个境界。是什么境界呢？即安住（即任运、保持）以及诸行是常或者无常等道理。

佛学劝导人了解诸行无常，一切是空。大乘佛学中，佛说《涅槃经》，不说无常，也不说空，说的是常、乐、我、净，与佛原始说法恰好相反。当佛涅槃时，告诉我们说，无常、苦、空、无我是方便，真正的是常、乐、我、净。不管是无常、苦、空、无我也好，常、乐、我、净也好，都是两头的话，中道第一义谛，两头都不着。空与有是两头的话，是相对的，修与不修，打坐与不打坐，都是两头，所以都不要执着。

这里很严重了，色法，物质世界都是无常，但成、住、坏、空，一直重新反复，可见它也不是无常，但决不是唯物思想家的"常见"。你要通达了这个，才到达声闻地的忍地成就。

我们可以看到一个一个境界不同，所以修密也好，天台也好，禅宗、净土、道家也好，这些理不透，所有工夫都白做了，自己困了自己多少年都不知道，那个境界破不了，你就没有办法再升华上去。

比如现代人很喜欢讲气脉，气脉真到了身心内外光明充满以后，下一步怎么办？你说不知道，你就在千生万劫中慢慢滚吧！我常问人：你说转河车，究竟转到几时为止？这话不是玩笑，可是没有一个人答得出来。所以下一步应该如何，教理非通不可。其实佛在三藏十二部、显教里头都说了，因为佛经难读，有些问题在这一本，有些问题在那一本，读书不留意就忽略过去了。

> 依于十地者，谓通达极喜地等胜义无所住，如经广说，此慧所摄持之加行道即世第一法。

更进而到菩萨的初地欢喜地，即"胜义无所住"，形而上道的境界。这个境界是般若智慧之所摄持，才叫作世第一法，不过是初地菩萨的境界而已。

> 言自觉者，指独觉阿罗汉，此于最后有时，不须依仗他

师教授，自能证得菩提，其亦字者表于彼时，自亦不用言语
为他说法。

有时候，找不到真正证道而修持的明师，自己也可以求自悟
之道。佛也告诉我们，要皈依佛、法、僧三宝，佛法僧三宝都还
在，《大藏经》全部都在，你只在佛经上找，等于佛亲身在这儿
一样，这样去努力，也可以求得自觉之果。所以讲自觉，就是独
觉、声闻、缘觉。中乘道独觉阿罗汉，在最后顿悟那一刹那，也
并不一定要靠善知识，他自能证得菩提，这叫独觉佛、辟支佛。
这一段很重要。

注意，刚才所讲的声闻道中，在这本书里总是拿色、空二义
来讲。色就是地水火风四大，身体、物质世界都属色。证悟到了
就是见空性。见空性后没有一法不转的，一定转，所以叫顿悟。
换句话说，色法也跟着顿转，这是一定的。等于修持次第讲
"暖、顶、忍、世第一法"四加行法一样，到某一步，某一步的
境界一定呈现，这不是教宗规定的，而是身心走修持路线必然的
变化。工夫到了那一步，就是那个现象，如果没有那个现象，就
不是那个境界，工夫就没有到那一步。

> 当知麟喻道，由三法差别所摄，谓远离色等外境所取分
> 别，未能远离内识能取实执分别，就所依差别，是依独觉乘
> 所摄法之法性为所依种性故。

这里特别提出来说，有些修持多年的人，也许偶然到达这个
境界一下，是瞎猫撞到死耗子，撞到麟喻道的境界（麟喻道比
喻独觉乘）。缘觉乘自悟自肯的境界有三种情形：可以达到对世
上一切都淡薄了，对外境不大喜欢，分别心也比较轻微。如果可
以做得到这样，有这个修养，但为什么不能永远保持呢？那是因
为"未能远离内识能取实执分别"之故。也就是说，内心阿赖
耶识坏的种性之根，还没有拔掉，还在那里的缘故。"野火烧不

尽，春风吹又生"，我们的妄想习气就是这样，你觉得自己没有执着，事实上，无意中已在执着，连自己都不知道，能够晓得这习气的话，就能得解脱了。

这个"分别"两字，不要搞错了，以为分别总可以看得见，其实，有时候自己的分别心自己是看不见的。比如刚才同学问的：用功几天，不想吃肉了。这时候你以为吃荤的分别心要离开了？不然！也许梦中看到那盘肉还香呢！当年我从峨眉山闭关后下山，与一个出家朋友结伴同行，快到成都，离城五六里时，一股人臭味就逼上来了。那时才信《西游记》中，妖怪找人肉吃很容易，一闻到哪里有生人味，妖怪就来了。待进了城门，这位出家朋友闻到四川的回锅肉，还香得很呢！于是忙催我赶紧离开，这个就是"实执分别"，在阿赖耶识中，我们自己不知道。能够找得出来这个，就差不多了。

所以，有时候自己觉得这几天用功得很好，心地蛮干净的，却不晓得自己那个实执分别，一下就把自己挂上了。修道学佛，搞得心中很清净的时候，有一个分别很可怕，稍稍看到别人讲错了话，做错了事情，或者不合规矩，马上觉得很讨厌，那就是瞋心，"分别实执"。你以为"分别实执"那么容易去啊！如果真的那么容易，你早就成道了。

前面讲过关于由修持而达到健康，以及做工夫进入定境的问题，因此采用了《增一阿含经》修出入息的方法，结果发现了很严重的问题。有许多人把这道理搞错了，尤其是女性方面。女性做调息，收小腹时，注意力不可以在小腹，举凡任何修法，都不可注意下丹田。凡是注意丹田，没有不出毛病的，男性也是一样。守下丹田会把肚子守大、肠子结厚、胃下垂，这叫什么工夫？隋唐以后塑的佛像，都挺着大肚子，这完全是错误的塑法，这种塑法是很害人的，实际上不是这样。

调息炼气，这个气不是从鼻孔里出入的气，只不过是借这股气，加以运用。如同借用火柴一样，点燃以后，就不要火柴了。每个人身体生命都是有暖的，身体本身也有气，要把这个体会出来，才做安那般那。真把气的道理体会出来，七天以内一定证果，这话不是开玩笑，佛法是不欺人的。

大家修气修脉，连什么是气、什么是脉都没有搞清楚，专门在呼吸上搞。以前讲过，呼吸、声音这些都是生灭法，以生灭法求不生不灭之果，合逻辑吗？当然错了。至于炼气，我们身体内部本来就有气，只要把自己本来有的引发，你真做到了，身体内部一定起变化了，那有什么困难呢！

比如你疲劳了，想睡觉，这时只要吸入一口气，停止呼吸，把气闭住，身体内部本来有元炁的，那个元炁的功能就发起来了。等于干电池用完，放在地上吸收电力，又可以重新用它。佛法修持的道理，同物理的道理是一样的，实际上你懂了那个道理，本身的气就会体认到，因此用本身的气，就可以达到祛病延年，返老还童，容易得很，可说是易如反掌，就是因见地不到，所以才认不清。

不过认得了气也很不容易，气认得了，要炼到"精满不思淫，气满不思食，神满不思睡"，最多三天以内就可以做到，打坐想入定多少天也都可以办到，身体要怎么轻灵就怎么轻灵。所以佛告诉他的公子去修这个方法，很快就成就了。

为什么罗睺罗容易修这个方法？童真入道，修这个方法几天以内就证果。女孩子在第一次月经来以前，知识还没开以前，以及男孩在性知识都不懂以前，都叫童真。要证果，不管男女老幼，无论年纪多大，修持第一步，非修到童真不可。如何修到童真？心念无分别，生理色法转了，整个六根不漏，那才转成童真之身，立刻入道，绝对不假，佛法是不欺人的。

了知独觉道之道相智因，顺决择分有四，谓开阐色等胜义中，无名言中假有，不违法性，是为暖位。

独觉道同声闻果又不同了，等于佛法的中乘道。"无名言中假有"，真空起妙有的作用，尽管执着有，并不违背空的法性。换言之，空了能够起有的作用，才是独觉道的暖位。

顶位是由通达色等胜义无减等所显。

什么是独觉道的顶位？了解物质世界的色法，在第一义中没有减少。比方抽一支烟，把烟抽完，用科学方法，把这些烟收集起来，可以再把它造成一支烟，一点分量都没有少。所以进入空的境界，要它起妙有的作用也一样不少。修成功的人，另外的生命再不要经过六道轮回的投胎，自己意生身，意念一动，就可以造成另一个身体。

心法是了不起的，色法同样地不可思议。佛法偏重于心法方面的开展，了了心，才能了色，了物质这一面。佛法不曾向物质这一面开展，其实心物两个是一元的，物也是同样地不可思议。道家是向色法这方面走，先把它破掉，破掉后再修成功，这是了身。后世密宗也走这个路子，科学现在正在研究阶段，也是向这一条路走。

我们学佛的人，不要轻视了现在的科学，随时要接触它，要看现代科学资料。为什么美国人老是放人造卫星或太空船到太空？他们在探讨宇宙的奥秘。不过有一点很可怜，他们也只是摸到生命的最后面，光向外找，找了半天，就算找出来了，但是那个发动找的又看不见。所以学佛法修道的人，是回转来在自己这里找，把"这个"找出来，"那个"就容易了，这就是要自己求证。

所以一个学佛修道的人非常自私，为什么？因为随时要照顾自己，随时要把自己的问题解决，有一点没有解决，而认为自己对了，那是自欺之谈。生老病死一切都要解决，学佛是要解决这些基本的问题。什么是学佛的人？一辈子来检查自己，反省自己，随时随地都能做到的人，就是修行人。所谓自觉者，自己随时找出自己的错误，解决自己的问题，就是这个道理。

独觉道的忍位是什么呢？

> 忍位由通达内空等故，了知色等胜义不可执。世第一法，了知色等胜义无生等相。

独觉乘的人，内在证到空的境界，因此对于物质世界不执着。这还是中乘道，不是菩萨道。换句话说，学佛的人说空，你说你的，物质世界还是照样存在。你打坐可以一坐一万年，地球还是在转，独觉乘是这样，地球是四大，它还是没有被你空掉。那么色与心两个是绝对分开了吗？如果是，就不是如来境界，《楞严经》说："若能转物，则同如来。"心物是一元的，这个原理要抓住，真正的大成就，非做到心物一元不可，只偏向一面是不行的。

所以，缘觉的"世第一法，了知色等胜义无生等相"。晓得生而不生。这本经典到处都讲色，色法地水火风。唯识分析色法有三种："极微色""极迥色""法处所摄色"。法处就是意识境界，自我可以生出地水火风，包含物质变化出来的作用，这些我们都要知道。

> 现证空性慧所摄持之大乘谛现观，即是大乘见道之相，界限唯在大乘见道。

现证空性即禅宗所讲顿悟，"嘣"的一下，在教理就是"现证空性"。性空的境界一下呈现出来，这个时候智慧开悟，般若成就，现证空性所包含大乘道的所有现观庄严，都出来了。所以净土境界一下现前，立地成佛，这个在理论上就是大乘见道的境界。见道以后才好修道。等于看到米再做饭，见道等于看到米了，修道等于米下锅了。至于大乘见道的这个界限，现在不讲禅宗顿悟，只讲工夫见地道理来说明，教下与宗下是不同的。比如净土宗，你念一句南无阿弥陀佛就到家了，如果讲教理，为什么要念南无阿弥陀佛，念它是什么道理，南无阿弥陀佛又怎么念法等等，这些是教理。所以宗和教有差别，但是通宗的人没有不通教的，通教的并不一定通宗，因为没有做工夫的缘故。一定要做工夫求证，这里所以说，"界限唯在大乘见道"，教理是这么讲。

此说，大乘见道人身中，具大功德胜利之见道。

弥勒菩萨说，我这本《现观庄严论》里头所说，这个身内的功德成就了，才能谈到见道，见道还要靠这个肉身的。

道相智所摄之见道中，有十六刹那。

刹那之间就见道了，这是弥勒菩萨给我们分别的。

佛清净为最清净者，由于能治所治次第断过门中，许大乘修道由能量之智与所量实空平等性故，是能尽清净三界诸障之真对治故。

谈到对治法门，学佛修道不是一个药方就可治百病的，八万四千法门都是对治法。当你修持时，忽然一下空了，空久了就昏沉，睡着了，这时就需要对治，就要不空，提起"有"来。"有"久了，就又散乱了。所以打坐做工夫要晓得对治法门。

有人问：有时候念佛、念咒子或做观想，做得很好，怎么后来不行了呢？

因为你觉得好，你心中想：这一下好啊！很定啊！事实上已经在散乱了。越搞越被散乱拉走，当然就不好了，又不晓得对治。修行人对各种方法，不论外道内道都要知道才行。在某一种境界，应该赶紧要修某一个法门，不能再搞原来那个方法，再搞就要出毛病。尤其我们的心理，多少的业障，很难把它调整过来，所以有八万四千不同的对治方法。所谓"法门无量誓愿学"，不是只限于一门，认为自己这个对，其他都不对，那就错了。

现在弥勒菩萨告诉我们，一切清净对治法的重要。唯有佛的清净境界是总对治法。能对治的与所对治的，要恰如其分才行。比如我们散乱要修止，昏沉要修观，落昏沉要炼气，气炼多了也会出毛病，所以要恰到好处。能治、所治各种法门都要学。

对治法门学了做什么？"次第断过"，把我们的习气渐渐转变过来。这次课程讲见地、修证、行愿，但行愿没有谈，因为很难做到的。习气过错是不可能断的，但心理行为及习气不能断，是做不到身内的功德成就，所以工夫不会进步。等到你身内功德成就了以后，身体方面自然是一秒秒、一天天在变化，向胜义方向转变，这个道理是呆板的，这本经典已经交代得很清楚了。

可是这里又告诉我们，习气是次第慢慢断的。比如刚才讲，得了定，意念清净时，别人的一点错处都看不惯，是什么道理？等于自己把镜子擦得太亮了，太干净了，一点灰尘都不能落，落下来就看得清清楚楚，看了就讨厌，就要擦掉，不能容纳尘垢，起了瞋心。因此只喜欢清净，不喜欢尘垢，这是功德不圆满，也是过错，赶快要断，非断不可。这些佛经上都讲了，修持不是那么简单的。

所以"能治所治次第断过"，这个法门当中，是大乘的修道，"由能量之智与所量实空平等性故"。大乘的修道境界，妄念空了，清净本性出来了，是自性"能"清净，只得"能"，而去妄念亡"所"不行。"能所双亡"又还不行，要"能所双融"。所以能量之智与所量实空，平等平等无分，这才叫大无分别心。这样才能够"尽清净三界"一切障碍。这也就是一切障碍的真正对治，既不落空，又不着有。

这些都是讲理论，如果懂了，晓得既不落空，又不着有，那么平常所学的外道也好，那些着有的都可以修了，为什么？因为对治的时候需要用，调心的时候要用。所以知识学多了以后是个大障碍，但是成道了以后，反而怕你懂得不够多，你越懂得多，教人度人的方便越大。所以《大般若经》上讲"大般若如大火炬"，什么东西都不怕丢进来，好的、坏的，越丢智慧光明越大。具大般若智慧的人，不怕你是外道，或染污什么，你尽管来，来得越多，他的般若光芒放出越大。

第二个比方，大般若如孔雀鸟，所以密宗有个修法叫"孔雀明王"。为什么如孔雀呢？孔雀专吃有毒的东西，蜈蚣、蝎子，越毒的东西对它越好。毒品吃多了以后，羽毛越漂亮，没有毒品吃，它的营养就糟了。所以大菩萨能够下地狱，能在六道中度众生，吃了毒药，羽毛更光彩，智慧更大，就是这个道理，所以说，一切法门皆是对治。

> 此处之诤者，谓下下等九种修道，断除上上等九种实执不应道理。

古代的大祖师们已经发生争论，说用外道的法门来修无上道法做不到，不可能。这里的争执是说：下下等九种修道，断除上上等九种实执，没有这个道理，不合逻辑。

> 譬如羸劣士夫不能摧伏强力怨敌，于劣怨敌不须强力士夫。

比如身体衰弱的人，怎能摧伏强敌呢？

> 如是下品修道不能断除上品实执；断下品实执不须上品修道故。

下品修道方法的人，如果路走错了，决不能成就上品佛道，而且断下品习气，深生染着，也不需要般若那么高的修法，这些都是人的意见之争，千古皆然。

> 答云无过。譬如浣衣，洗除粗垢不待勤劳；洗除细垢，

须大劬劳。如是能治所治亦应理故。

弥勒菩萨说，这个不是问题。等于我们洗衣服一样，衣服太脏，就用力一点；不太脏的，轻洗一下就好了。下品修道的毛病大，做工夫要勤劳一点；工夫毛病浅一点，就少修一点，这并不是问题。

《一切智品第四》：

> 非此岸彼岸，不住其中间，知三世平等，故名般若度。

大乘修道，般若成就，即禅宗所讲的顿悟法门。

> 现证无我慧所摄持，复是小乘现观种类，即一切智相，界遍一切圣者皆有。观待世俗事是破有边，现观种类大乘圣智，即智不住三有之道相智相。界从大乘见道乃至佛地。观待世俗事是破寂灭边，现观种类大乘圣智，即悲不住寂灭之道相智相。界从大乘见道乃至佛地。

现在讲大乘，就是禅宗所谓立地顿悟。你天天求悟，悟了干吗！不悟多好，不悟这个世界很好玩，悟了以后世界如梦，那还有什么好玩的。不好玩何必学呢？学佛修道有两个目标："智不住三有，悲不入涅槃。"是入世的，不是出世的。大乘佛菩萨的境界是，智不住世间，悲不入涅槃。简单一句话：悲智双运就是菩萨道，再换句话说，就是智悲双修之道。到了智慧圆满、福德圆满，就是佛的果位，智悲双运也就是这个道理。

修道的人，第一步工夫先证到"无我"。这个智慧境界所包含的，有小乘现观种类，即小乘境界见到空一切智相，见到空的境界。这个范围，凡是圣人"界遍一切圣者皆有"——凡是圣人都见到空的这一面。这句话讲得多痛快，也最伟大。凡是圣人，不管儒家、道家，乃至其他宗教，一定见到空的一面，才能够称圣。

"观待世俗事是破有边，现观种类大乘圣智"，看世俗很厌烦，要出世修道叫观待。待是相对、对待的意思。

世俗的事情拿空来破它，是破有边。"现观种类大乘圣智，即智不住三有之道相智相"，理论上达到"智不住三有"，见地上见到空，如落在空的一边也是小乘，更何况你那个空的境界还不究竟。见到空的人就是憨山大师所讲："荆棘林中下脚易，月明帘下转身难。"大乘见到空的人，就是观自在菩萨说的："色即是空，空即是色，色不异空，空不异色。"色空不二，是"智不住三有之道相智相"。这个界限从大乘见道乃至于佛的果位。悲不住涅槃的道理也是一样。

> 菩萨一切智道般若波罗蜜多，由慧故不住生死此岸，由悲故不住涅槃彼岸，于彼二岸中间亦胜义不住，以是双破二边，现证空性智所摄持之现观故。

证道的人，就是禅宗讲悟道，悟个什么？就是般若波罗蜜多。悟道了以后，智不住生死，悲不入涅槃，"涅槃生死等空花"。船子德诚接引夹山的话："藏身处没踪迹，没踪迹处莫藏身。"就是智不住三有，悲不入涅槃。

中国禅宗真正证道、见道的那些人，不是只有一点清净，或一点意念偏空的境界而已。所以我们应多注意临济、曹洞等创宗立教的修持与见地。清代石成金录的《禅宗直指——大事因缘》，也要仔细看过。他所引证的例子都是非常好的，都是讲实际修持，实际证到与经典相合的境界。那才算是开悟、证道，不是一点小因缘、小境界、小清净或一点小空，就认为自己是悟了。

> 色蕴等空性，三世所系法，施等菩提分，行想所治品。

大家虽然在修持，但都还没有把色法这一面搞清楚，如果四大所构成的物质世界破不了，要说成道，那是自欺之谈。物质世界怎么去空它？吃饭也是色法，这个吃饭的色法不装下去不行，不然人就会断气的，有这样严重。你怎么去空它呢？色受想行识五蕴，为什么色法摆在第一位？就因为这一蕴很难破，蕴者蕴藏在那里，牢牢的，又译成阴，看不见，翻译得很有意思。

"色蕴等空性"，我们大家学佛，偶然把第六识一念清净，叫它空一下也还容易，但是色法就是空不了，怎么样去空它？非修证不可。

"三世所系法"，过去、现在、未来三世一切众生，这个三世真把我们困住了。色蕴，物质的力量都把我们挂在那里，不但是今生所系法，连过去、未来都把我们吊着。说某人有神通，你只要问他一句，什么是这世界上没有的东西，保证他讲不出来。因为人不管在梦中也好，神通也好，神经也好，他讲得出来的，都是人想得出来的东西。那个想不出来的，就是没有看过的。从各宗教的立场就可以看得出来，外国的神，外国的天堂，都是外国样子；中国的神，是中国的样子。每个地区文化思想不同，天堂都跟着变。从这方面来研究真是有趣，我们的玉皇大帝就是我们人格化的神，而且还可以指挥地下。还有城隍，同我们的行政组织一样，西方的上帝是西方的人格化，天堂同西方的组织也是一样的。最后归结到书中的偈子："色蕴等空性，三世所系法。"

我们的思想和学问，都跳不出物理世界的范围，那要怎么跳出三界外呢？

"施等菩提分，行想所治品。"布施、持戒、忍辱、精进、禅定、般若六度的修法，三十七道品，七觉支等这些菩提分，都是行蕴、想蕴的对治法门。

不要说我们离不开思想，就算你离得了思想，那个行蕴，生命的功能，就更难讲了。比如我们睡着时，思想可以不想，但我们的血液循环，只要我们活着，它都在流动，一切的生命细胞，也是在新陈代谢，这就是行蕴的功能。行蕴就是第七识与第八识之间的东西。所以大家有时候谈空，你空掉了什么？行蕴都空不了，即使你做到呼吸停止还不算数，连身体内也要达到气住脉停。所以你修持能达到要心脏、脉搏停掉就停掉，要活动就活动，那你才对行蕴有把握。能对行蕴有把握，才可以勉强不跟着业力走，这才叫修行。

不做到这样，免谈工夫了。你说你丹田发烫，鼻子会冒白烟，那都是想蕴可以做得到的事，只要多练习就可以做得到，那是妄念问题，不是这个工夫。

第二十四讲

　　有位同学在笔记中提了一个非常好的问题，他说听了课后，觉得学佛是一件非常非常困难的事。他因为多看佛经，知道了一个方法，他自己称为"偷懒法"。怎么偷懒呢？他也不想往生西方，路太远了，也不想往生东方药师如来世界，那也是不容易，干脆上生兜率天，到弥勒菩萨的国土去。兜率天是欲界天的中心，一切准佛们，在下生成佛以前，即十地菩萨，等、妙二觉最后身，都是在兜率天为天主。兜率天还属欲界，有饮食男女之欲，同人世间一样，只是境界不同。

　　但兜率天有弥勒内院，弥勒内院里是绝对清净的，我们刚听过的《瑜伽师地论》，就是弥勒菩萨在弥勒内院所讲的经典，是无著菩萨以定力上生到那里，夜里听课，白天再下来记录，据说这部书是如此完成的。现代一般学者，尤其是欧美学者，都不相信这类事，认为这本书是无著菩萨的。这问题我们不去讨论。

　　很多大菩萨们，都发愿往生弥勒菩萨兜率天，等到下一劫开始时，再跟弥勒菩萨下生，到这个人世间度人。

　　这位同学看到了这本经论，不错，是有这条捷路。往生西方净土，念佛要念到一心不乱，生兜率天只要你信愿坚定，只要你做善事，发愿往生就行了。发愿往生，跟随弥勒菩萨，将来一块再下生到这个世界，就像阿难和舍利弗跟着释迦牟尼佛一样。古代如无著菩萨，近代如太虚法师，还有几年前在汐止肉身不坏的慈航法师，乃至过去大陆上的许多在家、出家人，都是发愿往生兜率天，下生跟着弥勒菩萨听课学道。

这个方法很对，而且这位同学能发现《大正藏》里《佛说观弥勒菩萨上生兜率天经》，可见他蛮用功的。禅宗祖师有两句话："蚂蝗叮上鹭鸶脚，你上天来我上天。"等弥勒菩萨下来度人的时候，跟着他下来，做他的弟子，这个办法很对。

现在继续上次的《现观庄严论略释·一切智品第四》：

> 于佛等境起微细实执系缚，修礼拜等，虽是福德资粮之因，而能对治不信等，然是菩萨道之所治品，以是彼歧误处故。

这就是说我们修持的人，对于佛境界不能起执着，起一点微细的执着，就会障道了。

拜佛很重要，尤其学密宗，第一个条件要先拜佛，先叩十万个大头再来。我当年学佛，说信就信，说拜就拜，地上什么也不铺，早晚必定叩一百个头，规规矩矩，如孔子说"祭神如神在"。拜佛时，觉得佛就在前面一样，如果说还发不起这个心，连拜佛都怀疑，这是你罪业深重傲慢。学佛的人不能不拜佛，"君子有三畏：畏大人，畏天命，畏圣贤之言"。人要找一个怕的，如果没有一个东西在心中令你起恭敬心，就是敬心生不起来，心也当然不会专一。

尤其是学佛学道，自己检查自己，如果恭敬心没有发起，想上路是很难的。所以学大乘佛法，先要学《普贤菩萨行愿品》，十大愿一一要去做，敬"他"就是敬自己，这些理由很深。不过修到最后，要一切放下，佛的境界也不能执着。

> 说胜义谛难通达者，以唯是究竟内智所证，遮遣见色等之名言量所能知故。又胜义谛说为不可思议，以名言量不能了知从色等，乃至佛不共法，是世俗法性，其究竟实性唯是

圣根本智所见故。

胜义谛就是第一义谛，也就是形而上的那个本体。这个道很难了解，不是言语表达得出来的，只能说"如人饮水，冷暖自知"。内在智慧脱离了物理世界，更在名词学理的范围以外，将这些都破除以后，才是第一义谛，所以禅宗不立文字，就是这个道理。

为什么佛说不可思议？这一句话是对那个见道的本体而讲，因为那个本身是无言语文字可以形容的，也不是从物质世界的知识可以了解的，这个是佛说的不共法，超过了一切事实的法性。如果你见到了这个本体实性，你就是圣人了，有成圣人的根本智。但对于凡夫来讲，这个是不可思议的。形而下的东西则是可以思议的。

谓诸有漏缘起，皆非实有，唯由执着习气所变现故，譬如梦事。

世间一切的事情，都是有漏的因缘和合，有漏之因的缘起法都是假的，如梦如幻，都是由于第八阿赖耶识的习气所变现出来的。比如大家打坐，所有的境界，不管你感觉到空也好，光明也好，清净也好，乃至千奇百怪的现象也好，都是阿赖耶识种子所生。所以《金刚经》说："凡所有相，皆是虚妄，若见诸相非相，即见如来。"一切相都要空完，为什么呢？因为任何一种现象，都是阿赖耶识执着的种子习气所变，都是假相，不是真实。

许多人问打坐的各种现象，实际上是多余的，若把教理研究通了，晓得这些都是过程，哪怕成了大阿罗汉，六种神通都发起了，也只是阿赖耶识习气种子的发现而已，不是究竟，也不是道。这个道理要搞通。若搞通了，有许多境界过程，用不着怀疑，并且晓得下一步又要变化了，都会变去的。

上次有同学问，打坐一闭起眼睛来，前面有许多幻境，这些幻境哪里来？是阿赖耶识的种子引发的。本来是眼神经疲劳所变化出来的，再配合下意识，就以为这个是鬼神，那个是魔。其实哪里有魔！魔也是你自己造的，都是自己习气所变化，这个道理要认清楚。

《圆满一切相现观品第五》之一：

> 此中分三，随顺声闻弟子所有一切智相，随顺菩萨所有道相智相，一切相智不共相。初者谓以慧观察有漏身不净，受是苦，心无常，法无我之别相，及观察无常苦空无我皆真实空之共相，安住正念，即四念住，其自性谓缘身受心法四事，各修别共二相。念慧随一之入道现观，为入四谛之取舍而修也。不善已生令断，未生令不生；善已生令增长，未生令生之四正断。

这段告诉我们修行初步，第一要观空，观无常、苦、空、无我。先从小乘的四谛上修，但是任何修行皆离不开四念住（见三十七道品）。

这里最重要的地方在这一段最后："不善已生令断，未生令不生。"不善就是恶业，我们要仔细检查自己，假如平常思想习气里有坏的念头，必须自己能截得断，这是修行的初步，这也就是行愿。还没有生起的坏念头，要防止它生出来，这句话要注意，真是修行人，看到这句话都会发抖，为什么？你觉得自己平常没有坏心眼，那是因为它还没有发出来。即使最善、最好的人，在好极了的时候，也会起很坏的坏心眼，自己都检查不出来，这是非常非常严重的事情。看过去宋、明理学家的资料，在做善事的时候，同时也做了很大的坏事，自己做了都不知道。所以行善培养功德，要最高的般若智慧，不是那么简单。有时你觉得自己很严肃、很端正，实际上天天在做坏事。行愿就有这样难！任何人一点主观的知识，一点点学问，自认为是对的，但以根本智一照，往往有最大的坏念。所以，"不善已生令断，未生令不生"，是最难的。

"善已生令增长，未生令生。"我们以心理学的立场检查自己，一天二十四小时当中，自己的心行中，有哪一个念头是真正的善？假如是一个真正严格检查自己心性的修行人，可以查查看，在一天之中，又有哪一个念头是真正的至善？多数不过是糊里糊涂过日子而已。不要说行为中有善事，连至善的念头都没有起来过。你说，我在念佛啊！那是无心念，一边念佛，一边六根还到处乱动。即使你能念佛念到专一，那只能说是修持法门而已，并没有真正生起善的福德资粮，有这样严格。所以大家随便讲禅宗，其他什么宗，一分功德没有生起，你想进步一分，做不到的，不可能！如果心理上转了一分，生起一分善境界，智慧就会跳进一步，这是很呆板的。所以一些老年朋友，用功用了这么多年，都不上路，你不要光想以打坐修定求进步，善根没有起来，善功德根本没有培养过，如何进步呢？所以"善已生令增长"，自己检查出来自己真有某一点善业，已经生根发芽了，要使它增长；至于还没有生起的，"未生令生"。上面所说的这些是四正断，三十七道品中称四正勤，也就是我们必须努力去修持的行为。

这一段通通讲三十七道品，来不及多讲，自己要仔细研究。

初聚立于资粮道，次四聚立于暖等四加行位，圣道支立为见道，菩提分立为修道。

弥勒菩萨告诉我们，要修行，显教所讲三十七菩提道品缺一不可。这就是行门，自己要随时严格地检查自己，反省自己，这个具备了，才是学佛的基本。初步"聚立于资粮道"，你的修行本钱才算有了。如果自己的思想、行为，马马虎虎过去了，没有配合自己真正的善行在做，资粮道就不够。换句话说，你要修行，要证道，你的资本也就没有！这与做生意一样，没本钱谈什么？再说，你修行离不开善行这个资粮道，立了资粮道以后，才谈得到做工夫。打坐修证那是四加行，所以由打坐做四加行的修持，进一步就会悟道——"圣道支立为见道"，见性根本之道，所谓明心见性是见道，见道以后修道——"菩提分立为修道"，最后大彻大悟。这是弥勒菩萨告诉我们的一个程序。

修行的心行基本没有建立，一来就想走高的路子，走上上道。认为自己已悟道，何必再要参禅打坐，这样枉然浪费一辈子的人太多了。自己并不检查自己，有没有发起善心？资粮道有没有充沛？

学大乘道要注意，这是讲菩萨道的四加行道——暖、顶、忍、世第一法，同打坐工夫配合的。

《现观庄严论略释》卷三《圆满一切相现观品第五之二》：

> 大乘加行道根本智，于所缘境破除实执，名于胜义不住色等。于能缘心破实执，名于色等胜义不加行而于真实义加行，色等实空之真如甚深，诸道之法性难测度，诸行相之法性无量。通达此五之加行是就加行自体而分。

学大乘道的四加行，工夫与见地配合起来更难。弥勒菩萨怎么说呢？大乘道的根本智——明心见性，见到空性是根本智。小乘的根本智偏空，中乘道的根本智偏空起一点幻有，大乘的根本智即空即有。所以《心经》上的四句话："色即是空"——小乘罗汉法门；"空即是色"——缘觉法门；"色不异空，空不异色"——菩萨法门；所以修持做工夫的程度不同，所达的程序就不同。因时间来不及详讲，只能大概提一下。

现在要讲大乘道的根本智。"于所缘境破除实执"，我们这个物质世界就是我们所缘的境界。乃至你打起坐来，观想有菩萨出现，或光明出现，乃至身上三脉七轮通了，都是所缘境。要破除实执，不住色法的境界，离开物理的世界，乃至于心理的境界，要空掉一切。

这段中间一句要注意："色等实空之真如甚深。诸道之法性难测度，诸行相之法性无量。"

色法就是地水火风，包括物理世界的一切。物理世界本来是空的，但它是即空即有。所以"色等实空之真如"本体，与心物一元这个本体的道理，是非常深的。你证到空性，悟了道，不一定能够转这个"物"啊！所以"心能转物"，谈起来容易，工夫真正证到，是很难的。所谓"诸道之法性难测度"，是说一切法的自性本体，是不可思议的，无法用思想来揣度的。

"诸行相之法性无量"，注意，一切菩萨行，心里头所起的慈悲喜舍的行相法性无量无边，有各种法门。孔孟之道也是如此，都是叫你对人起恭敬心，所以对于任何人不要轻易下断语。很多高深的菩萨化身，他有"秘密行"，外表看起来是这样，他内心不是这样，你搞不清楚，随便下断语，早就犯了口过，那个口过犯得很重啊！有时候招来地狱果报，你不要以为自己看清楚了，看清楚，谈何容易！任何一点小过都是有因果的。

"通达此五之加行是就加行自体而分。"通达上面这五种加行，还是依加行做工夫本体来分别的。

又资粮道钝根菩萨智，于真空性多起惊恐。

有些人天天想打坐求空，工夫到了，真的空境界来时，反而害怕了，这就是钝根菩萨，也是因位上的菩萨，还没有证到果位。我们没有真正修行经验的人不知道，有人用功真正达到空的境界，真会害怕。武侠小说中所谓的走火入魔，就是钝根菩萨。

由是初业菩萨之加行故，须大劬劳，要经长时乃能成佛，名劬劳长久之加行。

这一类钝根的菩萨，只好不走顿悟的路子，一定要走渐修的路子，慢慢来，一下给他来个空，他会害怕，如果福德资粮又不够，有时候就发疯了。一发疯了以后，马上就走入阿修罗道、鬼道里去了。将来诸位在座的菩萨接引人时，虽有本事使人证入空性，但都不能随便做。接引人是很难的，你要观察他的福德资粮，前生业报功德，想办法使他妄念澄清一下就行了。如果很快让他见到空性，马上出问题。等于穷小子不能一下使他发财，一有了钱，他的烦恼、痛苦就来了一样。所以接引人要观察根器。这种初级的菩萨，需要比较长时间的努力才能成就，这种菩萨的加行，就叫"勔劳长久之加行"。

> 大乘加行道暖位，由于空性成就无畏，名得授记之加行。

到了大菩萨的暖位，什么气脉、明点，这些都不必谈了，因为这些只是达到暖位的初步而已，真到了暖位，这些已经不在话下了。菩萨道的暖位，已经超越了这些。这个时候，由于证到空性成就，得无畏智。所以这种地步的加行，就叫"授记之加行"。

> 大乘加行道顶位，胜出于暖，听闻受持般若等，故名不退转加行。

由于般若证空性，般若包括五个范围。第一个"实相般若"，实相就是本体、真如、见道。第二个"境界般若"，般若有般若的境界，得了般若智的人，悟了道能够通达一切境界。第三个"文字般若"，文字自然通达，高明了。第四个"眷属般若"，真正大智慧成就的人，布施、持戒、忍辱、精进、禅定等善行都会起来。第五个"方便般若"，一切教化的方法都懂了，而且自利利他，都有他的方便，这就叫作般若。《心经》与《金刚经》的重点，是讲实相般若，弥勒菩萨说的道相智及根本智，都包括在实相般若中。

大乘菩萨的顶位，超过了暖位，已经得般若成就，所以叫"不退转加行"。

> 大乘加行道忍位，由远离二乘作意等障碍法，故名出离加行。

大乘道到了忍位，已经跳过了小乘声闻缘觉境界，所以这个阶段的加行，叫"出离加行"。

> 大乘加行道世第一法，为见道正因常修法，故名无间加行。

大乘道的世第一法，为真正成佛的见道正因。常常修这个法，所以叫"无间加行"。不断地努力，"苟日新、日日新、又日新"，超过了不退转地。

> 大乘见道，是大乘道无漏法所依，故名近大菩提加行。从二地至七地智，速能成办法身果，故名速疾证大菩提加行。第八地智，是普于三种种性转法轮之净地智，故名利他加行。

八地菩萨以前，所有的见地、修证，还只是自利。八地以后，才能包括利他之行，还没有到成佛之果。如此等等，弥勒菩萨把修行的次序工夫，统统告诉我们了。自己要多做研究。

修定的时候，《楞严经》中谈到五十种魔的境界。《现观庄严论》中告诉我们，有四十六种魔境界。

> 当知诸过失，有四十六种。

> 若于加行生住圆满随一留难之魔事，是加行过失相界。从未入道乃至七地，修加行之过失有四十六种魔事，依自违缘有二十种。

修行有时会碰到障碍，这些障碍就叫魔境界。比如你打坐坐很好，突然家里有事，或者感冒生病了，障碍多得很。不修行的时候，什么事都没有，越修行，事情越多。因为福德资粮不圆满，所以障碍重重。在四十六种魔境界中，其中有二十种是"依自违缘"而来，要特别注意检点。

所以佛法是要我们随时检查自己，随时提高自己的警觉，差一点都不行。所谓正与邪，佛与魔，有时候连一线都不隔。弥勒菩萨在这里，分析得清清楚楚。

这四十六种魔道的境界，主要是就见解而言，并不是像一般所讲的有个魔，或有个鬼的那种魔的观念。

　　　　由于色等转，尽疑惑无暇，自安住善法，亦令他安住。

这一句偈子非常重要。学佛的人有一个重大的测验，就是我们这个色身转了多少，自己有数。如果色身的业力还在粗重的范围，轻安没有发起，纵然你的境界再好，见地再高，你的什么无念清净啦，见到空啦，都是假的，靠不住。而且大家的工夫多半是瞎猫撞到死老鼠，如隔日发寒热病一样。今天发寒，明天发热；今天好一点，明天又掉了；过两天又捡一点回来，忽然又不对了。像打摆子一样，一阵冷一阵热。都靠不住，因为色身的业力没有转。但是，由于色身转化的原故，没有了疑惑，这个时候，安住善法，才得自利利他，才足以为人师。

　　　　于他行施等，深义无犹豫，身等修慈行，不共五盖住。

修行人要自我测验，自利利他。一切善行，都由布施、持戒、忍辱、精进、禅定、般若等六度万行做起。其实这当中，任何一点都很难做到，都不是那么简单的事。你有十块钱，布施两块钱容易；你只有一块钱，布施一块半才难。佛经说："富贵发心难，贫穷布施难。"不过真布施的人多半是穷人，因为世界上只有穷人比较同情穷人，自己不穷就不了解穷人的痛苦，所以真正的菩萨心肠，是在这种地方。

行、施等都是很难的，这些道理很深，不是一般随便说说而已。见义就要勇为，毫不犹豫地做去，要修最慈悲的行为。学佛基本要学慈悲，可是没有人真发起慈悲行。不要说行为，心理转变都很难，这个功德不圆满，空性不会见得透彻，这也是呆板的道理。

"不共五盖住"，贪瞋痴慢疑为大五盖（编按：另有不同说法），真修行的人，决不能与五盖并存。你是佛，就不是魔；你是魔，就不是佛。两者不能通融的。

> 摧伏诸随眠，具正念正知，衣等恒洁净，身不生诸虫。

随眠烦恼跟着你，缠着你，使你一天到晚昏昏沉沉，好像在睡眠中一样。要把这一切心理烦恼摧伏，五十一位心所发出来的作用还很多，都要一一摧伏。

食、衣、住、行等日常生活，要注意卫生，像菩萨们，都打扮得很漂亮，除了头陀以外，在家菩萨都是庄严其身。

> 心无曲杜多，及无悭客等，成就法性行，利他求地狱。

心里无邪曲，要行头陀行。并且要有利他之心，同地藏王菩萨一样，牺牲自己，专门利益他人，敢向地狱去度众生，地狱众生不度完，宁可不成佛。要有这个精神才可以学佛。

> 非他能牵引，魔开显似道，了知彼是魔，诸佛欢喜行。

《现观庄严论》讲四十六种魔境界。实际上魔对我们哪有办法！魔绝对魔不了人，是我们自己把魔骗了来。我最近作了一首诗：

> 一灯丈室念初平　梦里江山倍有情
> 八万龙天齐问讯　大千世界步虚声
> 欲坚道力凭魔力　自笑逃名翻近名
> 去住无由归不得　举头朗月又三更

真想考验自己的道力，要凭魔力。所以弥勒菩萨也说，"魔开显似道"。真正的魔道很厉害，几乎完全同佛法正道一模一样，有时候假的往往比真的还真，所以往往魔道与佛道很难分别，这个要靠智慧。

由此二十相，诸住暖顶忍，世第一法众，不退大菩提。

把这二十种不同的路子搞清楚了，你才可以开始打坐修行，才能做到安住于暖、顶、忍、世第一法里。再进一步，四加行修成了，才能够到达不退转，大彻大悟的境界，证得大菩提。

下面这一节，仍在尽量地简别魔境、魔智与道智的差别：

此处之四魔体性，五蕴魔谓五取蕴。烦恼魔谓三界一切烦恼。死魔谓不自在而命断。天魔谓障碍修善之他化自在天众。

魔境的性质有四种。

第一种自己本身的魔最厉害，就是我们生命带来的"五蕴魔"——色受想行识。今天感冒，明天发烧，这里痛，那里痒，这就是色蕴魔随时在障碍你。色蕴不转，感觉上的不舒服，都是魔境界。这五蕴魔是五取蕴。

什么是五取？就是十二因缘当中的取，是你在执着自己，我们有这个生命，把这个身体执着得很厉害，原因是由我见、身见来的，都是要自己活得长久，五取蕴就是魔。

第二个是"烦恼魔"，就是一切心理状况，一切心理、思想都是魔。

第三个是最可怕的"死魔"，随时威胁你，他要你的命，你就随时会死。学佛的人能脱离了生老病死的有几个？这是什么道理？这里头是个大问题。要跳出生死，来去自如，自己绝对可以做主，除非有道有工夫的人才可以做到。比如洞山祖师，徒弟要他多留几天，他就多留几天。再如儒者罗近溪也是一样，都有破除死魔的本事。所以说死魔"不自在而命断"，你自己做不了主，它几时来，那个功能就几时到，你立刻就要走。当你能做得了主时，始知我命不由天。这不是吹牛的，要定力，要工夫才办得到，自己这条命，才的确可以不由死魔所支配。

第四个是"天魔"，这是外来的，障碍你修善行，今天这个世界都是魔境界的世界。换句话说，被物质文明迷惑的，也是魔境界，这些都是他化自在天天魔的变化。

这些魔境，如果以禅宗的一句话来表达，更简单明了："起心动念是天魔，不起心动念是阴魔，倒起不起是烦恼魔。"任何一个念头，自己做不了主，就是天魔。整天脑子昏昏沉沉的，则是阴魔。

> 由彼等能障不死涅槃故名曰魔。

佛法所说的魔，就是一切能障碍你证得涅槃之道的境界。

> 小乘证见道位，于三宝所获得证信，即降伏粗分天魔。

注意，修行打坐，做四加行工夫，只要证到小乘果的见道位——念空，念头真正到达空的人，就是于三宝所获得证信，的确见到真空了。以这小乘偏空之果，也能降伏了粗分的天魔，不一定要证到罗汉境界才降伏天魔。只要念头一空、一定，证到这一点，就可以降伏天魔。

> 得有余依涅槃时，永断一切烦恼，故降伏烦恼魔。

达到有余依涅槃，身心皆空，完全清净，虽然是有余依涅槃，阿赖耶识根本也没有断，但是，已经可以降伏一切的烦恼魔。一切妄念不起作用，就是烦恼魔断了。

> 若证俱解脱阿罗汉，能加持寿行，得自在故降伏死魔。

道家经常讲长生不老，有没有这回事？学佛的人一听就斥为外道，乱批评！佛经上也告诉你有这回事。证到大阿罗汉果，寿命可以自己做主。比如佛经里头有句"留形住世"，佛吩咐四大弟子，迦叶尊者、罗睺罗尊者、宾头卢尊者、君屠钵叹尊者等，受佛授记留形住世，等待下一劫弥勒佛到来。

有一种方法可以请宾头卢尊者来。从前在普陀山、九华山、峨眉山的丛林下常会有这种事，有钱的施主们来打千僧斋，供养一千个和尚吃一餐素斋，再送每人一块银洋。和尚一听打千僧斋，老远都赶了来，吃一餐好的素斋，又可拿红包。这时候，我们这位大师兄宾头卢尊者会来，他来时没人知道，不过他走后会告诉你，证明佛法是真的，只是过后才让你知道。

你只要好好修行，证到了解脱阿罗汉果，能加持自己的寿命，可以得自在，你爱走就走，不走就留下，降伏了死魔。这个魔最难降伏，真不容易，要得到阿罗汉果才行。

所以大家问我：怎么样叫报身成就？做到能降伏死魔，当然报身就成就了，做到这样才能祛病延年，任何疾病都能去得了。

> 证得无余依涅槃时，尽灭惑业所感有漏取蕴，降伏粗分五蕴魔。

达到"无余依涅槃"的时候，粗分的五蕴魔降伏了。

方才我们介绍的是小乘的修证次第，现在让我们看看大乘的情况。

> 大乘证得不退转相，于三宝所获得证信，即降伏粗分天魔。

达到不退转地，就是得到真空生妙有不退转智时，那些粗分的天魔境界，可以降伏了。

> 得八地，已于无分别智得自在故，降余粗分三魔。

一直修到了八地，得到了无分别智，才能降伏粗分的另外三种魔境。

> 微细四魔者，谓依无明习气地及无漏业所起之意生身，即微细蕴魔。

到了大乘境界，除了降伏那些粗分的四种魔境之外，还要注意检查、降伏那些细微的魔境。

什么是微细的魔境呢？无始以来，我们思想生命的无明习气的根，得了道以后，配合生起了意生身，可以出阳神、出阴神。如果这些阴神、阳神不是大彻大悟后生起的，而只是夹带了一种欲望，由一种希求心而生的，这个意生身，就是微细的蕴魔。

大乘菩萨道的魔境，微细得让你分辨不出来。当然大家修持还不到这个境界，不懂得真正的意生身，那是菩提道的成果，法报化三身成就。重点在"依无明习气地及无漏业所起之意生身"，这个意生身就是微细的五蕴魔，换句话说，也是由我见我执来的。人舍不得自己，空了不干，总要抓住一个幻化之身。

　　　　无明习气地，即微细烦恼魔。

人的根本无明，连自己都不知道，只要最后一品无明习气还在，就有"微细烦恼"。随便讲顿悟，什么见山不是山，见水不是水，如果拿教理来讲，这正是无明习气的烦恼魔。注意，所以说"通宗不通教，开口便乱道"，见山不是山，见水不是水，别说你做不到，即使你做到了，你还见不见？说不见，你在昏沉中——烦恼魔；说见，你早有一个见了；你说我两样都不是，那你是什么？向上一路请你道来，道不来，按下水去，这是船子德诚禅师的教育法。

所以古代的大禅师们，通宗的，一定是通教理，自己对自己检查得非常深入。既然你通宗，悟了，悟了你就懂，佛境界无所不知，你还有不知的，那就不算悟。儒家都讲了，"一事不知，儒者之耻"，何况出世法学佛呢！

　　　　不可思议变化生死，即微细死魔。

刚才讲大阿罗汉才能了脱生死，破了死魔。什么是死魔？即使你活上五百年或一千年，还没有破了死魔，还在变易生死中，只是把分段生死拉长，仍要受变易生死所左右，属于微细死魔之中。

"微细"两字要注意，你自己都不知道，检查不出来，假定这个检查得出来，你的般若智慧就成功了。佛者觉也，能够自觉觉他，觉行圆满才是。自觉很不容易，自己的心理烦恼等等，起了一点点都要能够知道。

欲超彼三魔凡能作障之法，即微细天魔。

在修行的过程里，凡是使我们不能跳出前面这三种魔——五蕴魔、烦恼魔、死魔的所有障碍，就是微细天魔。比方说时代的变化障碍了你，不能修了，这些就属于天魔引起的。乃至自己造作出的环境，障碍了自己修道，也是天魔的关系。这些境况，无形中把你拉到另外一面去。

降伏微细四魔，是法身功德。故降伏微细四魔与成佛同时也。

这里要特别注意，降伏自己内在非常微细的四种魔，是靠法身的功德，在成佛的同时，才能彻底降伏微细四魔。说到这里，我要问大家一句，禅宗的破三关、大彻大悟又是什么情形呢？对这些经典没有研究，不要随便讲悟，真正的悟与这里所讲的情形是相同的。

《现观庄严论略释》卷四《顶现观品第六之二》：

是对治修所断种子之能治种类大乘随现观，即修道顶加行相，界唯在修道。此说修道菩萨，由加行与根本二门入超越等持，谓俱灭尽定等次第定。

大乘修定的方法：

先修往上顺行与下还逆行二相之狮奋迅三摩地为加行。

顺行，由凡夫而到达声闻、缘觉。由人道而修天道，天道而修声闻道，由修声闻道而修缘觉道、菩萨道，节节向上。

什么叫狮子奋迅三昧？狮子要吃动物时，两腿一蹦，出了最大的力量，最快速的动作，形容成道顿悟。狮子奋迅三昧，是大乘顿悟的路子。

次乃进修超越等持之根本故。

顿悟了，见道以后才开始修道，修道是超越等持定慧的力量。

其修根本时，先从初静虑直往灭尽定。

修根本的时候，先从初禅开始，连贯的四禅八定都不能缺少，都要修到，直至灭尽定。

全无超越修一返。

在这当中，修大乘道的，由初禅到四禅八定，最后修灭尽定。理是顿悟，工夫是渐修的，一步一步不超越等持，老老实实，规规矩矩地走。说自己悟了，结果工夫没有到，你骗谁？欺天乎！

次于八定间杂灭尽定而修一返。谓从灭定起入初静虑，从初静虑起仍入灭定。

其次，修成功以后的人，见道以后修道，工夫也到了四禅八定，九次第定的工夫随便你玩耍，或者两腿一盘，马上进入灭尽定，等一下境界又进入初禅去了。下面就告诉我们随便玩耍。

《楞伽经》也说，大乘菩萨悟道以后修道，到家了以后，十地菩萨有时也到初地菩萨境界随便玩玩。因此我们可以了解一件事，经典上讲，佛入定无所不知，三千大千世界，一切时，一切色，一切音声，如掌中观庵摩罗果，看得很清楚，佛都知道。但是有一回，佛在恒河边打坐，一大队马车经过，声音吵得弟子们都坐不住了，结果他老人家还在那里打坐入定，等他出定的时候，张开眼睛一看，咦？怎么旁边路上都是泥巴、马蹄印？佛是不是入昏沉定去了？当人入初禅定的时候，蚂蚁叫都听得见，怎么佛听不见呢？这个道理说明了什么？在佛就不是昏沉，不是无明；在凡夫绝对是昏沉，绝对是无明。悟了道的人，由初禅到九次第定随便挑，一切得自在；没有见道，没有修道成就的时候，纵然入定，全是自己不能做主，都叫作打妄想、造业。

第二十五讲

　　这次关于显密圆通修证的课程，到上一次为止，我们仍在找资料，检查资料，尚未检查完全，几乎每一部分资料都很重要。因时间不够，没法详细地讲，当然主要的是三个纲要：见地、修证与行愿。

　　见地介绍了一点点，修证功用也介绍了一部分，行愿根本还没有谈，现在暂时把行愿摆着。

　　大家如果能把这些参考书做一番研究，则这一生用来修持做工夫都够了，也可以说成佛有余。再不然缩小范围，只看这一次发的讲义资料，虽然零星片段，但也够用了。

　　首先我们提出来，见地方面是非常重要的。

　　世界上的人学佛也好，学道也好，不管显教、密教，乃至瑜珈术等等各种各样，不下千百万亿之多。不过，目的是共同的，都想求个人的超越现实，跳出这个现实的世界，找一个形而上，超出物质世界的归宿及成就。因此而产生了许多的方法，许多的理论。不管这些方法，这些理论，到底哪个高，哪个低，哪个正，哪个邪？我们必须先了解一个原则，那就是这些方法，这些修证工夫，最重要的是在见地，见地就是智慧的成就。

　　拿现代的文化来讲，学科学的人，就是先要把学术与理论搞清楚，学术与理论一偏差，下面的研究就差了。

　　见地是中国的佛学观念，尤其是禅宗提出来一个具体名称

"具见"，就是具备见解。一个人具见要高，不只学佛修道，世法也是一样。我们做事业首先要有远大的眼光和见解，见解不高，什么都低了。从修证工夫着手是不会高的，见地很重要。

在儒家中国传统文化，见地叫作"器识"，士君子重器识，没有器识就是没有见地，不论你怎么努力，如果没有见地，成就都不会高，学佛更是如此。

世界上的人都很滑稽，大家都想学一种方法，求一种超现实的成就，而结果呢？如仔细研究我们人类的心理，发觉人们都不肯去参研见地。换句话说，喜欢东拜个老师，西拜个老师；喜欢求秘诀，求工夫，好像得了一个秘诀，马上就可以跳出去了似的。没有这回事的，绝对不可能。尤其是学佛，是学大般若、大智慧的成就，并不是学技术。做工夫百千万种花样，就算有一点效果，可也不能超越。事实上，很多人学这一套，却是反其道而求。这是我们在快要做结论以前，提出来关于见地的重要。

关于见地方面，可参考所发的讲义——《华严经合论》。为什么讲《华严经》采用李长者的《合论》？以华严宗来讲，有关它本宗的见地、修证、行愿共有四个著作：《华严经》、唐代清凉国师《华严疏钞》，以及后世佛国禅师《华严经》五十三参赞词——《文殊指南图赞》，加上《华严经合论》，这是华严宗四部最伟大的著作。

李长者，法名李通玄，本名不知，可能是晚唐时代某一位皇帝的世子，把本名去掉不讲。他在极富贵的家庭里，受极高的教育，然后决心去修道。到了深山，有一只老虎出来，要是我们早就吓死了，他却不怕，对老虎说：你来接我是不是？如果是，就趴下来给我骑。老虎果真乖乖地趴下来让他骑上去，然后把他背到深山一个洞里，他就在这个洞里住了下来写《合论》。到了晚上，天女送食，给他点上灯，他昼夜就写这部书。他把书写好之后，天女的任务也完了，也不来了，他也下山去了，这就是《华严经合论》的来源。

此后，各宗各派各种见地上的理论，都引用了《合论》的话。除了以《华严经》为主外，他也介绍了《大般若经》《法华经》《维摩经》《楞伽经》《涅槃经》以及小乘的戒律等等，每一本经的要点，他都整个做了一个批判。过去的中国佛学名词叫"分科判教"，他对佛学整个系统，做了一个批判。

这种批判，在李长者之前，有天台宗智者大师的分科判教，以及唐代澄观国师的分科判教。所谓分科，就是做科学化的整理，把佛法加以归类。判教就是加以客观的选择与评论。现在日本很多学者所讲的佛学观点，内行人一看就知道，他们不过是将天台、华严宗的分科判教，加以现代化，并加一点考证而已，这就是现在所谓的学者。

佛法到了中国，发展到了晚唐，有李长者这样伟大的人物，他们对佛依然非常恭敬，但是做学问又非常客观，批判就是批判，归类就是归类，毫不客气。

《合论》中有一句话："无边刹境，自他不隔于毫端，十世古今，始终不移于当念。"这是李长者的名言。他说证道的人，没有空间的阻碍。"刹"就是刹土，西方极乐世界是阿弥陀佛的刹土，我们这个娑婆世界是释迦牟尼佛的刹土，东方琉璃世界是药师如来的刹土。刹有时是代表佛的境界，有时代表国土。"自"，是我们自己；"他"，是药师如来、阿弥陀佛、十方三世诸佛等，都是"他"。有没有另外一个佛世界的存在呢？有，还是在你自己这里。自他不隔，无碍。也就是说：根据佛学，他提出了一个观念，空间是相对的，但空间是没有阻碍，没有方位，无大小，无来去的。这些道理都是见地。

肇法师讲过一句话："今至越者，犹昔至也。"就是讲时空的没有阻碍。但是，我们打坐学佛修道，对于时间、空间观念，并没有搞清楚。为什么我们打坐没有进步，就是执着在时、空的观念里，有人执着在子午卯酉时辰，有人打坐一定要对着东方。听说有人在美国教学生，早晨起来爬到树上，对着东方太阳打坐，这都是见地不通。还有人坐着时，认为没有面对着佛像打坐不对。这些观念的执着，都要拿掉，须知：无边刹境，自他不隔于毫端。

时间也是相对的，没有绝对的，十世古今，始终不离于当念，没有过去、现在、未来。所以每一本佛经都是这样写，一时佛在哪里、哪里……这有两种道理，一是印度人的习惯，不喜欢有数字及时间观念。印度一讲起数字，就是八万四千，所以，佛经上的八万四千特别多，是形容数目的多，这是拿学理来看佛学。

以修道来看佛经，最高明的就是"一时"，万古只有一时，十世古今始终不离于当念，亿万年以前也就是现在，未来的亿万年后也就是现在，就只有这一个，没有第二个，这个"一时"用得妙极了。

所以时间与空间的观念不丢开，不要谈修道，时间与空间观念搞不清楚，也不要谈修道。

我们学佛先要把几十年累积下来的时、空意识观念，完全丢开，恢复到婴儿那个状态，可是，做不做得到啊？

很简单！我们看佛经里说的无念、无想、不起分别等种种理论，拿老子来讲，一句话，"专气致柔，能婴儿乎！"我们打坐做工夫，也就是要做到这样。

这些关于人的来源及人生的现象，有许多许多的问题，我们怎么去解决呢？佛告诉我们，我们现有的生命，是我们原始生命的第三重投影。我们原始的真生命，哲学性的称呼叫作真如；逻辑性、科学性的称呼叫作第一义谛、胜义谛；宗教性的称呼叫作如来、佛；拿教育性师道来称呼叫作世尊。我们中国后来翻译为本性，这个东西本来是清净圆明的，本来是不生不灭的，本来是无烦恼，无成住坏空，无生老病死的。但它真没有，完全没有吗？不是的，它能生起一切的万有。所谓没有，是原本清净，所以说它没有。它能够起万有，它是有的。

《楞严经》第四卷里，佛的弟子富楼那尊者问佛：既然我们生命的自性本来清净，为什么要起第一念无明呢？为什么要生出这个世界来呢？

其实这个世界生得非常不妙，因为创造了这个世界，这些人一天到晚你争我夺，你骂我打，你恨我，我恨你等等，闹得一塌糊涂。《楞严经》第四卷的要点，就是谈这个。佛的答复有一句话与见地、行愿都有关系，他说"觉明为咎"。这一句话很值得注意，我们学佛求悟道求觉，悟道那一悟就是一觉，但是那一觉悟也是大毛病。

我们打坐不是在求空吗？根据《楞严经》这一句话，你要注意，如果你达到清净，则清净为病。你说：我打坐，本来很清净，后来怎么不清净，不空了呢？因为空所以不空嘛！道理很简单，也是这么深奥。所有的经典，你把它研究透了，看一看，原始的这个生命，怎么变成现在这个世界？怎么变成这个人生呢？觉明为咎，只有这句话，答得最明白。

所以举凡世上一切宗教，一切哲学，对于人生的看法，都犯了一个最大的毛病，对人生都是悲观的看法。看这个世界是缺陷的、不圆满的，佛教也是如此。只有两部经例外，一部是《华严经》，它看这个世界，永远是至真至善至美的，没有缺陷，没有悲哀的。其次是《涅槃经》，认为这个世界没有缺陷、没有悲哀，是常乐我净，永恒的存在。

我们把这些经教的道理先搞清楚了，慢慢再说到结论上去，再谈修证的工夫。今天我们打坐，心性的修养，只要能做到如婴儿的状态，一定成功。不要说婴儿，五六岁的小孩也可爱，爱哭就哭，要闹就闹，他一边在哭，逗他笑时，马上就笑了，然后又哭，他是天真的。我们做不到，我们有很多虚假，明明是恨你，还要敷衍你，皮笑肉不笑，多么罪恶啊！这就同行愿有关了。佛经说："直心是道场。"我们做不到直，有多少假！每分每秒都假，连内心念头都假，都在造恶业，所以行愿谈何容易啊！行愿做不到的。行愿做到了，可以立地成佛。

其次，你看婴儿没有知识，没有分别心，那个状态就是意识的根本作用。比如我们求空的这一个妄念，也正是意识的根。所以我们打坐用功除妄念，都是用功错了，知道吗？拼命在那里想把思想压下去，把它空了，想把它停掉，叫作去妄念，完全错了。所以用功用了几十年都白用了，那个真正妄念的根还在。纵然我们坐在那里，而且晓得自己工夫做得很好，很清净，那个正是妄念。那个接近于婴儿境界，可是那还是妄念。

在中国文化里，那个东西叫"情"。孔子在《礼记》上分类为性与情，在《礼记》的第一篇，开头就是关于修道："毋不敬，俨若思。"这是中国文化，定慧都在内，宗教也在内，人生随时严谨、恭敬以行，做到不昏沉、不散乱的修养。这个"思"并非思想的思，而等于佛法说的：既不散乱，又不昏沉，清清明明在那里，这正是礼之本也。

所以，"东方有圣人，西方有圣人，此心同，此理同"。不过这些都是在上古时代传下来的，同一个来源。"性"，人的本性，不谈先天后天之别，善恶之别。比如有人天生爱说话，有人半句话都不说，这个性是怎么带来的？中国文化告诉我们，是"天命之谓性"带来的。第二个，"情"，这里有一个问题：《中庸》为何只提喜怒哀乐四样？本来是七情六欲，为什么只提四情呢？而且还说："喜怒哀乐之未发谓之中，发而皆中节谓之和。"又说："致中和，天地位焉，万物育焉。"为什么只讲四样呢？喜怒哀乐是情不是性，情也是阿赖耶识种子带来的，有些人天性是喜的，有些人天性是怒的，有些人天性则是哀的或乐的。

情是根据什么来的？它与心理、四大、五行——心肝脾肺肾等生理禀赋，都有关系。大家打坐没有弄清楚，以为把第六意识思想空了就是，那是不相干的，那还不算妄念，那只是妄念上面的浮念。那个容易去，念头把它空了很容易。你觉得我还坐在这里，眼睛闭着，里头清清净净的，就正是《楞严经》上所说的："内守幽闲，犹为法尘分别影事。"大家打坐做工夫，哪个不在内守幽闲？不然就是宋朝大慧杲禅师所讲，后世曹洞宗参禅的毛病：默照邪禅。哪个学佛学道做工夫不是在这里头搞？我们这些情都没有去掉，还是充满了喜怒哀乐。佛说情这个东西，就是业力的一种，业根。后来理学家讲气质，你的气质不变化，怎么成道呢？所以一定先要把这些认识清楚，大家应该先检查出来，盘起腿来在那里干什么？多数只是心理状况的自我玩弄而已，与修道毫不相干，多少人在其中玩了几十年。所以我们自己不能不检讨，以为自己正在做好人、做好事、修德性，实际上都是在性情中玩弄自己而已。

那么我们该怎么办呢？第一步就要认得什么是妄念。

《楞严经》卷四里头的那句话，"觉明为咎"，就是妄念。一个妄念就包括了五蕴、八识、八十八结使。所以大家千万不要以为盘起腿来，自己偶然把思想排除，清净了一下，好像没有浮面的思想，以为这个叫作无妄念；那是大错而特错。你那个浮面的思想排除开了，觉得自己坐在那里，好像很清净，那个正是大妄念的根本。所以如果这个没有空掉的话，什么都不要谈。如果把这一念打空了，身心打破了以后，那就可以证到真如，所谓明心见性，立刻到达，顿悟就是悟那一个。这点要注意。

我们再看修法，在《禅宗直指》一书中，宋元时期的高峰妙禅师，就是后世修禅的一个真正榜样。但我们可以很坦白地说，高峰妙禅师把自我已经训练到，意念解开，达到一种意识境界超越现实的状况。可是有一个事实摆在那里，他的身体仍然很不好。要知道，色法也是心法的一部分，应该使它转过来才对，为什么不能转？这是一个很大的问题。如果说色法转不过来，则《华严经》所讲的"应观法界性，一切唯心造"的佛教基本定律，是否被推翻了？假定这个理论是对的，那么应该能够去掉生老病死，应该能够转得了五蕴四大。理论和事实是不应该矛盾的，这点要特别注意。我们现代人对修行观念要搞清楚，其实，佛经已经讲得很清楚了。

禅宗的修法，走高峰妙禅师路子的人很多，除了少数的高僧，如济颠和尚等外。

宋朝几个禅宗大德，悟了以后都同济颠一样，装疯装癫的。比如林酒仙，悟道以后专门喝酒，他的歌都是喝醉了乱唱的，同济颠一样，都是说得很明白、很清楚。

宋朝以后，为什么这班人悟道后，都变成这个样子呢？这其中有个道理。佛教由唐朝四百年，到宋代理学以来，五六百年间，整个中国文化界，人人都是严肃的面孔，儒家孔子之徒也好，道家也好，佛家也好，所有的细胞都僵化了，尤其是笑的细胞，最为僵化。《包公传》上说，包公从来没有笑过，清官，严肃嘛！亲戚朋友都不来往，这样的人生有什么味道！可是像包青天的面孔多的是，在宗教圈子里更是如此，这些悟了道的高僧们，装疯装癫，故意把你搞得一塌糊涂。如果修道修成一副死面孔，还修什么道？那种的道貌岸然，是一副癌症的面孔。

道不是这样的，天机是活泼泼的，了解了这个以后，你守着空的这么一个境界，最后搞成了道貌岸然，正如禅宗讲的枯木禅。枯木不能开花，决不能在灵山会上花开见佛。你看，释迦牟尼佛那个境界多轻松，他没有道貌岸然的面孔。这个观念先认识清楚了，再研究佛经的五蕴（又译"五阴"）论。

再其次，我们讲五蕴都是妄念，我们现在来看五蕴和见地。见地就是工夫，五蕴是色受想行识。

色包括了四大——地水火风，不只是包括身体全部，也包括了物理世界。比如我们揉揉眼睛，就可以看到眼前有亮光，如闪电一样，这是眼神经受摩擦发光所致，是反映出来的现象，佛经叫眼睛的空花。如果认为这个电光是道，不是神经是什么！那个光是神经起的变化，怎么会不懂，那么笨呢！耳朵听到声音，鼻子闻到香味，也是一样的道理，这些都属于色蕴。《心经》上说："色即是空，空即是色。"请问你怎么没有空？打起坐来腿子还麻得很，色法还是没有空嘛！为什么发麻呢？身体内部有湿气，气脉走不通。为什么头发涨？里头有病就有反应，有反应怎么空呢！"色即是空，空即是色"，你说：我心里不去管它，那又何必修道呢？睡觉的时候也是没有感觉，那不是"色即是空，空即是色"了吗？这是不能自欺的。

密宗的气脉之说，道家的奇经八脉之说等等，都是由禅定的工夫，根据实际的经验说出来的。古人不过把这些经验记录下来，后世人学到这些，就拿鸡毛当令箭了，什么大周天、小周天啦！把传这些法当成传道，那就完全搞错了。其实不管什么气脉，什么周天，修了半天都是加行里头的工夫。加工的目的就是先能够达到色法空，真把气脉打通了，色身才能够空，这是"色即是空"阶段，可是还没有做到"空即是色"。

先把生理这一部分都打开了，才能"色即是空"。再转过来达到"空即是色"，这是真空起妙有的作用，神通智慧都来了。等于说"色即是空"是把一座山，或一幢建筑物打散了，销毁了，变成了平地。"空即是色"就是在这个平地上，重新建立起坚固的建筑物，这是佛法的真空起妙有，做到了才能够认识妄念是什么。这是第一点。

第二点，"色即是空，空即是色，色不异空，空不异色"，这四句话包括大乘、小乘做工夫的几个阶段在内。这还不算，接下去说，"受想行识亦复如是"，八个字简简单单带过去了。

"色即是空"，大家没有做到，"色不异空，空不异色"，更难了。大乘的境界，见地、修证、行愿都要到，色法不异于空，色与空没有两样，不二法门。

"色不异空"，色法就是空。我们在文字上想想看，"色不异空"同"色即是空"有什么两样？在逻辑上大有差别，这就是中国文字之难。

"空不异色"，真正到空的人，当然一定做到了。如李长者所说的，"无边刹境，自他不隔于毫端"，佛经上说的三明六通，诸佛神通也一定做得到，并不困难。空与色本来是一体，作用也是一个。等于说我们房子里电源的插座，可以插电灯，也可以插录音机、电扇。因为都是电，本来是一体。

色还没讲完，暂时摆着。

现在第二个讲到"受蕴"，就是感觉，这个感觉多半是生理的反应，比如冷、热、呼、吸、饱、饿等，除生理反应外，还有情绪上的感觉，这个情绪上的"受"，就属于中国文化性情的情，色法反倒是属于性情的性。为什么色法反属于性？这个是大问题，不是那么简单。

好了，我们学密宗、学净土，不管学什么都一样，大家打起坐来，搞了半天都在那里玩弄感觉。每个人问老师的问题，都是这里痛，那里痛的，一百个人有五十双，都是问这些无聊的问题，问得连当老师的都不想活了，一天到晚跟一群疯子在一起，不疯也半死了。实际上，我们佛经都没有搞清楚，都在玩弄感觉。你把《心经》多念一念——"受即是空，空即是受"。你觉得腿麻，感觉来了，你怎么空不掉呢？你既然空不掉，你还空个什么啊？有本事你把这"受"空了。

所以要注意，你们转这个，转那个。老实讲，你那个第六意识妄念，已经困在那里转圈子了。你想一个人转河车、转气脉、三脉七轮等，越转得好，那个轮回越严重。

不要说轮回，你打坐坐在那里，你的思想、感情统统困在那里转，什么事也不去做，看看外面的人多忙碌，你却一天到晚在那里打坐偷闲，玩弄精神转河车，所以，百无一用是修道者。

"受即是空"，为什么不在这个地方求解脱呢？学佛为求解脱，结果我们就是解脱不了，都在感受的境界上搞。

第三个，"想蕴"。这个"想"更好办了，每人都说：我打坐什么都好，就是妄想不断。"想即是空，空即是想"，想既是空的，何必去空它！它本来空，不是我们去空它的。换句话说，是它来空我们的。这个"它"是什么？本心，自他不二之他。是它来空你的，我们的妄念根本不能存在嘛！每个念头，每个思想都这么过去了，所以，"想即是空，空即是想"，但是我们做不到"想即是空"，做到了就得定，得果位了。

至于"想不异空，空不异想"，那真是真工夫，能够做到这样，就是李长者讲的"自他不二"。

第四个，"行阴"，这更严重了。这个"行"就是生命的运动，就是生命本有的运动功能。懂得了行阴，才懂得什么叫明心，什么叫妄念，当然，见性还谈不上。

所以我们打坐坐得好，也没有妄想，怎么它又来了呢？——行阴来的。它不听你的，如果行阴不能空，你想空妄念，休想！

行阴空了以后，上面的色、受、想才有办法空。注意！自己去参参行阴，这是很重要的。至于行阴怎么空，且听下回分解。

第二十六讲

这次讲如何证得果位，这个果位包括小乘与大乘。

见地最重要，所谓真正的见地，并不是普通所讲的见解，而是见到了"道谛"，也称"真谛"。真见到了道谛的话，后面的修证、行愿就会成功。这是禅宗所提倡的顿悟，不是学术，更不是普通的见解。

我们因为没有办法见道，才产生许多修证，就是渐修的方法。比如释迦牟尼佛十二年的修行，最后睹明星而悟道，这个也是"见"。见的方面最重要，也就是般若同唯识的道理。见就是理，这个"理"包括了一切事，一切修证工夫。

上次引用到《心经》："色即是空，空即是色，色不异空，空不异色。"这个道理也包括了修证工夫。上次是以做工夫来配合见地讲，现在来研究，"受即是空，空即是受，受不异空，空不异受。""受"就是感觉方面，我们对生理、心理的感觉。

许多人做工夫，老实说，不管学道家、学密宗、学显教的，多半在受阴境界里头打转，所有的人都被这个所困。所以，执着在做工夫方面的人，越来越骄慢。因为工夫是累积来的，有一点工夫的确感受就不同，工夫越来越特别，骄慢心自然越大。工夫不是偶然到的，而是时间的累积所形成，因此是"有所得"，并不是无所得。佛法的究竟是无为法，大家变成以有所得之心，求无所得之果，结果当然都是背道而驰。

　　由此可以了解，一般人学佛学道有工夫有见地，那个见地也是在受阴里头打转。尤其搞有为法的工夫，什么气脉，什么境界，自己因为见地不够，般若没有成就，都执着于这个范围在搞。换句话说，所谓打坐做工夫，都是跟着身体的感觉在跑。觉得：唔！气到了背上了，夹脊通不过啦！什么脉轮通不过啦！这些学道的书越看得多，道理越懂得多，工夫越困得厉害，都在受阴境界中，从来不晓得在般若方面着力，"受即是空，空即是受，受不异空，空不异受"。因此，身上有点气动了，心跟着动，因为般若不通，感觉境界越来越严重，永远不得解脱，即使死了以后，这口气不来时，中阴身还是困在另一个感受的境界中。

　　气脉的道理有没有？绝对有，那是自然的，没啥了不起，你越感受它，障碍越大，所以一旦不做工夫，就受不了了。比如现在一般人打坐，都搞成一个通病，一打坐，都想清净一点。这种清净的感受慢慢就成习惯了。其实，自己的意识状态感觉清净，那个清净只是意识状态的心理感受而已，再配合生理上闷闷的感觉，所以一坐当然觉得舒服得多了，因为打坐也是休息嘛！舒服以后，慢慢又闷起来了，闷起来就觉得"工夫在找我"，赶紧闭眼闷在那里，实际上那个闷都是"昏扰扰相"，还达不到"内守幽闲"。以为这个是工夫，以为这个是道，其实这些都在受阴区宇，感觉的状态里。在这里头搞久了的人，脑子呆板，虽比无记、无念好一点点，但是永远在昏沉中，昏头昏脑，一点般若都没有。

　　假定在这个状况下，透过般若智慧的解脱，晓得"受即是空，空即是受，受不异空，空不异受"，把这个感觉状态一丢，才可以谈解脱，谈超越。可是一般人在现有的境界里，无法超越。感受的状态困人，有如此之深。

上次讲到思想问题，我们这个想，就是意识思想。如果要严格研究，问题很大。佛学上想与思分开，粗的叫想，脑波跳动得快。至于思，将睡未睡，好似没有想，其实还有一点点思想的作用，很微细的。

又比如有人讲话，我们在听，同时也分别对与不对，或懂得多少，这些都是想的作用。思则没有这个妄想，有个禅师做过比方，等于欠人家钱，明天就要还，可是没钱还，今天尽管在这里打坐，听佛学，研究什么，可是这件事情拿不开，这就是思的作用，一股力量永远在那里吊住。

"想"实际就是"思"，一个粗一个细而已，这是意识境界的分别心。在我们未成道以前的众生，思想分别是与生俱来的。婴儿没有第六意识的分别心，可不能说他没有思想，思想不是分别心，昏扰扰相还是有的。随着年龄增长，分别也渐渐增长，所以小孩思想比较天真，也比较纯净。人很可怜，越长大越不可爱，越老越讨厌，因为第六意识增强了，染污慢慢加多，并且增加得很厉害，生活习惯、是非善恶等等，总觉得自己的对。

这个慢慢形成的，变成习惯的就是思。思变成业力，变成种子，带到来生。所以，许多先天的意识习惯，就是前生带来的习气，使得每个人个性不同，有人爱笑，有人爱生气，都是前生带来的。

因此，叫我们万缘放下，一切皆空，可是思这个东西是否空得了？假定这个空不了，而认为意识清净境界就是空，那就自欺了，抵不住事的。到最后上了氧气时，你的工夫、佛法一点都没有用，千万不要搞错了。可是许多用功的人，都在这上面转，这是般若智慧不够，见地智慧不清，行愿不够。真正的善根没有发起，般若是不会来的。所以《金刚经》只讲两件事：一个讲般若，一个讲功德。为什么？大功德的成就才有大智慧，你光在打坐里头求智慧，这是小乘法门，由戒、定而生慧。大乘法门不谈这个，大乘法门谈的是六度，布施、持戒、忍辱、精进、禅定，五种以后才是般若。

一般人用起功来，最大的困惑是妄想不能断。谁叫你断妄想？妄想本来非断非常，断不了的，"抽刀断水水更流，打坐解愁愁更愁"，所以有些人打坐眉头越皱越紧。

妄想本空嘛！不要你去断它，"空即是想，想即是空，想不异空，空不异想"。再说，我们都研究过唯识，唯识有个名称叫"五遍行"——作意、触、受、想、思。在八个识里头都有这些作用，所以它自然会起这些作用。

换句话说，我们生命的本能分为两部分，一个是感觉状态，一个是知觉状态。感觉状态一半是物理的，一半是心理的。思想的状态也是这样，主要是心理的，附带的是生理的。唯识告诉我们，这是"五遍行"，也就是说，它普遍于八个识的作用里。怎么断得了它呢？所以用不着努力去断思想。六祖也告诉我们："惠能没伎俩，不断百思想。对境心数起，菩提作么长。"本空的嘛！断它干吗？你那个知道自己在思想的，不是仍在嘛？结果大家相反打起坐来，自己那个本来清净的东西，随时在压制思想，在那里妄用工夫，坐一万年也没有效果。

再进一步，能把五遍行转了以后，就立地成佛了，这个非要般若智慧成就不可。所以唯识并没有告诉我们，断了妄想就成佛，而是要转识成智，只要那么一转就成功了，就看你转不转得了。这"转"字用得好极了，我们凡夫之所以不能成佛，就是心理转不过来，这是业力，把我们牵得牢牢的。转识就成智，成智就解脱了。

所以大家打坐很简单，"空即是想，想即是空，想不异空，空不异想"。

但是下一个难了，行阴——一股推动生灭的力量，想断都断不了。为什么？这个行阴同宇宙的运行一样，永远在动。我们可以借用《金刚经》所说的"无所从来，亦无所去"。来时，不知来源就来了，去时，不知去处就跑掉了。过去、现在、未来，永远这么走。这个就是行阴、动源，一路在动，最难了。

行阴没有停止以前，没有得静态以前，永远没有办法截断前面的色、受、想，它永远会来。心理部分也是一样，永远不断在流转。我们打坐，为什么感觉不能空掉？因为行阴没有空之故。

原则上来讲，如能做到"行即是空，空即是行，行不异空，空不异行"，那就修持成功了。但我们第一句话，"行即是空"，做到了没有？"行不异空"，就是行与空没有两样，做到了没有？一坐起来妄念清净，这样行阴是没有空的。换句话说，虚空也有行阴，所以这个宇宙永远在转，转动就是它的行阴。

我们普通一个人，行阴是否能止，关系了证道，这要靠四禅八定的工夫，做到气住脉停。气住了，不但呼吸停止，连身上所有的生命气息，也在休止状态，这时，带动身心流转的行阴，才算停止了。

行阴不停，所以生理部分不会停止运转，心理部分也不会停止运转。那要如何才能还本返源，归到本来自性中去呢？有个最快的道路——智慧的解脱、般若、顿悟。一般做不到顿悟的人，只好渐修，一步一步来。所以《楞严经》中，佛把五阴解脱的程序，清清楚楚地告诉我们，要特别去留意它。

我们之所以不能真得成就，是行阴解脱不了，想阴解脱不了，受阴、色阴也解脱不了。如果说有一点清净境界，那只是想象的，是第六意识的想象境界而已，并没有证得真空。想证得真空，在摘录的《楞严经》讲义中，都告诉我们了，一切禅宗、天台、密宗、净土，想修得成就，都不离这个原则。

再进一步，行阴解脱了以后，才谈识阴解脱。这个识不只是第六意识，唯识所讲的八个识，都包括在内，也就是《楞伽经》所讲的"心意识"。

我们所知道的精神状态，是识的一种变相而已，所以用精神解释这个识，是个颠倒的解释。严格地讲，它代表了八个识全部的体、相、用；也代表了精神世界、物理世界全部的功能。

我们应该研究《百法明门论》，其中将色法与心法分开对立，还有一种"二十四种心不相应行法"。但是注意，若真把色法与心法对立分开，那可不要学佛了。换句话说，魔鬼与上帝对立，上帝对魔鬼永远没有办法。其实它只是表达的方法而已，是把它分开分析，容易使我们了解。实际上色法与心法是一元的。

讲心不相应行法这个心，是说宇宙间有二十四种东西，不受第六意识左右，人的心理没有办法控制它。比如第一，宇宙的时间，你无法控制。你说你睡着了，可以把时间空了，对不起，那个时间还是在走，你转变不了。第二，势。比方水流下来的力量多大，即使你说天上天下唯我独尊，站在激流中，还是会被水冲走。所以大势至菩萨一来，观世音菩萨只得站在一边。这两个菩萨是表法的（这里是用表法来说）。大势来时，请观世音菩萨来带路，这个势来时，任何人控制不了它。

所以你工夫做得再好，老了还是老了，四大变去了，时间到了就是时间到了。比如我们打坐，坐上半个钟头或一个钟头，坐不下去了，腿发麻了，想坐还是坐不下去。因为行阴的势到了。你说，我还要定，心不相应行法，心还是转不了，连这一点都转不了，还说什么转识成智、转业力，乃至转烦恼为菩提呢？

在这种地方，我们就要提起警觉，平常道理都讲得很好，事情来到时，却过不去。你说我还在修道打坐，谈起法来头头是道，但是为什么打坐做工夫欲了生死时，却前路茫茫，后路暗暗？所以说，这个道理要先搞通。

"识"最难懂了，所以《楞严经》中讲到，第五层解脱才是识阴。

有个同学研究了《楞严经》后提出问题：为什么想阴叫作融通妄想，识阴叫颠倒妄想？应该想阴叫颠倒妄想，识阴叫融通妄想才对呀！

想阴境界产生十种魔境，实际上不止十种，变化起来有几百、几千，甚至几万种。比如有人有神通啦，未卜先知啦，都是五蕴中思想的作用。这种功能，现在人叫第六感、心灵感应、特异功能等等，鬼名堂多啦！这些都是思想妄想变的花样，这是融通妄想。把妄想的功能变化，好像能够通达，知道万缘，因此形容它为"融通妄想"。

为什么识阴境界叫颠倒妄想呢？因为它不叫魔境，而叫作外道，包括了声闻、缘觉。得了四果罗汉的人还叫作外道，为什么？因为见地不究竟，所以叫"颠倒妄想"。

这五阴都叫作妄想，因此我们知道，学禅宗的人，一上座就是去除妄想，以为是去了第六意识，其实，那只是第六意识分别心的一点点浮面上的油而已。真正的妄想由地底到浮面都是。所以，要除妄想一定要把五阴妄想都去掉，才谈得到空。

大家不要以为：噢！我打坐一直空空的，好舒服，那是第六意识的想象境界。我们两只眼睛看过的虚空，只有一点点大，所以打起坐来，眼睛一闭，想象起来的虚空，也只有一点点大。人的思想范围，往往只跟着生命力所发挥到的范围走。所以你看，我们的思想多好玩，在迷糊的境界里，是非善恶都是颠倒的，我们认识的范围又是多么狭窄。可是在这个意识思想里，却自觉非常崇高，非常伟大，都是自己欺骗了自己，不是真正的空。

这都是属于见地方面。

五阴解脱的见地要特别注意，不管有所得的，或刚入门的，切忌不要走错了路。

其次的问题，在色受想行识中，我们生命最重要的，第一是思想，想阴，也叫作妄想。这个思想是识阴所变，识就是心，即《瑜伽师地论》所说的心意识，不是本体的心。第二是受阴，人生来就是有感觉的，感觉是受阴来的。

若把色归类成生理部分，想与受应属精神部分。包括了生理与精神部分的是行阴、识阴。

我们听了这些，思想不要向外面去想，要回转来在自己里面找。分类试着去找，真正的佛法不是叫我们不用思想。"禅定"，教理称正思惟，后来禅宗称参究，"禅定"不是叫你跟着身体转。气脉在动，你不要理那个受阴的动，要在正思惟上去找才对。汉朝以前的中国道家称"精思"，所谓精思入神，也就是禅宗称的参究。大家打坐时，都被生理感受境界迷糊住了，没有真正证入正思惟，那就不算真禅定。

佛法的重点在见地。刚才的讨论有个主题——用《般若波罗蜜多心经》的纲要"五蕴皆空"，配合《楞严经》五蕴的解脱，就是这次课程重点所在。这个就是见地，要把这个理搞通，才可以做工夫，才可以真谈修持，不然工夫纵然做得好死了，抵不住事的，没有用。即使工夫做到身体会发光动地，也没有用，否则不叫佛法。所以每一部佛经都找不出做工夫方面的内容，佛经只谈见地的理，因为真正的见地到了，工夫一定到。换句话说，你见解上到了，工夫没有到，那个见解不是真的见解。

比如一个人手中拿着一个名贵的杯子，镶着珠宝，突然打破了，解脱的人看都不看，知道打破了；不解脱的人，看着破碎的杯子，就在那里哭、叫。他明知道打破了，可是抱着那个破杯子还在哭，还在叫。晓得了空，结果还抱着那个没有用的东西，来悲痛这个空，有用吗？

不要看它是小事情，同样的道理，懂了就是道。所以禅宗祖师在某一小点上一悟，整个都清楚了，就是这样。

不要认为这是一句闲话，古时禅宗大德们的嬉笑怒骂，你把它当嬉笑怒骂就浪费了他的话。他处处点你，因为有时候不好正面骂你，只对你吊儿郎当地幽默一下。你说东，他说西，实际上他在打你，打击你是爱护你。

比如第一次发给大家讲课通知，告诉大家个个没有例外，不要马虎，真做得到规定才来登记上课。大家都登记了，可是几个人真做到？写笔记也好，任何其他一项也好，没有人真做到。这是"行"门，大丈夫承诺了，说做就做，既然要来听课就应守这些规矩，对不对？谁做得到？为什么要这么做？你们懂吗？是故意拿棒子到处在打，打得醒，你们自己受益；打不醒，算了。

这就是行。我还只讲笔记部分，其他的部分多啦，不讨论了。这都是心行的关系，所谓"万行门中不舍一法"，这个佛法的修持怎么谈！尽管私交如何好，真正的行门无法谈，一谈就非骂人不可，只好在心里头说：唉！"如来说至可怜悯者"也。

行门同见地是不可分的，见地到了一步，你的心行非变不可。大善知识们，大禅师们，一看，这个人有没有进步，一看就知道了。别以为气色好了，气脉通了是道，那是逗你玩的。

气脉通了，不相干，大智慧的人不受这一套骗。等于禅宗好多祖师，老师一奖励他，把耳朵一捂，听都不听，还受这个恭维！当然不！悟与不悟一样。世上最害人的是高帽子，骗死人不犯法，而且把他骗死了，他还感谢你。讲真话没有人听的，所以没有办法。

见地到了的人，他的心行马上就转，自己有数，立刻就转，善知识一看，就知道，他的心行已经转了。

行包括很多，比如爱偷懒，也是行不对。又比如佛法第一点讲慈悲，自己想想看，哪一点慈悲做到了？我们是做到了一点——要求别人来慈悲自己。什么"要度众生"，哪个做到了？你省省吧！对自己最亲切的人都没有办法度，还度众生？

在这些漂亮的名词下，隐藏了多少罪恶，都要随时反省到。越是漂亮的言辞，越掩盖了自己的过错，假如学佛不检查到这个程度，免谈了吧！没有人搞这个事的，做不到的，而且都是以计较心——商业交易的行为来做这件事，尤其是这个时代。

以上讲见地部分，大概如此。一句话，见地非常重要，不是几句话所能够讲完的。

《华严经》李长者的《合论》要看，一切经典要注意看。有很多人学佛没有研究经典，依照唐代佛教制度，出家要考试，通一部经论才发文凭（度牒）的。

现在许多人研究佛学，老实说，拿佛学的严格标准来讲，并不是研究佛学，这个问题非常严重。我是不敢讲而已，讲了又有什么用？大家说：老师，你应该讲。佛法又不是我一个人的，为什么我应该？又说：老师，你有责任。其实大家都有责任。这些心行，一开口，一发言，就不对。假如心行对，为什么不发心呢？我惭愧，我自己要努力，我要度众生，我就要努力下去，要修持，修证好了，再来度人。我们为什么不肯修持呢？所以学佛很难。

见地方面，要自己去研究经论才是。

现在转来谈修证。拿见地来讲修证，修证只是等而下之的事情而已，不足一谈。

可是真谈修证，还并不容易。修证就是做工夫，不分宗派，不分方法，不管念佛、参禅、炼气，不管做什么工夫，都是修证法门。修证法门只有一个主要原则，就是修"止观"而已。

在因位上叫止观，在果位上叫定慧。止就是定，观就是慧。换言之，止就是工夫，观就是见地，所以非修止观不可。

我们不管学哪一宗，哪一派，开始学静坐，千万不要分别宗派。各宗各派只是方法不同而已，或者是方法所偏重不同而已。自己可选择一个方法修，当然最好有善知识的指导，可以看出来哪个方法比较适合你，凭他的指导，去选用一个方法。成就了的人，对任何方法都可自然通达。

不要把盘腿打坐当作修定，修定姿势是无限制的，坐、站、睡、行、食，皆可定，无处无时而不定。不过我们初步不能做到止，因此必须要打坐。打坐一共有几十种姿势，不过对生理、心理最有利的，就是盘起腿来打坐。盘腿的作用大得很，如写这方面的文章，可以大发其财。不过，我有个原则，一篇文章下来，对世道人心无益处者，誓死不干，这是我的行门。

我们盘起腿来打坐，气机真正通了，那岂止身心发乐而已！我们后天的身体，不可思议的功能，都发出来了。比如老年人的气脉整个通了，就会同婴儿一样。不过，两腿气脉通了的人有没有？没有，至少我没见过。

有同学注意到佛经上说的两足尊，这不光是理论，非常对。理论上两足尊是福德圆满至尊，智慧圆满至尊。福德、智慧两皆具足，所以叫两足尊。实际上，五通里有神足通，神气充满了，直至两足。人的根在头部，虚空就是土壤，手足是枝桠，枝桠一萎缩，这个"无根树"就完了，所以有很多理由要盘腿。

把腿一盘好，真正找到路子的人，用一个很彻底的办法，懂了理，修持很快就上路了。

过去释迦牟尼佛在时，弟子们七天、五天就证罗汉果，不是假的。为什么呢？古人物质欲望不发达，思想、心境非常纯朴，容易证果；现代人越有学问越难弄，越不会成功，因为自己太复杂了。古人是闻一言而必行，佛经上经常有四个字："信受奉行。"每一本经典结束时，差不多都是这四个字，这不是例行公事，而是真实如此。从"如是我闻"开始，到最后"信受奉行"，任何佛经都是这八个字，真做到就成功了。古人一信就信到底，信老师，信佛，一信马上就有感受，身心感应就变了，非常恭敬地奉为金科玉律去做，就成功了。

现代人不然，你把宝贝教他，他当面对你说：好啊，好啊！非常感谢！心里头则想：该不要上当吧？不晓得老师到那个程度没有？然后回去，找两三个人研究那个老师去了。现代的人与古人的心理，相差到如此程度，我几十年来看得清清楚楚。所以古人几天就可以成功，现代人不会成功，就是自己的心行道德，把自己挡住了。然而，古人今人的生命功能，则是一样的。

虽然讲见地与行愿，但是行是不敢详细说的，如果详细说行的话，可以把任何人驳得体无完肤。能做到"如是我闻""信受奉行"就成功了，但是没有人做到。

那么我们打起坐来怎么办？只要"信受奉行"，信你自己，信佛说的话，自性本空。所以禅宗四祖、五祖提倡《金刚经》是有道理的，你晓得空就好了嘛！不过不是我们去空它，它本来空。我们把腿一盘，一上座，已经空掉了，不要另外去求个空，这是捷径。

第一步，腿一盘，既不求空，也不求有，眼睛闭起来。这个时代的人，眼睛耳朵都用得太多了，闭起眼来，无所谓看，无所谓不看，记住：本空！这时眼睛一闭，觉得蛮好，一刹那间，马上又觉得自己思想好多，好讨厌。不要讨厌它！如果没有思想，也不叫作人了，你不理这个思想就是了。这时我们不是知道这个思想来来往往吗？你那个知道思想来来往往的那个，没有被思想扰乱，那个是清净的，没有被思想、烦恼骗走，还求个什么呢？

佛者觉也，你已经知道了自己有思想，这不是觉吗？

《楞严经》上说，我们的思想烦恼是"客尘烦恼"，如过客一样来来去去，你这个主人家，知道客人来来往往，不过当主人的不去殷勤招待，客人来了，不欢迎；客人走了，也不送。它爱来就来，爱走就走，让它自然，思想慢慢地会疲劳，懒得动了，你这主人家的那个正觉不要睡觉，看住它，如果你睡着了，客人就在里头翻天覆地了。这是第二秒钟。

第一秒钟腿一盘很清净，第二秒钟就晓得思想来了，现在告诉我们，用正觉看住它。

第三秒钟，麻烦来了，本来你是看住它，后来思想来跟你捣蛋，在那里"剪不断，理还乱"，但是你不要去剪，不要去理，它自然就疏了下来。第三秒钟的麻烦就是感觉来了，那里发胀，这里发痛，酸痛胀麻痒冷热都会发生，只要我们一静，这些现象都会来的。你打起坐来有这些现象，就是气脉初步的动。换言之，当你静下来时，不管好的或坏的感觉出现，都是因为心里比较静，气机的反应来了的缘故。

这个第三步的感受来了，怎么办呢？还是第一个道理，只要看住它，这个地方就要忍了。我年轻时，初学打坐，盘着腿也是熬不住，袁老师告诉我：忍耐一点，多熬一下，多受一分罪，多消一分业力。既然可以消业，我便熬下去了。下座以后，再盘腿就吃不消了，可是因为好胜，怕难为情，就硬熬。后来为了降伏这两条腿，住在一个庙子里，一个人关在藏经楼阁上练腿，那也是炼心，盘起腿来硬熬，心里求菩萨帮忙，大概熬了五六天，那真痛苦！连这个腿都降伏不了，还降伏其心？几天以后，本来痛苦得身子都弯下去了，忽然，咔嗒一声，腿软了下来，两腿贴得平平的，不想下座了。舒服得很。我的和尚朋友在下面想到，阁楼上那人，整天都没听见他敲引磬差人送饭，该不会出问题了吧？就在下面喊，我因舒服极了，根本不想回答，这下可把和尚吓着了，赶紧叫人爬上去，一看我坐在那里好端端的，只是不答话，原来在打坐。

这说明了什么？酸痛胀麻冷热，也是生命本能发动的一种，有一点反应就有一点影子，不管好反应或坏反应，你那个正觉看住它，千万不要加上现在的知识，密宗啊，道家的工夫啊，引导气脉向命根走啦，什么督脉通啦，一引导就完了，不但达不到气脉通，甚而引出各种毛病来（尤其是女性，千万不要注意胃部以下），你一引导反而不能成功。

有没有气脉这回事呢？如果弄得好，七天基础就打好了，是有气脉这回事。不过要无心于气脉，无心于四大，四大皆空了，气脉就成功了。成功以后，祛病延年是寻常事，不算稀奇，返老还童大概也不难吧！

第二十七讲

今天推开资料来做实际的结论。

上次提到我们刚上座时，两条腿一盘好，第一念之间，没有特别刻意去做工夫，比较清净的这个阶段。我们把它分成两个部分来讲：一部分是知觉的，一部分是感觉的。

知觉的状态偏向于精神、思想；感觉的状态则偏向于身体。

上次在五蕴方面，已经做了一个大概的说明。后来有位同学提出异议，他说：老师！您平常不是讲，知道的这一个"知"是毛病，是无明吗？现在在定中，假定还有这一知，这一知不也是最大的毛病吗？

上次我曾说过，知道自己在散乱、在昏沉的那一知，不属于散乱，也不是属于昏沉，要保持着那一知。现在这位同学提出来：知道自己散乱、知道自己清净的那一知，应该属于不究竟，比如《心经》上不是说"无智亦无得"吗？

这个问题问得非常对，这一知的确是一个问题。拿现实来研究，比如我们不管有修持或无修持，我们现在这一知很清爽，或坐在那里得定。但是，有一个先决条件：就是这个生命还存在，肉体还没有毁坏，脑神经还健康，所以才可能有清楚的这一知。假定我们的脑神经毁坏了，这一知还存不存在呢？如果说我们死亡了，或者脑神经毁坏了，这一知跟着脑神经的死亡而死亡，那么我们说了一辈子的佛法，不是自欺了一辈子吗？那又何必去做这么一个工夫呢？把一生的时间、精力都投资进去，结果是没有用的。

假如说，我们的脑神经或身体死亡以后，这一知另有超脱的境界，那么可以讨论这个问题了。这是一个非常现实的问题，不需要拿佛学、禅学的道理做解释，那些解释太虚玄。你说，你死后一定到那里，别人可以不接受你这句话，因为你现在是活着讲的。死后究竟如何解脱呢？那么你说，到时候你证明给我们看，但是你给我们证明，我们又看不见，你已经死了，我们又无法找你，那么这个证明如何办呢？这是值得注意的。

我们现在活着的这一知，灵明清净的这一知，就是靠我们这个色身、四大、五蕴在绝对健康状态里头形成的。

问题来了，比如道家修气脉的人，密宗专注于气脉修持的人，气脉修持好了，就是保持现有的生命绝对的健康、绝对的清净，甚至于超乎平常的健康、清净。所以，你有这么一个清净的境界，是由于你的色身，也就是说，这个境界是由生理来的，靠这个生命——四大、五蕴存在来的。如果四大、五蕴毁坏了以后，这一清净、灵明也都没有了，那么这就不是唯心了。

如说那个时候我清净灵明，而且离开这个生理，离开这个物理世界后，仍会另外地存在。对于这个说法，如何拿出证明，是个重大的问题。

目前在我们活着的时候，初步只好保持这一知。当然这一知是第六意识清净面，这一知也是第六意识，而非究竟的。换句话说，这一知在唯识中属于"思"的方面。这一知，我们在静定中，有个清净灵明的这一知，昏沉来，知昏沉；散乱来，知散乱；烦恼来，知烦恼。这一知在《楞严经》上说：

知见立知，即无明本；知见无见，斯即涅槃，无漏真净。

过去有一位禅师，因看《楞严经》而悟道，他就是看到这一句话。他看到这里时，突然有个灵感来，把标点另外点过："知见立，知即无明本；知见无，见斯即涅槃。"这标点一改，就变成了：有一个知见存在，有一个清净的境界存在，这一个知这个清净的，就是无明妄想；知见无，这个所知的境界都空了，连这一知也空掉了，有人见到这样，就叫悟道。他自己因此悟了，所以后来他的法号就叫"破楞严"。

现在来讲修证的工夫。前面提到过，分两面处理，一个是知觉方面，一个是感觉方面。

已经证到的人，或任何一个完全没有入门，甚至连静坐都没有经验的人，应该从哪一方面开始修持才好呢？答案是从知觉部分。悟了道的人，还必须要经过这个修持，再来求证；没有悟道的人，更需要经过这个修持，以求真修实证。

问题是怎么样去修证呢？首先就要把我们第六意识这一知，自己假造一个所缘境界，先假造一个能把握住、能抓得住的事物或境界。为什么叫它是假造呢？拿佛学唯识的名词就叫作意（换名词就好听了，所以我们学佛学道，不要被名词所骗）。先要作意，比如念佛，这一句佛号是作意来的，因为释迦牟尼佛告诉我们这个方法，我们听过以后，接受了这个方法，自己在意识上建立一个佛号，这是作意。学密宗的人念咒子也好［差不多所有的咒子有三个基本音：唵、阿、吽。唵（音嗡）现在大家都念成ǎn，阿字都念成e，为什么演变成这样？有个原因，我们现在不管它］，观想也好，这都是作意，造一个所缘。乃至学禅人的参话头也好，甚而完全达到三际托空的境界，统统都是第六意识在作意。在第六意识中，自己认为这是清净，这是空。连天台宗的止观听息，或观音耳根法门等等，这些所有的方法，综合起来，都是唯识学五遍行的"作意"。

天台宗所谓"假立"，就是空、假、中三观的"假观"。假观是建立一个所缘，本来没有，由无中生有。意识中原本没有，而去假立的一个东西，这种假立的方法，就产生了佛说的八万四千法门。比如道家修上丹田、中丹田、下丹田（女人决不可守下丹田，稍作意下丹田，会出毛病，很严重的。假定女人要作意身体上，只能够守中丹田，也就是胸部以上），及守窍、守光、炼气、存想，统统是作意，真是八万四千法门。但不管如何，都是先找一个作意。

尤其在座一些老修行们，稍有所得，半途打了退票。学佛法最初的就是最后的；最基本的就是最高深的；最初的一念也是最后的一念。我们没去注意这一点，往往得一点境界，得一点道理上的体会后，反而把最初的丢掉了，不会回头来，从基本上踏实做起。所以佛家一句话："出家如初，成佛有余。"第一念发心，我要出家。如果出家几十年，都像第一念那么诚恳的话，早就成功了。修行也是这个道理，基本在于作意，要先找一个所缘作意。

我常劝大家走念佛法门的路子，照《观无量寿经》的修法去修，不管你修禅宗、净土、密宗，或其他任何宗派，都是一样的，只有一个法门——止观，也就是定慧。先求止，把第六意识先拴在一个缘上，求到止。所以，有许多人觉得自己悟了这个理，认为对了。老实讲，你检查一下看，你的思想没有停止过，都在散乱中，你必须要把第六意识这一"知"，拴在一个缘上，自己假立这个缘，看你能不能做到"一念万年，万年一念"。

假如你观想阿弥陀佛，或者观音菩萨，任选一尊，如果观不起来，可观想佛印堂前面这一点亮光，或者顶上一个圆光，或胸口的卍字，先抓住一点，这是假立。

我们修持怎么修呢？三个步骤。

第一，照静坐的姿势，把身体坐好。

第二，训练自己把自己的意识，所有的思想习惯都排除了。排除得一干二净（这句话讲起来很简单，做起来很难）。排除了也好，排除不了也好。

第三，意识构想一个东西，当然最好是想佛像，想光明点，想象一个东西摆在前面或者上头，永远不动。

比如你观想一个佛像在前面，忘记了身体，意识上只有这一缘。假如想到这个佛像时，唉呀！佛对我笑了，或者佛摸我的头了，那是第二个念头了。你只要想一个佛，或者观想一个日轮，或观想一个星光，只有这一缘，一念万年，万年一念，这才叫作得止、得定。没有经过这样的修持，你佛法讲得如同释迦牟尼佛一模一样，也是没有用的。抵不住生死，也脱不了轮回，不能超凡入圣。

观想下方也有道理的。你说观想下面不恭敬，十方三世都有佛像，下方也有佛，怎么叫不恭敬？

《笑禅录》里有一则笑话：一个小孩尿急了，跑进大殿，当着佛像，把裤子一拉，撒尿。和尚气得骂，他却一本正经地说：十方三世都有佛，你叫我向哪里屙？这笑话里头含有真理，可也不是笑话。

我当年学道时，有一个年轻的和尚朋友，教我一个外道法子——顽空修法。一边念佛号，一边观想自己的身子往下沉，一直向下沉。这个虽然是外道法，但这个方法救了很多高血压的人，以及神经快要爆炸的人。我们打坐，尤其是中年以上的人，血压反而弄高了，因为在用心，都向上走，可用这个法子对治。

我当年什么都去学，不管有道无道，都要向他们摸索一下。另外有一个方法，对于高血压、老年人、有病的人或失眠的人都有好处。上座，心里头什么都不想，只念一个"空"字，一路空下去，把神经都放松了，脑子也放松了，有人就用这个法子治好了紧张的毛病。

总之，不管走哪个路子，先要建立所缘。唯识叫"作意"，天台宗叫"假观"。换句话说，你真把假观修成功了，同《楞伽经》的意生身有关。学禅宗的人悟道后，如果不懂意生身，是没有用的。悟了那个空的境界，不知道工夫修持，不证意生身，你那个悟到的空性，一点用也没有。所以必须要找个所缘。

现在一般人学禅，盘起腿来，坐上半个钟头也好，一个钟头也好，都在"内守幽闲"，也就是大慧呆骂的默照邪禅；再不然就是空心静坐，连顽空都不如。所以修持要有成就，必须要有所缘。这个有所缘，就是知觉部分，就是把第六意识知觉部分，缘在一点上面。假定有大根器、大气魄的人，就这么一路下去就成了。因为这一所缘当中，就包括了三止三观。

先是这一念无中生有，观起来是假观，就是作意。把它观成了以后，身心忘了以后，再把自己造作的所缘空掉，就是"空观"。那个空就不是我们现在意识所想象的空，因为我们现在意识想象的空，离不开脑子心理所造作的空。到空观现前，放下万缘的空，才是真正的空。然后要空就空，要有就有，再把它翻过来，空有双融。在学理上叫作"中观"；在道理上叫作能真空，能妙有；在修证上就是法、报、化三身成就，变化无量。总之，非经过这个修持不可。

但是，话又说回来了，那个同学说：初步这一知，是第六意识造成的，非究竟。我们也可以换句话说，知道这一知，而不执着这一知，就是究竟。讲这一知非究竟是对小乘而言；讲这一知是究竟，是对大乘菩萨而言。讲这一知即是无明，是对凡夫而言；讲知与不知都无所谓，是对大觉、大正菩提而言。理论到此为止。

现在再回头来讲，我们修止，必须要修所缘，意识假造一个东西。比如缘呼吸，为什么要心息相依呢？就是把呼吸变成一个所缘的对象。

但是，不管你缘在哪里，马上有个现实问题会来，就是你的知觉始终被一个东西拉住，也就是感受，被那个受阴所发起的感觉拉住了。我们盘起腿来，都在搞身体的感觉，腰发酸，腿发麻；再高明一点，觉得这时清清净净；这清净也是感觉上发出来的。我们多半被感觉拉着走，再加上看过道书，学过密宗——唔，要通夹脊了；嗯，命门这关通了——都是第六意识后天加进来的知识配合，在那里制造境界。打坐坐在那里忙得很，开道家的研究会，开密宗气脉的研究会，然后自己还要加上注解，加上自己的幻想，把自己的幻想又加上注解，而且把这个当成工夫。真讲修持，要严格检查自己的这种心念，大家要注意。

你必须坚定于所缘，不被气脉的感觉牵走，身上有一点感觉反应，要统统不理，这个地方就要靠智慧解脱了。真达到不受感受的牵制，真能不理这个感受时，真气脉就来了。这时候，道家所谓炼精化气、炼气化神的道理，同弥勒菩萨《现观庄严论》一样，凡夫有凡夫的四加行，声闻有声闻的四加行，缘觉菩萨有缘觉菩萨的四加行。

所以道家有个名称叫"九转还丹"，等于化学提炼一样，要经过九次的提炼。"九"并非是呆板的数字，根据《易经》的观念，九就是最高数，提炼了又提炼，精炼了又精炼的意思。一次又一次的反反复复，这是说明了这个再三精炼的道理。我们生理上的感觉境界是真的，不是假的，可是人们因为这些书看多了，思想上受这些观念影响，因此，想专一于意识境界的所缘境，都做不到。

比如很多人坐着，一念求空，静静坐下去，静坐在那里这一知，知道自己妄念来了，知道自己散乱，知道自己昏沉。散乱、昏沉来了就知道；没有散乱、没有昏沉也需要知道，永远保持这个，就是我们的所缘境界，但是我们做不到。

坐在那里走空心静坐的路子，往往知也知道，清净呢，好像也清净，昏沉也在昏沉，头昏昏的，里头的妄想也在打，虽没有大妄想，小小的妄想来来去去，永远断不了。所以你在那里坐一万年，不是在修行修道，只能算是凡夫修养的一种静坐法而已，不算修持，这点要注意。

我们对于打坐无所成的人，有个结论，就是他们第六意识作意的所缘境界，始终没有达到专一，所以初步都不能成功，初禅都达不到。

不要以为能静坐几个钟头，气脉也有一点反应，就算是什么成功，没有用的，靠不住的，到了生死关头时，你一定会后悔，因为这个靠不住，靠生理来的不是道，生理机能一衰败就没有了。如果这个道是靠生理而来，它就是唯物，可是，道是绝对唯心的，这个问题很严重。

上面说过，在修持做工夫时，必须要专一于所缘境界，也就是我们的心理状况要有个假想。不过，这个假想也很麻烦，所以我多半劝人不用假想，上座就保持自己灵明觉知。因为用假想容易发生毛病（千万不要注意下丹田，女人注意下丹田容易引起血崩，男人容易遗精），假想往往会配合生理上的变化，产生很多幻境。幻境就是魔境，看到什么光，听到什么声音，闻到什么味道等等都来了。这许多幻境哪里来的？学佛的人要注意，不能不研究教理，理不通没有不走错路的。实际上，任何一个幻境，都是我们阿赖耶识下意识里存在的观念所造成，自己并不知道。幻境每个人不同，因为各人所带来的阿赖耶识种子不同的缘故。

有些人看到魔，有些人看到鬼，有些则是从声音发生幻境，实际上都是我们下意识里的鬼名堂，自己很难检查得出来。普通心理学所讲的下意识，即唯识学第六意识的一部分，第七识及第八识不能用下意识代表。真有般若智慧的人，一有了幻境就检查得出，知道是自己下意识里头出来的，没有其他。所以龙树菩萨的《中论》不能不看："诸法不自生，亦不从他生。不共不无因，是故知无生。"比如我们看到一个幻境，这个幻境本身没有根，它自己不会生；也并不是有个鬼，有个魔，有个菩萨，故意变出来给你看的。不共生，不是自他共同构成出来一个东西；也不是无因而生。

共生就是讲因缘，佛法处处讲因缘，《楞严经》上说："本非因缘，非自然性。"诸法不自生，就是非由一股自然力而来；也不是另外有个主宰。佛法的最高原理就是：无主宰，非自然。这些都属于见地方面，也同修持有关系。

对于一般人修道家或修密宗的有为法，我都不大赞成，因为在这个时代，脑子已经够复杂了，现在人的烦恼同古代太平盛世不同，在这五浊恶世中，有为法容易引起生理、心理五浊的因素，很容易入魔障，所以不如守一个灵明清净，比较稳当。

灵明清净很容易，只要上座的第一下保持着就行，但这也是所缘，要永远保持这一念，中间不落于昏沉杂念思想中，就保持这一知。不过有了这一知，心心念念知道清净，心心念念保持那一知，那一知就成了妄念。

第一刹那那一知，就是了。如果还一直念着，我要保持这一知，那就又过头了。所以，"知见立，知即无明本；知见无，见斯即涅槃"。我们知道这一知清净，清净以后就不理了，就过去了，不就对了吗？如果还一直念着清净这一知，就又不对了。

这样保持以后，生理是必然起变化的，老实讲，四禅八定一步步的修持工夫，都离不开这个身体。讲到生理，前面已讲过学道、学密有些什么毛病，学禅有些什么毛病，反过来讲，也都不是毛病。懂了理以后，气脉之道是必然来的。但是你要求定，第一个要做到不漏。

不漏的范围有广义、狭义之分。广义的，我们一天到晚都在漏，眼睛看，耳朵听，六根都在漏。五浊恶世中，现代人的"命浊"最糟糕。老子讲的一句话很有道理，"五音令人耳聋，五色令人目盲"。生在这个声色时代，音响高明，灯光特别多彩，电视特别好。结果，耳朵聋的多了，眼睛近视的多了，反倒不如当年只有一根灯草的青油灯。我在峨眉山闭关三年，三根灯草看《大藏经》，和尚还说浪费。这个时代，物质文明越进步，命浊越浊了，毛病越多了。

我们的六根都在漏，而身根的漏，最重要的就是漏丹。现代美国的性观念问题非常严重，这且不谈。至于我们修道为什么不能得定，性的问题过不了关，所以不能得定。《楞严经》再三强调，淫根不断，如要得定，犹如"蒸砂成饭"，怎么能成功呢？

有人问：最近科学生理学讲，男女的精到了一个时间，也像其他细胞一样，要新陈代谢。不把它排泄出来，对身体有妨碍。

现代医学卫生是这么讲，但有一点要知道，凡是科学，都没有绝对定论的。很多科学的研究，今天认为是真理，明天又把它推翻了，所以不要盲目地迷信科学。

《楞严经·卷六》佛告阿难：

> 若不断淫修禅定者，如蒸砂石，欲其成饭，经百千劫祇名热砂。何以故？此非饭本，砂石成故。

所以修行若淫根不断，如蒸砂成饭。这个根是什么根？过去杭州有一个和尚，是个很有名的法师，人家说他的淫根断了的，看到在家女或尼姑，就和她们抱在一起，大家也不在乎。因为他为了修道，自己硬拿剪刀把生殖器剪了。这怎么是淫根断了呢？淫根不是指这个，淫根是心理，这和尚比谁都犯戒，这很严重，他因为自己生理部分一剪，就这样乱来，一天到晚在犯淫戒——意淫。所谓淫根这个根，是指意识。

意识上有性的欲念以后，就有各种漏丹的后果。一般这个漏，只是指身漏。实际上，六根都在漏。

要把这个欲念完全净化了，才能得定。压制不是断，像那个和尚也不是断，那个根仍然存在。但真要断淫根，一定要到四禅定才能够断。

所以大家打坐，从头顶到手指尖，每一根神经都没有得乐，就是因为精不满的关系，都因为是有漏之因的关系。我们打起坐来，生理不能舒畅，心理不能清净，念头不能专一，不能真得定，都因为有漏的关系。

我们打坐有时很清净，是因为六根都收摄了，少漏一点，自然就好一点，慢慢多坐，做到不漏，生理自然起变化。在我所著《静坐修道与长生不老》一书中，叙述的气脉过程是必然要经过的。这本书只讲督脉，没讲任脉。任脉是自律神经部分，包括五脏六腑部分，任脉若通了的话，中脉也就通了，任脉是比督脉还难通的。

真到了任脉起变化，五脏六腑等于换了个位子。如果见地道理不清楚，会吓死的，这也是唯心的作用。佛经上讲脉解心开，确有此事。心脉解开是非常难受的，好像在心口上挨了一刀一样，不过打开了后，真是舒服无比。胃气打通尤其难受，好似胃连着肺部、肝脏，一下子给人撕了下来一样。打开了，就好似五脏六腑都换了一个。换句话说，心肝脾肺肾的功能慢慢坏了，自己里头慢慢给你拆下来，换了一个新的装上去。

任脉通了以后，当然，所缘的观想还是在定境中，这个知觉定境界，同我们生理上的变化没有关系，这时才会懂得解脱。

假定这时因生理上的各种变化，我们当场死了，我们那个灵明觉知照见自己变化的，正如《心经》所说："照见五蕴皆空。"无所谓了，要死就死，没有什么了不起。我们只要把定的境界保持着，等任脉完全打通了以后，就可以达到真正的初禅。

当然，任脉通没有这么简单，修行是苦行。道家有个名词叫"焚修"，修行者称"炼师"，硬是像在火中锻炼一样。

任督二脉的打通，同密宗所讲三脉七轮的情况，又是不同的。三脉七轮另讲。

我们的身体吊在这里，是多余的。实际上，我们真正的生命，是和这个宇宙，这个法界，这个太空合一，是永远存在的。这个身体，只是生命第三重投影在这个世界。

这些属于感觉方面的修持，生理、四大的变化，是一步一步固定的工夫。注意！那个执着在所缘境界上的知，始终不动，生理上的变化，才自然源源而来。不过，多半的人过不了这许多关，尤其是现代人，有一点难受就害怕了。比如胃像麻袋一样抽拢来，那感觉真不好受。这时，心理上空灵的定境没有变，生理才会起变化，重点在这里。如果那时定境没有了，气脉就不会通，病也不会好，两者要分开才会解脱。若把两者混合在一起，想除生老病死永远也办不到。注意！定境还是空灵的，没有变动过。

胃上不空，喉轮不通。喉咙、食道不空，想断妄念、断烦恼是做不到的。所以密宗说，由喉轮到心轮这一部分真正打通的人，可以没有妄念，因为起不了妄念了，生理与心理是互为因果的。

修道家、阴阳家的都知道一句话："四象五行皆藉土，九宫八卦不离壬。"胃即是土，所以我经常劝大家把胃搞好。所谓壬水，就是炼精，不漏丹。所以胃一通，就是中宫气通了，那时你会体会到孟子说的"充实之谓美"。也就是《易经》坤卦"黄中通理"（腠理就是皮肤），胃气走通了，"正位居体"。也就是孟子所谓"浩然之气"，充塞于天地之间，这是真真实实的境界。

总之，五脏六腑部分，是属于任脉的范围，每个机能都要把它换过来。所以道家说"脱胎换骨"，这句话不是骗人的。

这些气脉都通了，才能证入初禅的真正禅定——大乘道的初禅境界。大家应当好好修持，不要乱搞。

一般所谓气脉、工夫，都是拿着一点皮毛在搞，整个系统没有弄清楚，自己没做到难行能行、难忍能忍的苦行。不修苦行过来，不是真实做工夫，那种修行只是七零八落，支离破碎，永远不会成功，永远不会证果。

因为时间关系，密宗与瑜珈的三脉七轮没有讲，姑且欠账，将来有机会本利一齐交代。

第二十八讲

今天的课程是最后一次。

这次讲课，原则标榜的是见地、修证、行愿。其中较偏重于修证做工夫方面，行愿只略为提到一两句。

实际上我们大家学佛修道，都是想证果。但是为什么学的人那么多，而真正能证果的人那么少见呢？主要是行愿不够，不是工夫不到。

今天站在行愿的立场来讲，如果没有行愿，见地是不会彻底的；没有真正的行愿，修证工夫是不会进步的。但我们最易忽略的，就是行愿这方面，所以大家用功会感觉不上路。

现在以见地、修证、行愿三样合一来讲，比如有一个很明显的心理，世界上很多人为什么要学佛学道？就算不走学佛求道的路子，也要求另外一个宗教信仰，乃至不找宗教信仰的人，也要另外找一个东西来依靠。基本上来说，下意识都是有所求，像做生意一样，想以最少的代价，求一个非常大的成果。

等于求菩萨保佑的人，几十块钱香蕉，几十块钱饼，几块钱香，充其量花个一百块钱；到了庙里，烧香、叩头、拜拜，要丈夫好，要儿女好，又要升官、发财，一切都求完了以后，把香烧了，最后把香蕉带回去吃，自己慢慢吃。

这种祈求的心理多糟糕！好像人犯了错，跪在那里一祈祷，就办了交代一样。这是一种什么样的心理？我们自己要想一想。

至于我们这些修行的人，心中一定会想，我绝对没有这种心理。但是依我看来，都是一样的，方式不同而已。虽然没有这种心理，可是也想打打坐就能成道，虽不求香蕉，也在求腿。

大家打坐都想明心见性，成佛成道，并且最喜欢的是工夫、境界。只要听说哪个人有道有工夫，反正好奇就去追求了。至于道与工夫究竟是什么定义，也搞不清楚，这就是见地不清。为何见地不清呢？严格追究起来，就是行愿不对。

佛学的基本是建立在六道轮回、三世因果上，但是据我几十年的经验所知，学佛学道的人，没有几个真正相信六道轮回，更没有人相信三世因果，至少没有绝对的相信。这并不是迷信，至少在理论上搞得清楚的人没有，至于事实上求证到的更是没有。这些都是值得大家反省的地方。

因为不相信六道轮回、三世因果，所以你学禅也好，学密宗也好，学净土也好，根本基础上是错误的，等于想在沙滩上建房子一样，是不可能的事情。可是我们的心行都往这方面走。

比如我们学静坐，坐起来都想空一下，然后都在那里高谈学理，空啊！有啊！般若啊！这些佛法道理谈得头头是道，却没有研究心行。为什么要求得空？空的后面是什么？假定真空了，是个什么样子呢？这些教理上都说了，可是我们没去研究。

所以，有些人尽管工夫修得好，气脉通得好，也是没有用的。多少人说自己的奇经八脉打通了，三脉七轮打通了。打通了又怎么样？你说我气脉打通了可以不死，还没有一个气脉通的人不死的。你说气脉通了的人可以死得好一点，也有气脉不打通的人死得蛮好的。那么，所谓气脉打通究竟是为了什么？我们没有去思考，反正人家说气脉通就跟着叫气脉通。

又比如神通，神通又怎么样？先知又怎么样？多少个自称有神通的人死于高血压、糖尿病。

我们有没有仔细想想，究竟学佛修行是为了什么？都在高谈阔论，不切实际。

真正的修行，最后就是一个路子：行愿。

什么叫行愿？就是修正自己的心理行为。

我们的思想，起心动念是没有发出来的行为，一切的行动则是思想的发挥。我们想求得空，这是在追寻一个形而上的问题，追寻能够发生思想的根源。在行为上、思想上真正做到了空，几乎是不可能的。假定有人做到思想完全空，变成无知了，那又何必修道呢？所以空的道理不是这样。

大家坐起来拼命在求空，基本上有一个最大的错误，对于空性的理，根本没有认清楚。所以上次提及要大家看《肇论》，这本书是鸠摩罗什法师的大弟子僧肇法师所作。当然，这本书不大容易看，它是集中佛法之精华，以及老、庄、孔、孟思想而成的文章。比如他写《般若无知论》，我们天天求般若大智慧的成就，他说智慧到了最高处是无智慧。等于《心经》上讲的"无智亦无得"。又说"物不迁论"，物没有去来，无动也无静，没有过去，也没有未来，只有当前这一下。又说"不真空论"，空而不空，这些形而上空与行为配合为一的道理，应多去研究。

我们做工夫、打坐为什么不能进步呢？大家一定以为是方法不对，拼命找明师求方法。不是的！不要受自己的骗。工夫为什么不能进步？为什么不能得定？是因为心行没有转。心理行为一点都没有改变的话，工夫是不会进步的，见地也不会圆满。这在中国文化上，不论是儒家、道家，说法都是一致的，都是同一个论调。

比如学道家的人讲，学道成仙有五类（好比佛家的五乘道），有鬼仙、人仙、地仙、天仙、神仙（也叫大罗金仙，相当于大阿罗汉）。道家认为"只修命不修性，此是修行第一病"。

光炼气脉，做身体上工夫，而认为这是道，这是修行的第一大毛病。又说"只修祖性不修丹，万劫阴灵难入圣"，学佛的人只高谈理论，对于生命根源没有掌握住，经一万劫也证不到圣人的境界。不论怎么说，有一个基本原则，就是想成仙要修无数功德、无数善行才行。

什么叫善行？以道家标准，一个人危急了，濒临死亡边缘时，把他救出来，起死回生，这样算是一件善行而已。以这个为标准，要满三千善行，数千功德，才够得上修天仙。其他儒家、佛家都是一样，佛家要求我们起心动念，内在的思想行为要转变。但据我所知，一个个的心行都没有丝毫动摇，太可怕了。为什么不能证果？是自己心理的结没有打开，八十八结使的结，根深蒂固。

学佛的人有一个基本的毛病，大家要反省。首先，因为学佛，先看空这个人世间，所以先求出离，跳出来不管。因为跳出来不管，慈悲就做不到。我们口口声声谈慈悲，自己检查心理看看，慈悲做到多少啊？这是个非常非常严重的问题。第二，贪瞋痴慢疑，我们又消除了多少？比如有一个例子，我们大家修行越修得好，脾气越大，为什么？你打坐坐得正舒服，有人来吵你，你还不气啊？这种心理作用是不是跟慈悲相反呢？

还有工夫做得好的人，静的境界尽管好，下座以后，所有的行为同静的境界完全相反。理论讲得也很对，做出来的完全相反。所以佛家要我们先从戒着手，小乘的戒还只是消极的，只防止自己行为的错误，这是小乘戒的基本原则。大乘菩萨要积极培植善根，这样才是大乘菩萨戒的基本。但是我们连消极的也没有做到，积极的更谈不到。

大家要注意，不论出家在家，以后学佛修持之路，应注意《瑜伽师地论·声闻地》当中的瑜伽地，这里面包括了密宗所有的红、白、花、黄教的基本理论，修气脉、修止观的原则，也都告诉我们了，这点顺便提及。

比如我们晓得学声闻，要学八关斋戒，其中一条戒云：

沙弥不准坐高广大床。

为什么？高广大床就是上座、上位。为什么沙弥不能坐？是先要养成谦虚的德性，叫你不要处处自我傲慢，动辄自私自利，坐在上面很了不起那个样子，就是要我们学谦虚。我们看了这条戒，不管在家出家，先反省自己有没有谦虚，做到了谦虚没有？据我了解，凡是学了佛的人，或信了任何宗教的人，比世界上任何人都傲慢。以为别人不信，就是魔鬼，自己自认是圣人。我们学佛同样也犯这种毛病，不过换一个名词而已，觉得他呀很可怜，地狱种子啊！一样的道理，不肯谦虚。

尤其是有点工夫的人，只要学佛打坐三天，然后"天上天下，唯我独尊"起来了，别人的工夫都不行。专拿一个圣人的尺码，去量人家，而且这个尺码还是自己定的，眼光说有多短就有多短。人们在他的尺码下，当然都不是圣人，可是他却从来没有量量自己有多长、多大，决不反照自己，这是最要命的。这个心行怎么办呢？所以为什么不能证果？为什么不能得定？就是这个心行，贪瞋痴慢疑一点都没有转化，非常可怕，反省起来非常严重。

我再三强调大家，修道没有证果，不能证到空，就是心理行为自己转化不了，所以坐起来，只抓到意识境界造成的一点空，以为那就是道了。

今天有位同学提出报告，昨天打坐坐得最好的当儿，忽然发现自己的手伸上来抓脸。当时他想，奇怪，前一秒怎么不知道自己的手在抓脸？用功还用得很好呢！当时他觉得有点难过，忏悔自己的无记。失念了，自己做了，不知道。无记也有无记的果报，你说你是无心的，将来你所得的也是无记的果报。比如我们有时莫名其妙地受人打击，那也就是无记果报。这位同学继续打坐，后来又发现自己在抓脸，他说这就叫"无明"失念了。

不过，这也是只知其一，不知其二，普通谈空这一念，只是起码的，最初步的一点，还只是诱导法，诱导我们成就、成圣的最初步路子，但这个心念在同一秒钟，同一刹那中，可以起很多的作用。所以我们真静下来时，六根同时并用，万缘俱来时，若能万缘都知，那就是六祖说的"何期自性，能生万法"。不是光修空，要能够全知才行。

在清净专一的时候，你还能够用手抓痒，嘴里咬咬牙齿，脚同时敲两下，这些都是念的作用，你不能说"我的心念在这个时候空了，而抓痒并不属于念"。你们要知道，本能的反应就是念，那是阿赖耶识的念。所以有许多人打坐修道，遭遇很多魔境界，实际上这个魔，都是自己这一生造的。不但如此，很多着魔的人，就是下意识喜欢玩弄这个东西，换句话说，他在心行方面根本没有转化。

所以，我经常告诉同学：《易经》六十四卦中，没有一卦全好，也没有一卦全坏，好中有坏，坏中有好，只有一卦比较算是六爻皆吉，那就是谦卦。所以佛家叫我们学空，戒律上第一个要做到谦虚。试问有几个人做到了？自己反省一下，谁做到了。

真正做到了谦，才真能做到菩萨的慈爱。道家老子云："吾有三宝：曰慈，曰俭，曰不敢为天下先。"不敢为天下先就是"谦"。佛家也是这样，佛家谦到什么程度呢？谦到"无我"，谦虚到了极点就是无我。

所以我们光想打坐达到空，在心行上做不到是空不了的，因为我们坐在那里守空，是"我"去守空，没有做到无我的空，假定无我，何必求空呢？无我就已经空了。

所以以行愿来讲，"行"才是真见地，行不到，见地没有用，要做到这个才能谈到真慈悲，因为慈悲就是无我。其实，我们普通讲慈悲都属于"情"，不是"智"。佛法大乘道的慈悲是智，是般若的慈悲。所以，以其真无我，才能真慈悲。说我要慈悲你，早落于下乘了。比如父母爱儿女那个仁慈，尤其是母爱，决不要求代价的，这是普通人道的父母子女之爱，但那还是"情"，这情是由"我"爱而发；菩萨的慈悲是"智"，智是"无我"爱而发，这可严重了。

所以讲行愿、行门之重要，我们随时在静定中，要检点自己。什么是修行人？是永远严格检查自己的人。随时检查自己的心行思想，随时在检查自己行为的人，才是修行人。所以不要认为有个方法，有个气功，什么三脉七轮啊，或念个咒子啊，然后一天到晚神经兮兮的，那是不相干的。我们看到多少学佛学道的人，很多精神不正常，为什么染污了？为什么有那么多的不正常呢？因为没有严格地在修行。换句话说，没有严格地反省自己，检查自己。

比如贪瞋痴三毒，你说我们哪一点不贪？你说你一点都不贪，一天到晚想跟我在一起，想多跟老师一下，这是不是贪？我那里没有东西可给你的，因为你"贪"，你希望老师那里也许有点东西可挖了来，这是什么心理？为什么自己不去用功呢？我当年向我的袁老师学习，不是我向老师问问题，都是老师在问我。

比如有一次，两人由成都到重庆，那时交通不发达，到了内江，人很累。抗战时候搭汽车只能站着，整整站一天，到了内江茶馆里，袁老师问：你累不累啊？当然累。你现在的心境如何？我答：同在山上闭关时一样。那真一样，没有动过，就是"旋岚偃岳而常静，江河竞注而不流"，没有觉得动摇过，也没觉得风尘仆仆是辛苦。但是这个时候觉得自己有一点疲劳，还是不对的。袁老师讲：唔！这可不容易啊！我答：大概还要一年，我会把这问题解决。次日早起，我说：先生，您昨天睡觉时打呼好厉害啊！袁老师问：你晓得我为什么要打呼？我愣住了，为什么？这是个大问题。接着袁老师问：你晓得有一个不打呼的东西？我说那个我在理上知道。差不多了！要求证。理上知道有一个在打呼，还有一个不打呼的，在看这个在打呼。

举上面这个例子，是说大家贪问，事无大小一概问。我们检查自己的心理，贪瞋痴慢疑要断，谈何容易啊！你说，你打起坐来会空，没有用的。你在事上过不去，心事来的时候过不去，瞋心来的时候比谁都大。

什么是瞋心？怨天尤人就是瞋，这是瞋的根。对环境，对一切不满意，有一点感觉不满意维持着，就是瞋心的开始。

至于痴，那就更不用谈了，引用袁老师的诗：

业识奔如许　乡关到几时

五蕴明明幻　诸缘处处痴

你看学佛的人，个个都晓得谈空，可是每一个人都有心理上、感情上的痴，利害上的痴，生命上的痴等等，无一而不痴。没有智慧嘛！这些根会在哪里发现呢？行为上没发现，梦中都会发现的。梦中会有这样的行为。就是因为自己永远在贪瞋痴中。行为如果转变不了，要想转变气脉，那是不可能的。但是如果认为气脉转变就是得了道，那也是荒唐。听了多少人气脉通了，可是现在都到黑茫茫的那个地方去了。

所以，如果大家在心行、行愿方面没有动摇，不要谈四禅八定，更不要想谈证果。

老实说，一个人真做了一件善行，这一天盘个腿打坐看看，马上就不同，气脉马上就不一样，心境马上就扩大了，这个是绝对不能欺骗自己的事。不要说真正善的行为，或内在的善心，今天如果真把贪瞋痴慢疑这些毛病解决了一点，那个境界就不同一点。所以我们坐起来不能空，心境空不了，就得找找看，看今天自己的病根在什么地方，为什么今天上座不能空？你的心念在贪瞋痴慢疑当中，一定有个东西挂在那个地方。这是阿赖耶识的问题，不是第六意识的事情。如果没有检查这个，光是打打坐求一点空，求一点工夫，没有用的，奉劝你不要学道，你会把自己给害了的。

所以心行方面要特别注意，这也只是说行，还没有讲愿。至于发起救人救世之愿，能有一点行为为别人着想，处处能牺牲自己的人，在我看来，没有一个做得到，一点也做不到，所以要想证果，绝无此事。

讲义上，八十八结使与三界的关系，明白地摆在面前。能解开了多少个结，你就得了那个果位，这些考验都摆在眼前。别以为腿能盘一个钟头就能升上什么天；一个半钟头又能升上什么天，没这回事。腿是靠不住的，修"行"，修的是心理行为，不是修腿。

佛学叫我们除烦恼，佛学的翻译"烦恼"两字用得好极了。拿普通的学问来研究，烦恼是我们心理行为一个基本状态。"烦"，烦死了；"恼"，讨厌。这些就是烦恼。烦恼就是罪恶，对自己心理染污的罪恶。以形而上本体来讲，我们的自性本来清净，因烦恼连带发生的行为，变成了后天的罪恶。比如一个人杀人，是因为火大了。而基本上，只是由一点的烦恼开始来的，它对自己来讲，是最大的罪恶；对外界来讲，发展下去，久了可以成为害社会、害国家、害人类、害世界的大罪恶，所以烦恼两字，不要轻易小看它。

我们讲行愿方面，这个心理的"行"，要做到清净，做到空。要想得定，要想明心见性，应该随时随地检查自己，是不是有一丝毫的烦恼存在？如有烦恼存在就很严重了。

有一种烦恼是来自生理的，由生理不平衡所引起的，就是儒家所谓气质之性，所以修道要变化气脉，也就是要变化气质。气质是一个实在的问题，不是空洞的理论。

为什么修道的人工夫好了，气色会好，气脉会通？因为受心理行为的影响，气质在变化，每一个细胞都在变化，不是假的。所以烦恼能转成菩提，转成觉性，随时清明。

我们每个人，尤其是学佛的人，随时在烦恼中，我们回转来检查，一天二十四小时当中，有几秒钟身心都是愉快的？当然严格来讲，后天的愉快也属于烦恼之一。《维摩经》上讲"烦恼即菩提"，就是说，你能把烦恼转过来就是菩提。因烦恼的刺激，引起你的觉悟，发现自己在烦恼中，这可不对，立刻警觉，这样一转，当下就是菩提。

但是，我们的烦恼不是菩提，因为我们不知不觉中，总是跟着烦恼在转。比如刚才一个同学在讲，打坐腿子发麻，生理不好，烦恼来了。这个烦恼最重要的一部分，当然是生理影响，所以生理完全转了，变成绝对的清净，修道的基础、定的基础才算有了。所以气脉对于这一方面很重要。

气脉又与心理行为有绝对的关系，你多行一点善，念头转善一点，虽然是消极的善，不是对人有利的行为，但是你能先去掉自己心中的烦恼，也算是自我本分的一点善，能够这样做到了一些，气脉就会转一分，你的定力自然就增加一分。所以，我们打坐为什么静不下来？检查起来就是因为烦恼。烦恼里头隐藏许许多多罪恶的种子，许多罪恶的因素，都是由"烦恼"而来。

假如我们转掉了烦恼这个东西，完全转清了，这个时候，心境会比较清明一点点，然后我们才能够检查自己念头的起灭。

比如我们坐在那里，觉得心境很清净，这是意识境界。但是你可知道，我们在清净这一刹那中间，隐藏了多少罪恶烦恼，能不能检查得出来？假定有人说大话：在这一念清净当中，我绝对没有一点烦恼，没有一点罪恶。那么这个人不要谈修行了，他根本就没有见地嘛！我们在这一念清净当中，烦恼与罪恶的根根，有八万四千之多，这是假定数目，比喻很多很多的意思。佛说"一念之间有八万四千烦恼"，因此就有八万四千方法，来对治这些烦恼。

刚才有一个同学问：为什么一到空的境界，或空灵境界一来，就起恐怖？非常怕，这很奇怪。关于这个问题，可以分几点来谈。

第一点，佛说堕落久了的人，见到空性，哈哈大笑，欢喜无比；堕落轻的人，见到了空性，会恐怖、大哭。

第二点，另外一种说法，见到空性不起恐怖心理的人，就是《金刚经》上所讲："当知是人，不于一佛二佛三四五佛而种善根，已于无量千万佛所，种诸善根。"学佛的人天天求空，善根浅的人，真的空来了就害怕，无法面对现实，去接受这个空。原因在哪里？因为执着，所以人生来总要抓住一个东西，忽然到了空境界，没有东西可抓的时候，你害怕起来了。这是普通人的心理，自然会起恐惧。

第三点，当空境来时，忽然有恐惧心，这就说明你心里头已经有个恐惧，并不是空了，是有个恐惧占进来了，因为我们的习惯上爱执着，爱抓一个东西，就抓住了这个恐惧。

这么一点东西，有那么复杂的心理因素。我们大家是不是在一念空当中，隐藏了许多烦恼、许多罪恶？有没有检查出来？这都是修行当中看起来很空洞的理论，但却是非常实际的话。尤其是年轻同学们，闭起眼睛，觉得有一点清净，认为这就是空，空不了的，那也是心理的一个状况。也就是说，当我们打坐时，眼睛闭起来，脑子进入半休息的状态，不是完全睡眠，眼神经也没有完全地休息。只是下意识当中，空空洞洞地，在下意识的记忆习惯上，呈现一个类似空的景象而已。而这个景象前面，还是黑茫茫的，然后在这里头忙起哲学来了，玩起话头来了，然后觉得自己都懂了，还认为自己是一箭破三关呢！这是一。

第二，等你精神养好了一点，脾气也大，尤其是青年，第一关情欲就来了，也就是男女间的爱欲就强了。这点不要自欺，工夫做不好没话说，工夫一做好了，男女爱欲之念，尤其生理上的压迫就来了。这是什么原因？贪瞋痴。贪欲的第一个根本无明马上就爆发了。没有这个来，气脉也不可能打通；来了以后，欲念又引起。这个中间的行——心行、行门，该怎么办？用什么方法可以把它对治过来？怎么去处理它？怎么去调理它？它的原理是在什么地方？它的病根究竟怎么来的？是心理先引起生理呢？或是生理先引起心理？这里头是个很大的关键。至于老年人以为自己没有这个问题，那是因为你衰老了，要想把西沉的夕阳挽回到东面来，这件事真能做得到的话，第一关还是会碰到这个问题，因为这是根本烦恼。

所以大家要特别注意八十八结使，《百法明门论》的五十一种心所，什么是根本烦恼？什么是随烦恼？随眠烦恼？这"随眠"二字译得非常好，它缠着你，跟着你，使你在睡眠昏迷的状态中，自己也检查不出来，被它迷糊住了。其实，这也是自己的魔障。

一层一层检查，八十八结使能去几层，你禅定的工夫绝对就到了那里。若按照普通讲法，念住就是初禅，这个只是普通说法。至于真正的初果位，就不是这样了。所以，你即使得了初禅，却不一定证得初果。因为果的标准就是根据八十八结使，也就是你那个下意识的罪恶烦恼的根，贪瞋痴慢疑去掉了几层，就是果位的考验。我们不能不通教理，不要以为光是打打坐，抱一个话头就行了，没有用的。所以别人问禅，我就说：我有"馋"，你那里有好吃的我就来。哪有那么简单？不容易的。你就是做到念住，还要看你是住在什么念，念住在昏沉也是住，没有用的。气质没有转，心行没有转，没有用的。

其次，就算做到气住，呼吸停止了，充其量是二禅，并不一定就是二果。单单气住，并不能证果位。气住可以用意志控制做到，与道不相干。而且气住了以后，只要一逗他，他发起脾气来比谁都大。所以修行不是如此，不要搞错了。你认为气住了，自己有工夫、有道了，那个道卖几毛钱一斤啊？没有用的。主要关键在心理行为。

二禅气住后，同时要查查八十八结使，心理的罪恶烦恼去掉了多少？身口意三业去掉了多少？所以有许多人都讲工夫，讲了半天，身口意三业一点都转不了，自己不要自欺了。

脉停，印度很多瑜伽士都能做到，埋在土里不会死，这都是能够练出来的。这只是说明我们的生理功能，能够用心训练成各种状况，这个是唯心所造，做得到的。至于说，这是不是道果呢？不是的。

至于三果、四果，每个道果，都可以在发给大家的八十八结使那一张表查到。自己每天要随时检查自己，看看心理行为中，烦恼罪恶的状态解除了多少，检查今天善行做了多少，就像古代儒家有功过格，用红黑豆来标记，以检查自己的心理行为。

工夫做到了气住脉停，只能说明心性的功能，证明唯心所造的功能，的确可成就这些工夫、神通等。至于说证道，或证到空性，却不一定。证得三身——法身、报身、化身，那就更难。

这三身成就，也就是禅宗所讲的三关，真正的三关做到了，才能有三身的成就。禅宗祖师们，或其他许多人，虽然谈空说有，比如上次提过的雪岩钦禅师，道不可谓不高，但是不是三身成就？我们不得而知。

三身成就是可以现生做到的，先把气质变化过来，由善行开始做起，配合四禅八定的工夫，就有一点希望。我个人几十年来投身在这里头，也在试验求证阶段，没什么工夫也没什么修养。在没有到达那个绝对的求证以前，不要随便给自己定一个范围，下一个定义，一下就错了。

以上是行的部分。

愿呢？更难谈了，行愿不到，见地不会到的。换句话说，行愿不到，修证工夫也不会到。坐得好有什么用呢？你说：我打起坐来，能够坐三个钟头，心里清清净净。那是你在那里偷懒，也可以说是一种"道者盗也"。《阴符经》上这句话的意思是，人取用天地的精华，借用生命原有的功能，就能修炼成道。人一生下来，偷天地间的食物、空气，打起坐来还子午卯酉，想吸天地正气，日月精华，这个强盗多厉害！所以说道者盗也。但是《阴符经》鼓励我们当盗，真把宇宙的东西偷得来，我们的生命就成功了，我们的生命就是宇宙。然后你可以再让别人抢去，这是道家的观点。

墨子的思想出自于道家，墨子要我们"摩顶放踵以利天下"，等于佛家大慈大悲的精神，牺牲自我，这是墨家的思想。墨子是道家《神仙传》上的人物，道家《神仙传》上说，墨子到汉武帝的时候还在世间。但是谁又见过他呢？

杨朱则绝对自私自利，自由主义的思想也出在道家。

现在回到主题，所以我们学佛打坐都是坐在那里偷盗，而在同一时间中，社会上那么多人却为我们在忙碌。所以佛家有一句话很了不起，就是早晚课诵的一句话：

上报四重恩，下济三途苦。

这就是行愿的愿，每天都提醒我们做功德。我们学佛的人都要随时随地检查自己，每天要"上报四重恩"，这四种恩都是我们所欠的："佛恩""父母恩""国家恩""众生恩。"

众生对我们有什么恩呢？一个人活在世界上，靠社会上很多人的努力成果，所以学佛的人要上报四重恩。我们活着一天，都要麻烦很多人提供生命所需给我们，事实上如此。

"下济三途苦"，同时也要想到下三道——畜生、地狱、饿鬼的苦痛。换句话说，随时要想到不如我的人的痛苦，要想到怎样去帮助他们。可是我们做到了没有？学佛的人只想怎么为自己求到法财侣地，你帮忙我成道，如此这么一个动念，就是自私的基本。你为什么不先帮助人家成道呢？所以上面讲行，下面讲愿。愿发起了没有？自己想想看。

至于说"众生无边誓愿度，烦恼无尽誓愿断，法门无量誓愿学，佛道无上誓愿成"，那真是在念经，念过去就完了，心里根本没这回事。首先"众生无边誓愿度"，只要度我就好了。"烦恼无尽誓愿断"，最好你帮忙我断。"法门无量誓愿学"，你教我就好了。"佛道无上誓愿成"，将来总有一天会成。这四句话我们往往是这样下的注解，只要一反省起来，就很严重了。所以说行门很难很难的。

所有的佛经、三藏十二部都告诉我们了，都在讲行愿。行，三十七道品，六度万行，学佛的基本是在这些地方。了解三世因果、六道轮回，从心理行为上改进自己，渐渐地，工夫、见地自然会进步。这不是说教，是我的亲身体验，不从这里下工夫是解决不了问题的，不会证果的。心行的改变比打坐、比修证重要得多，而且只要心行改正一天，你的定力、打坐就随之进步一天。

所以说，为什么不能得定，甚至连打坐都坐不住呢？你在心行上去追求，不要在工夫上去追求。在工夫上追求是空的，偶然可以，过了几天就没有了。盘腿打坐与定没有绝对的关系。至于坐在那里，你身心能不能转得过来呢？这个就是问题了。其实并不在于打坐的姿势，要在心行上检查自己才是究竟，才能够谈到定。

今天结论重点就在这里。这次的课程以见地、修证、行愿为三大纲要。最后强调一句——行愿最重要。行到了，见地才会圆满，修证工夫才会证果。古人证果的多，就是在行愿。

现在很流行《木讷祖师传》（密勒日巴），个个都很佩服他，那你能不能学木讷祖师呢？做不到。木讷祖师的老师那么故意整他，四幢房子盖起来以后要他拆掉，把背上都磨破了，流脓流血，他没有怨恨。你们天天想要老师传密法，只要老师开口骂两句，你们就要骂老师了。像这样的心行，怎么行嘛！都想自己当祖师，当六祖。六祖到五祖那里求法，五祖叫他舂米舂了三年。我们不必舂米，反过来好像老师欠我们的，假使在以前的时代，早就一棒子打过来了。怎么那么不通呢？心是怎么个想法自己不检查，还要求人家很严格，要求老师更严格了，这个是不行的，随时都要注意心行。

见地到了就是法身；修证到了就是报身；行愿到了就是化身。三身都在一念之间，这个修证不到，免谈！

现在社会上，一般讲的工夫都有问题。因为全世界都在心理变态的状态中，几乎没有一个人真正证到，都是自欺欺人之谈。我希望我们这里在座的，能真正学佛，不要做自欺欺人之事。

八十八结使这段很重要，很重要的。自己随时去检查检查，八十八结使去掉了多少。《瑜伽师地论》中，声闻地、菩萨地的做工夫程序都讲完了，弥勒菩萨把怎么样修证，怎么样证果，所有秘密都告诉我们了，只要我们用智慧，尽心去看它就可以发现。

　　大家拿着这次所开列的书，包括大小乘经论及讲义去参考，好好从心行做起，必有好处，必能证果。

附录一：见思惑与三界九地、断惑证真之关联

三界	见惑（八十八结使）	思惑	九　地	八十一品思惑	断惑证真（四向、四果）
欲界	苦谛下（十惑）：身、边、邪、戒、取、贪、瞋、痴、慢、疑。 集谛下（七惑）：邪、取、贪、瞋、痴、慢、疑。 灭谛下（七惑）：邪、取、贪、瞋、痴、慢、疑。 道谛下（八惑）：邪、取、戒、贪、瞋、痴、慢、疑。	贪、瞋、痴、慢。	五趣杂居地（地狱、饿鬼、畜生、人、天等五趣）。	上上、上中、上下、中上、中中； 中下； 下上、下中、下下。	（断见惑之圣者为预流果，又称须陀洹果。断思惑初地之一品乃至五品为一来向，又称斯陀含向。） 断六品已，为一来果（因下三品之欲惑未断，故仍需一往天上人间受生），又称斯陀含果。 断下三品之惑，为不还向。断尽则为不还果（不再还生欲界），又称阿那含果。
色界	苦谛下（九惑）：身、边、取、邪、贪、痴、慢、疑。 集谛下（六惑）：邪、取、贪、痴、慢、疑。 灭谛下（六惑）：邪、取、贪、痴、慢、疑。 道谛下（七惑）：邪、取、戒、贪、痴、慢、疑。	贪、痴、慢。	离生喜乐地 定生喜乐地 离喜妙乐地 舍念清净地	上、中、下等九品 上、中、下等九品 上、中、下等九品 上、中、下等九品	从此，渐断断色界、无色界等八地之七十二品思惑。这一进步修行过程为阿罗汉向。 七十二品思惑断尽，则为阿罗汉果。
无色界	同色界	同色界	空无边处地 识无边处地 无所有处地 非想非非想处地	（同上，每地分九品思惑）	"阿罗汉"即"不生"之意，因断尽八十一品之思惑，不再轮回于三界。
参考经论	《俱舍论》十九（世亲菩萨）。《大乘义章》六、十六（隋净影寺慧远者）。《四教仪集注》中（隋智顗者）。		《俱舍论》二十八、《大毗婆娑论》三十一、二十（五百罗汉者）。	《俱舍论》十二	《俱舍论》十二、《增一阿含经》二十。

注解：见思惑——欲界之见惑共三十二品（苦谛下十惑，集谛下七惑，灭谛下七惑，道谛下八惑），思惑四品（于四谛下各除一瞋惑）。
色界之见惑共二十八品（于四谛下各除一瞋惑）。
无色界之见惑同色界及无色界各分为四地。
三界之见惑共八十八品，又名八十八结使。

*九地——又名九有（欲界为一地，色界及无色界各分为四地。
色界四地分别与色界四禅相应（如离生喜乐地与初禅相应，以下三地依序与二禅、三禅、四禅相应）。无色界之四种定分别为无色界之四地（如空无边处地为第一地，以下三地依序为第二、第三、第四定）。九地则共为八十一品。

八十一品思惑——以上九地，每地分为九品（上上、上中、上下、中上、中中、中下、下上、下中、下下）。九地分为九品，每地分九品，九地共为八十一品。

附录二：三界天人表

三界天人表

无色界
- （三十三）（28）非想非非想天 Nairasarynan asanjnayayatand……
- （三十二）（27）无所有处天 Akincanyayatana
- （三十一）（26）识处天（识无所有处天）Vijnananantayatana
- （三 十）（25）空处天（空无所有处天）Akasananantayatana……

四无色天 或 四空天

色界
- （二十九）（24）色究竟天（阿迦尼吒天）Akanistha
- （二十八）（23）善现天 Sudarsana……
- （二十七）（22）善见天 Sudrsa
- （二十六）（21）无热天 Atupa
- （二十五）（20）无烦天 Avrha……
- （二十四）（19）无想天 Asanjnisattva（外道所居）
- （二十三）（18）广果天 Vrhatphala……
- （二十二）（17）福生天 Punyaprasava
- （二十一）（16）福庆天（无云天）Anabhraka
- （二 十）（15）遍净天 Subhakvtsna
- （十 九）（14）无量净天 Apramanasubha
- （十 八）（13）少净天 Parttasubha……
- （十 七）（12）极净光天（光音天）Abhasvara
- （十 六）（11）无量光天 Aprumanabha
- （十 五）（10）少光天 Parittabha……
- （十 四）（9）大梵天 Mahabrahma（凡夫所居）……
- （十 三）（8）梵辅天（梵前益天）Brahma purohita
- （十 二）（7）梵众天 Brahma-parisadya……

五净居天 或 五那含天 圣位所居

四禅 （凡夫住处）

三禅

二禅

初禅

色界四禅天

二十八天（天道）

欲界
- （十 一）（6）他化自在天（摩罗天）Paranirmita……
- （十 ）（5）化乐天（乐化天）Nirmanarati
- （九 ）（4）兜率陀天（知足天）Tasita
- （八 ）（3）夜（炎、焰）摩天 Yama
- （七 ）（2）忉利天（三十三天）Trayastrimsas（居须弥山顶）
- （六 ）（1）四天王天
  - 北毗沙门 Vaisrarana
  - 西毗琉璃婆叉 Virupaksa
  - 南毗琉璃勒 Virudhaka
  - 东多罗吒 Dhrtarastra……

居须弥山半

六欲天（日月绕须弥山半）

- （五 ）阿修罗 Asura
- （四 ）人 Manusya
  - （北）郁单越（俱卢洲）Uttara-kuru
  - （西）拘耶尼洲 Yodhana
  - （南）阎浮提洲 Jambu-dvipa
  - （东）弗于逮（胜神洲）Purva videha
- （三 ）饿鬼 Pretos
- （二 ）畜生 Tiryagyoni
- （一 ）地狱（共有十八）Naraka……

六道

注：一、二十八天，诸经略有异见，本资料系广采参用。
　　二、《俱舍论》中，凡夫所居仅（不含外道）广果、福生、无云三天。
　　三、欲详细研究，请参阅《三界天人体系表》。

424

东方出版社南怀瑾作品

论语别裁　　　　　　　　　孔子和他的弟子们

话说中庸　　　　　　　　　原本大学微言

孟子旁通（上）　　　　　　孟子旁通（中）

　梁惠王篇　万章篇　　　　　公孙丑篇　尽心篇

孟子旁通（下）

　离娄篇　滕文公篇　告子篇

维摩诘的花雨满天　　　　　静坐与修道

金刚经说什么　　　　　　　禅与生命的认知初讲

药师经的济世观　　　　　　禅宗与道家

圆觉经略说　　　　　　　　定慧初修

楞严大义今释　　　　　　　如何修证佛法

楞伽大义今释　　　　　　　学佛者的基本信念

禅话　　　　　　　　　　　大圆满禅定休息简说

禅海蠡测　　　　　　　　　洞山指月

老子他说（初续合集）　　　我说参同契

庄子諵譁　　　　　　　　　中国道教发展史略述

列子臆说